O ESPELHO INFIEL

Uma história humana da arte e do direito

José Roberto de Castro Neves

O
ESPELHO
INFIEL

Uma história humana da arte e do direito

EDITORA
NOVA
FRONTEIRA

© 2020 by José Roberto de Castro Neves

Direitos de edição da obra em língua portuguesa no Brasil adquiridos pela EDITORA NOVA FRONTEIRA PARTICIPAÇÕES S.A. Todos os direitos reservados. Nenhuma parte desta obra pode ser apropriada e estocada em sistema de banco de dados ou processo similar, em qualquer forma ou meio, seja eletrônico, de fotocópia, gravação etc., sem a permissão do detentor do copirraite.

Editora Nova Fronteira Participações S.A.
Rua Candelária, 60 – 7º andar – Centro – 20091-020
Rio de Janeiro – RJ – Brasil
Tel.: (21) 3882-8200

Imagens de capa: *As meninas*, de Diego Velázquez | Wikimedia Commons; *Autorretrato usando um manto com gola de pele*, de Albrecht Dürer | Wikimedia Commons; *Mona Lisa*, de Leonardo da Vinci | Wikimedia Commons; *Autorretrato com chapéu de palha*, de Vincent van Gogh | Wikimedia Commons

CIP-BRASIL. CATALOGAÇÃO NA PUBLICAÇÃO
SINDICATO NACIONAL DOS EDITORES DE LIVROS, RJ

O Espelho infiel: uma história humana da arte e do direito / organização José Roberto de Castro Neves. – 1.ª ed. – Rio de Janeiro: Nova Fronteira, 2020.
360 p.

ISBN 978-65-5640-059-4

1. Artes 2. Direito - Filosofia 3. Direito e arte 4. História da arte 5. Justiça na arte I. Neves, José Roberto de Castro.

20-41409   CDU-340.11

Índices para catálogo sistemático:

1. Direito e arte 340.11

Maria Alice Ferreira – Bibliotecária – CRB-8/7964

Cerca trova

"*A thing of beauty is a joy forever.*"
Keats

O pintor russo Briullov, ao corrigir um esboço de um aluno, fez alguns reparos no trabalho. Com isso, a obra ganhou outra vida. O aluno exclamou: "Incrível! O senhor retocou apenas um *pouquinho* e tudo mudou!" Briullov, então, retrucou: "A arte começa nesse *pouquinho*."

"A vida é amiga da arte.
É a parte que o sol me ensinou."
Caetano Veloso

"A poesia é o espelho que torna belo aquilo que é distorcido."
Shelley

"Vemos [Deus] por espelho, em enigma."
Carta de São Paulo aos Coríntios

Para
Doris e Roberto (*non nobis*)
Bel (*virtutem forma decorat*)
Guilherme, João Pedro e Duda (*cerca trova*)

SUMÁRIO

Nota do autor 16

Arte e direito: por quê? 18

Conclusão antecipada (ou: três motivos pelos quais os profissionais do direito e todas as pessoas devem conhecer arte – os mesmos três motivos pelos quais os artistas e todas as pessoas devem conhecer o direito…) 20

    21. *Odisseia*, de Homero (séc. IX a.C.)

    21. *Ulisses*, de James Joyce (1922)

    22. *Édipo Rei*, de Sófocles (séc. V a.C.)

    24. *Entrega das chaves*, de Pietro Perugino (1481-1482)

    25. *Madona Sistina*, de Rafael (1512)

    26. *King Kong* (1933)

    28. "Nenhum homem é uma ilha", de John Donne (1624)

    31. *Pietà*, de Michelangelo (1499)

    32. *Vinte poemas de amor e uma canção desesperada*, de Pablo Neruda (1924)

    32. O Evangelho de João (séc. I)

    35. *Fonte*, de Duchamp (1917)

    37. *Arma de fogo na América*, de Roy Lichtenstein (1968)

Os caminhos da arte e do direito 42

O que veio primeiro: arte ou direito? Ou: arte, direito e religião 44

    46. As cavernas de Altamira e Lascaux (c. 17000-15000 a.C.)

    49. As pirâmides de Gizé (2530-2470 a.C.)

    50. Aquenáton (c. 1360 a.C.)

Arte como poder 52

    53. A estela de Narmer (c. 3200 a.C.)

    55. Iluminura do Imperador Oto II (985 d.C.)

    56. O código de Hamurabi (1750 a.C.)

    58. O arco de Tito (70)

    60. Os mosaicos de Ravena (550)

    62. A tapeçaria de Bayeux (1077)

    67. O túmulo de Rogério II (1154)

    68. *Efeitos do bom governo*, de Lorenzetti (1339)

72. *A rendição de Breda*, de Diego Velázquez (1634)
73. *Retrato de Luís XIV*, de Hyacinthe Rigaud (1701)
75. *Napoleão em seu trono imperial* (1806) e *Júpiter e Tétis* (1811), de Ingres
76. *Epopeia do povo mexicano*, de Diego Rivera (1929)
78. *Bandeira da vitória*, de Yevgeny Khaldei (1945)
79. Envelopando o Reichstag (1995)

A EXPLOSÃO CLÁSSICA: a construção do conceito de humanidade 80
81. *Édipo em Colono*, de Sófocles (406 a.C.)
82. O vaso de Exéquias (540 a.C.)

ARTE COMO LIBERDADE 86
87. Os *kouroi* gregos (séc. VI a.C.)
90. *Judite decapitando Holofernes*, de Artemisia Gentileschi (1620)
93. *Madame Bovary* e o julgamento de Flaubert (1857)
94. Viva Verdi (1859)
96. O "piquenique" de Manet (1863)

ALTA IDADE MÉDIA: arte e religião se reencontram 102
103. Estátua de Marco Aurélio (175)
108. A Bíblia de Bury (1135)

A ARTE COMO QUITAÇÃO 110
111. *A divina comédia*, de Dante (1321), e a Cappella degli Scrovegni, de Giotto (1305)

AS CATEDRAIS E O DIREITO ROMANO 116
118. A catedral de Estrasburgo (iniciada em 1015)
119. *A anunciação*, de Simone Martini e Lippo Memmi (1333)

A LICITAÇÃO QUE MUDOU O RUMO DA ARTE: a disputa entre Brunelleschi e Ghiberti pelas portas do batistério de Florença (1400) 122

O HUMANISMO 130
132. *Davi*, de Donatello (1440)
133. *O nascimento de Vênus*, de Botticelli (1483)
134. *A escola de Atenas*, de Rafael (1509-1511)
136. *Autorretrato usando um manto com gola de pele*, de Albrecht Dürer (1500)
138. *A última ceia*, de Leonardo Da Vinci (1596)
139. *O príncipe*, de Maquiavel (1532)
139. *A última ceia*, de Tintoretto (1594)

DIREITO E ARTE NA RENASCENÇA: uma questão de interpretação 140
   142. *O casal Arnolfini*, de Jan van Eyck (1434)
   147. O inadimplemento de Leonardo da Vinci: *As madonas das rochas* (1483 e 1506)
   149. As mãos do *David* de Michelangelo (1504) e a representação divina da capela Sistina (1508-1512)
   153. *Os embaixadores*, de Hans Holbein (1533)
   155. Arcimboldo e os Habsburgos (1590)
   157. *A inspiração de são Mateus*, de Caravaggio (1602)

AS REGRAS DA ARTE: o que fazer com as obras em pedaços? 158
   162. *Laocoonte* (séc. I)

A REFORMA E O BARROCO 166
   168. *Davi*, de Bernini (1624)
   170. *A ronda noturna*, de Rembrandt (1642)

O ESTADO E O DIREITO CONTRA A ARTE 172
   173. O julgamento Baglione – a prisão de Caravaggio (1603)
   175. O encarceramento de Oscar Wilde (1895-1897)
   177. Estados Unidos *vs.* um livro chamado *Ulisses* (1933)
   178. A destruição dos livros pelos nazistas
   179. O silêncio de Ana Akhmátova (1925-1952) e *Fahrenheit 451*, de Ray Bradbury (1953)
   181. O "preferido" de Stálin: Mikhail Bulgákov (1930)
   184. George Michael e a Sony (1992)
   185. *A Santa Virgem Maria*, de Chris Ofili (1996)
   187. A explosão dos Budas no Afeganistão (2001)

O ILUMINISMO, AS REVOLUÇÕES, O JUSRACIONALISMO, OS CÓDIGOS CIVIS E O NEO-CLÁSSICO 188
   190. Monticello na Virgínia (1772)

O DIREITO PROTEGENDO A ARTE E O DIREITO DE SE PROTEGER NA ARTE 192
   192. Dürer e o direito autoral (1506)
   196. Shakespeare, Falstaff e Oldcastle (1596)
   197. Os falsos Dom Quixotes (1615)
   199. O guarda de Van Gogh (1888)
   203. *Nosferatu*, de F. W. Murnau (1922)
   204. O caso Lüth (1958)
   206. *Mephisto*, de Klaus Mann (1971)

207. "Taj Mahal" e "Do Ya Think I'm Sexy" – Jorge Ben Jor e Rod Stewart (1979)

207. *O código da Vinci* – Dan Brown *vs.* Baigent e Leigh (2007)

209. O julgamento das biografias não autorizadas (2015)

212. "Blurred Lines" e Marvin Gaye (2018)

Os verdadeiros românticos 214

215. *Os sofrimentos do jovem Werther*, de Goethe (1774)

216. *Goethe na Campagna*, de Tischbein (1787)

217. *Contos de Grimm* (1812)

218. *Os miseráveis*, de Victor Hugo (1862)

A propriedade da arte 220

221. O busto de Nefertiti (1345 a.C.)

222. Os mármores de Elgin (440 a.C.)

225. Governo do Peru *vs.* Universidade de Yale (2008-2011)

229. *A dama dourada*, de Klimt (1907)

230. O julgamento de Kafka

A propriedade e a arte 234

236. *A morte de Sardanapalo*, de Eugène Delacroix (1827)

236. O enterro de Van Gogh (1990)

238. O vaso de Weiwei (1995)

A beleza roubada 240

241. O *livro de Kells* (800)

243. O retábulo de Ghent – *Adoração do cordeiro místico*, de Hubert e Jan van Eyck (1432)

247. O roubo da *Mona Lisa* e as maldições de Vermeer e Picasso

254. O acervo do *Führermuseum*

A "falsa verdadeira" e a "verdadeira falsa" arte 260

262. Como se faz um "verdadeiro" Vermeer (1947)

O realismo 266

267. *As respigadoras*, de Jean-François Millet (1857)

268. *Rebocadores do Volga*, de Repin (1873)

A arte como crítica ao Estado e ao poder 270

270. *Antígona*, de Sófocles (séc. V a.C.)

274. *O censo de Belém*, de Pieter Bruegel (1566)

275. *Ricardo III, Ricardo II e Henrique V*, de Shakespeare (1592-1599)

276. *Minerva protege a Pax de Marte* (1630)
277. *As consequências da guerra*, de Rubens (1638)
279. *As meninas*, de Diego Velázquez (1656)
281. *A morte de Marat*, de Jacques-Louis David (1793)
284. *A família real de Carlos IV*, de Francisco Goya (1801)
286. *A Eroica*, de Beethoven (1804)
289. *Três de Maio de 1808 em Madrid*, de Francisco Goya (1814)
290. *A Liberdade guiando o povo*, de Eugène Delacroix (1830)
295. *O estúdio do artista*, de Gustave Courbet (1855)
293. *A execução de Maximiliano*, de Manet (1868)
297. *O quarto Estado*, de Volpedo (1901)
299. *Guernica*, de Pablo Picasso (1937)
300. *O grande ditador*, de Charles Chaplin (1940)
304. *Sgt. Pepper's Lonely Hearts Club Band*, dos Beatles (1967), e "Hurricane", de Bob Dylan (1975)

A ARBITRAGEM E A MEDIAÇÃO NA ARTE E PELA ARTE 308
309. *O julgamento de Páris*, de Rubens (1636 e 1639): o árbitro corrompido
311. A mediação entre os deuses: *Ceres e Zeus*, de Callet (1777)
312. O duelo de Olavo Bilac com Raul Pompeia (1892)

A ARTE COMO METÁFORA DO DIREITO 318
319. O Evangelho de Lucas (c. 65) e *O bom samaritano*, de Delacroix (1852) e de Van Gogh (1889)
323. *Mulher segurando uma balança*, de Vermeer (1665)
324. *A dança*, de Matisse (1909-1910)
326. *O díptico Marilyn*, de Andy Warhol (1962)

Os "ISMOS" E A MODERNIDADE: a desconstrução da arte e do direito 328
329. *Maçãs*, de Cézanne (1878-1879)
331. *Impressão, nascer do sol*, de Claude Monet (1872)
332. Torre Eiffel (1889)
333. *Pintura com um círculo*, de Kandinsky (1911)
335. *Telefone-lagosta*, de Salvador Dalí (1936)

ARTE E DIREITO EM NOSSOS DIAS 338
340. *O anjo do julgamento final*, de Kandinsky (1911)

A CONCLUSÃO DA CONCLUSÃO 348
349. *Fausto*, de Goethe (1808)

CRONOLOGIA

C. 17000 – 15000 a.C. – Pinturas nas cavernas de Lascaux e Altamira
C. 3200 a.C. – A estela de Narmer
C. 2530 a.C – A pirâmide de Quéops
C. 2470 a.C. – A estátua de Miquerinos e Camerernebeti II
1750 a.C. – O código de Hamurabi
1370 a.C. – O busto de Nefertiti
C. séc. IX - VIII a.C. – A *Ilíada* e a *Odisseia*, de Homero

ANTIGUIDADE CLÁSSICA

540 a.C. – O vaso de Exéquias
508 a.C. – Reforma constitucional em Atenas: passa a haver votação para cargos públicos
Sécs. VI e V a.C. – Os *kouroi* gregos
438 a.C – Partenon, em Atenas
441 a.C. – *Antígona*, de Sófocles
440 AEC – Os mármores de Elgin
Séc. I – O Evangelho de João
Séc. I – *Laocoonte*
C. 65 – Evangelho de Lucas
70 – O arco de Tito
121 – *A vida dos 12 Césares*, de Suetônio

ROMÂNICO

550 – Os mosaicos de Ravena
C. 800 – *O livro de Kells*
1077 – A tapeçaria de Bayeux
1154 – O túmulo de Rogério II

GÓTICO

1305 – Capela Scrovegni, de Giotto
1321 – *A divina comédia*, de Dante
1339 – *Os efeitos do bom governo*, de Lorenzetti

RENASCIMENTO

1400 – Disputa entre Brunelleschi e Ghiberti pela execução das portas do batistério de Florença
1432 – *O retábulo de Ghent – Adoração do cordeiro místico*, de Hubert e Jan van Eyck
1434 – *O casal Arnolfini*, de Jan van Eyck
1440 – *Davi*, de Donatello
1455 – A Bíblia de Gutenberg
1483 – *O nascimento de Vênus*, de Botticelli
1483 e **1506** – *As madonas das rochas*, de Da Vinci
1499 – *Pietà*, de Michelangelo
1504 – As mãos do *Davi* de Michelangelo
1506 – Dürer e o direito autoral
1508-1512 – A representação divina da capela Sistina
1509-1511 – *A escola de Atenas*, de Rafael
1511 – *O apocalipse*, de Dürer
1512 – Capela Sistina, de Michelangelo – *Madona Sistina*, de Rafael
1533 – *Os embaixadores*, de Hans Holbein
1566 – *O censo de Belém*, de Bruegel
O jurista, de Arcimboldo

1590 – Arcimboldo e os Habsburgos
1592 – *Ricardo III*, de Shakespeare
1595 – *Ricardo II*, de Shakespeare
1596 – Shakespeare, Falstaff e Oldcastle
1599 – *Henrique V*, de Shakespeare

BARROCO

1602 – *A inspiração de são Mateus*, de Caravaggio
Amor vincit omnia, de Caravaggio
O amor sagrado e o amor profano, de Giovanni Baglione
1603 – O julgamento Baglione – a prisão de Caravaggio
1615 – A segunda parte de *Dom Quixote*
1620 – *Judite decapitando Holofernes*, de Artemisia Gentileschi
1624 – "Nenhum homem é uma ilha", de John Donne
1630 – *Minerva protege a Pax de Marte*, de Rubens
1634 – *A rendição de Breda*, de Velázquez
1636 e **1639** – *O julgamento de Páris*, de Rubens
1638 – *As consequências da guerra*, de Rubens
1656 – *As meninas*, de Velázquez
1665 – *Mulher segurando uma balança*, de Vermeer
1701 – *Retrato de Luís XIV*, de Hyacinthe Rigaud
1732 – *O progresso de uma prostituta*, de Hogarth
1774 – *Os sofrimentos do jovem Werther*, de Goethe

NEOCLASSICISMO

1777 – *Ceres e Zeus*, de Callet
1787 – *Goethe na Campagna*, de Tischbein
1793 – *A morte de Marat*, de David
1799 – Lorde Elgin compra as frisas do Partenon
1801 – *A família real de Carlos IV*, de Goya
1804 – Código Napoleão (a lei civil francesa)
A *Eroica*, de Beethoven
1806 – *Napoleão em seu trono imperial*, de Ingres

ROMANTISMO

1808 – *Fausto* (primeira parte), de Goethe
1814 – *Três de Maio de 1808 em Madrid*, de Goya
1827 – *A morte de Sardanapalo*, de Delacroix
1830 – *A Liberdade guiando o povo*, de Delacroix
1831 – *O corcunda de Notre-Dame*, de Victor Hugo
1841 – *Nabucco*, de Verdi
1852 - *O bom samaritano*, de Delacroix

REALISMO

1855 - *O estúdio do artista*, de Courbet
1857 – *Madame Bovary* e o julgamento de Flaubert
1862 – *Os miseráveis*, de Victor Hugo

IMPRESSIONISMO

1863 – O "piquenique" de Manet
Vida de Jesus, de Renan
Salon des Refusés
1866 – *A origem do mundo*, de Courbet
1867 – *A execução do imperador Maximiliano*, de Manet
1874 – Exposição dos "impressionistas"
1888 – *O ateneu*, de Raul Pompeia
1889 – *A noite estrelada*, de Van Gogh
– Torre Eiffel
1892 – O duelo de Olavo Bilac com Raul Pompeia
1897 – *Drácula*, de Bram Stoker
1899 – *O bom samaritano*, de Van Gogh
1901 – *O quarto Estado*, de Volpedo
1902 – *O caçador de esmeraldas*, de Olavo Bilac
1907 – *A dama dourada*, de Klimt
1910 – *A dança*, de Matisse

ARTE ABSTRATA
MOVIMENTO SURREALISTA

1911 – *Pintura com um círculo*, de Kandinsky
– *O anjo do julgamento final*, de Kandinsky
1917 – *Fonte*, de Duchamp
1922 – *Ulisses*, de James Joyce
Nosferatu, de F.W. Murnau
1925 – Anna Akhmátova é proibida de publicar seus poemas
1926 – *Os dias dos Turbin*, Mikhail Bulgákov
1929 – *Epopeia do povo mexicano*, de Diego Rivera

1933 – Estados Unidos *vs.* Um livro chamado Ulisses
– *Rasputin e a imperatriz*, da MGM
1937 – *Guernica*, de Picasso
1940 – *O grande ditador*, de Charles Chaplin
1945 – A bandeira sobre o Reichstag
1947 – Como se faz um "verdadeiro" Vermeer
1953 – *Fahrenheit 451*, de Ray Bradbury
1958 – O julgamento do caso Lüth
1962 – O díptico de Marilyn Monroe, de Andy Warhol
1966 – *O mestre e a margarida*, de Mikhail Bulgákov
1967 – *Sgt. Pepper's Lonely Hearts Club Band*, dos Beatles
1968 – *Arma de fogo na América*, de Roy Lichtenstein
1969 – John Lennon devolve a MBE
1971 – O julgamento de *Mephisto*, de Klaus Mann
1975 – "Hurricane", de Bob Dylan
1979 – "Taj Mahal" e "Do Ya Think I'm Sexy" – Jorge Ben e Rod Stewart
1980 – *O nome da rosa*, de Umberto Eco
1981 – "Under Pressure", do Queen
1990 – O "enterro" de Van Gogh
1992 – George Michael e a Sony
1995 – O vaso de Weiwei
1995 – Envelopando o Reichstag
1996 – *A Santa Virgem Maria*, de Chris Ofili
2001 – A explosão dos Budas no Afeganistão
2003 – *O código da Vinci*, de Dan Brown
2008-2011 – Governo do Peru *vs.* Universidade de Yale
2018 – "Blurred Lines" e Marvin Gaye

NOTA DO AUTOR

A minha primeira lembrança de um museu é o da Quinta da Boa Vista, em São Cristóvão, no Rio de Janeiro: o Museu Nacional. Com o colégio, ainda pequeno, visitei diversas vezes o palácio onde um dia morou a família real brasileira. Ele abrigava uma fascinante coleção. Não havia obras de arte. O seu acervo era formado, acima de tudo, por objetos de história natural. Um grande meteorito, logo na sua entrada, arrebatava quem ingressasse no prédio. Havia também fascinantes esqueletos de dinossauros e, é claro, múmias egípcias. O museu era um convite para aguçar a curiosidade, inclusive para conhecer outros museus.

Pelos livros – pois tudo isso ocorreu antes da revolução da internet –, entrei em contato com as artes. Não há, no Rio de Janeiro, minha cidade natal, museus com grandes acervos. Restava ter acesso às obras clássicas pelas reproduções. Pelos livros, conheci as grandes pinturas, esculturas e construções. O Partenon, a *Mona Lisa*, *As meninas* de Velázquez... Tive acesso a todas essas obras e a muitas outras através de livros de arte. Apenas depois, viajando pelo mundo, entrei em contato próximo com essas obras-primas. Ao me deparar com os originais, embora me tenha causado emoção, via algo que já conhecia – era como encontrar um velho conhecido, com quem já desfrutava de alguma intimidade.

Tornei-me advogado e professor universitário. O direito, para mim, sempre foi uma forma de arte. De outro lado, via a arte se relacionando com o direito – não raro, de forma indissociável. Neste trabalho, trato dessa interseção. Ela não se limita ao direito ou à arte, mas à nossa própria experiência humana.

Pelas minhas limitações, falo do direito e da arte do Ocidente. São as minhas referências, embora reconheça a beleza e a profundidade de outras culturas, como a oriental, a islâmica e a africana.

Em setembro de 2018, o Museu Nacional pegou fogo. O incêndio tomou a maior parte do acervo. Uma perda irreparável. Acidentes acontecem. Mas esse não foi um acidente. O prédio histórico estava malconservado, e o Estado havia cortado substancialmente a verba de manutenção do museu. O incêndio foi o resultado do descaso.

Outras crianças e jovens brasileiros não terão a chance que tive. O Museu Nacional deixou de existir como era. Não será, ao menos como fora, fonte de estímulo intelectual. Restam os livros – e, hoje, a internet.

Uma sociedade não se desenvolve sem cultura. O próprio ser humano, tolhido seu acesso à arte, perde inspiração, alento, entusiasmo. A cultura, por outro lado, abre todas as portas e funciona, principalmente, como um guia ético que, ao mesmo tempo, nos dá ferramentas para formar um senso crítico e permite que saibamos distinguir o certo e o errado.

Este trabalho tem, em primeiro lugar, esse propósito: trazer a arte e o direito para mais perto.

Rio de Janeiro, janeiro de 2020

José Roberto de Castro Neves

Em tempo, agradeço imensamente a Paulo Cesar de Barros Melo, Doris de Castro Neves, Luiz Bernardo Rocha Gomide, Patricia Klien e João Pedro Martinez pela ajuda em reler e discutir os originais.

ARTE E DIREITO: POR QUÊ?

Artista é aquele que faz. Até o século XIX, a ciência era relacionada à teoria e ao conhecimento, enquanto a arte se preocupava com a prática. Arte significava o que era feito.

Evidentemente, o significado das palavras se altera com o tempo. Arte, hoje, se relaciona a certa habilidade que torna algo especial, digno da nossa atenção. Essencialmente, entretanto, segue sendo algo que se faz.

Arquitetura, dança, dramaturgia, escultura, literatura, música e pintura: as artes – aí incluído o cinema. Todas elas, manifestações humanas. Por quê? Porque queremos provocar. Precisamos provocar nos outros ou em nós mesmos algum sentimento. Com a arte trazemos alegria, tristeza, dor, reflexão. É uma necessidade.

O direito também é uma manifestação humana. Sua criação foi tão fundamental como a da arte. O homem precisa estabelecer regras para viver em comunidade. Outra necessidade, uma catarse.

Ambos são fenômenos típicos e próprios da espécie humana – mesmo os macacos, nossos primos mais próximos, não têm criações artísticas. Tampouco estabelecem regras jurídicas. Arte e direito, portanto, nos distinguem e, como tal, nos aproximam. Tanto a arte quanto o direito existem em nossa sociedade porque não são apenas necessários, mas contemplam nossa humanidade.

A partir disso, ao longo da nossa caminhada na história, a arte e o direito possivelmente funcionam como as mais fortes testemunhas do desenvolvimento da humanidade. Trata-se de uma vitrine de como andam os valores morais de um tempo. Caso se queira compreender as forças que movimentam o mundo, mirem-se o direito e a arte. Pela observação dessas duas manifestações, conseguimos compreender quais as preocupações da sociedade de ontem e de hoje. Enxergamos os caminhos trilhados e as opções pela frente. O passado está feito, mas as escolhas que vão determinar o amanhã dependem fundamentalmente da consciência, do conhecimento, da sensibilidade. Essa construção, para que seja sólida, passa pela arte e pelo direito. Eis o porquê.

CONCLUSÃO ANTECIPADA

(OU: TRÊS MOTIVOS PELOS QUAIS OS PROFISSIONAIS DO DIREITO E TODAS AS PESSOAS DEVEM CONHECER ARTE – OS MESMOS TRÊS MOTIVOS PELOS QUAIS OS ARTISTAS E TODAS AS PESSOAS DEVEM CONHECER O DIREITO...)

Devemos conhecer a arte e o direito, em primeiro lugar, porque é melhor saber do que não saber.

Ulisses, o protagonista da *Odisseia*, poema épico e histórico grego, atribuído a Homero e datado possivelmente do século IX a.C., salva-se porque sabe.

Narra-se, ali, o retorno desse herói da guerra de Troia para sua família em Ítaca. No caminho, Ulisses enfrenta toda sorte de dificuldades. Em determinada passagem do poema, ele é preso na caverna do ciclope Polifemo. O ciclope é um ser gigante, assemelhado ao homem, porém dotado de apenas um olho arredondado, situado no meio da testa. Ulisses define os ciclopes como "brutos sem lei". Os ciclopes representam a ignorância, o estado primitivo da humanidade, pois não sabem sequer semear, quanto mais as regras basilares, as regras sociais, como a da hospitalidade.

Na *Odisseia*, Polifemo aprisiona Ulisses e seus companheiros. Passa a devorá-los um a um. Ulisses oferece vinho ao gigante, que desconhecia os efeitos do álcool. Quando o herói embriaga o ciclope, aproveita para cegar seu único olho. Com isso, consegue fugir. O sagaz Ulisses havia dito a Polifemo que seu nome era "Ninguém". Quando escapa, o ciclope cego grita, pedindo ajuda aos demais gigantes de um só olho. Quando lhe perguntam quem Polifemo persegue, este se limita a dizer: "Ninguém." Assim, a confusão se instaura – o que se mostra fundamental para a fuga de Ulisses.

Ulisses sobreviveu porque tinha conhecimento – ao contrário do gigante, um primitivo, a tudo ignorante.

James Joyce (1882-1941) constrói, a partir da clássica *Odisseia*, seu *Ulisses*, lançado em 1922. Trata-se, também, da narrativa da jornada de um herói que busca retornar para casa. Toda a história se dá num único dia – 16 de junho de 1904 – da vida do dublinense Leopold Bloom, culminando com o reencontro do protagonista com sua mulher, Molly – um evento ocorrido principalmente na sua memória afetiva.

Joyce abusa das citações e de experimentos de linguagem para produzir uma narrativa envolvente. É como se, na definição de Milan Kundera, ele tivesse colocado um microfone na cabeça de seu personagem. Vale-se de uma técnica literária chamada fluxo de consciência. Joyce leva o leitor a se aventurar pelas memórias, sensações físicas, ideias vagas e confusões psicológicas de seus personagens.

A passagem do ciclope foi transportada por Joyce para um bar em que um estranho, homem muito grande, bêbado e aos berros, vocifera um agressivo discurso antissemita e radical. Bloom, o protagonista, era judeu em uma Dublin católica. A metáfora do ciclope está clara: aquele homem não conseguia enxergar outras opiniões, como se tivesse apenas um olho. O bêbado grosseiro era um ignorante.

Bloom consegue escapar da confusão criada pelo sujeito agressivo argumentando que, entre outros israelitas ilustres, Jesus "Salvador" também era judeu. Porque Bloom tinha conhecimento, cultura, conseguiu trazer um argumento que o livrou do intransigente gigante.

O rei Édipo, na famosa peça de Sófocles, fez-se rei porque soube: conseguiu solucionar o enigma da esfinge que atormentava Tebas.

Diz a lenda que a Esfinge, monstro mitológico com corpo de leão, asas de águia e rosto de mulher, colocou-se na entrada da cidade. Aos que passavam, interpelava: "Decifra-me ou te devoro." Não havia opção. Em seguida, ela apresentava um enigma, que não conseguiam solucionar. A cidade, assim, era aos poucos dizimada. Então surge Édipo, que tentava fugir de seu destino. O oráculo lhe havia dito que estava fadado a matar seu pai e a desposar sua mãe. Diante disso, ele foge de casa (para ficar longe daqueles que, de forma equivocada, acreditava serem seus pais). Sem saber, aproximava-se assim de Tebas, sua verdadeira terra natal.

Lá, dispõe-se a enfrentar o monstro cruel, que lhe propõe a seguinte charada: que animal acorda com quatro patas, à tarde tem duas e, à noite, caminha com três? Édipo responde: o homem. O homem engatinha no começo da vida, anda com duas pernas em seguida, mas se vale de uma bengala na velhice. Édipo decifra o enigma e, dessa forma, consegue libertar Tebas da desgraça. A cidade, em gratidão, oferece a ele a coroa e a rainha, que recentemente se tornara viúva. Édipo tornou-se rei porque soube.

A desdita de Édipo se dá quando ele passa a não saber. Inicialmente, desconhece que se casara com a própria mãe e matara o próprio pai. Isso porque, ainda bebê, fora separado de seus verdadeiros pais e criado na ignorância de sua verdadeira origem. Muito tempo depois, num entrevero de estrada, acaba por matar um passante, sem saber que se tratava de seu pai, Laio, o antigo tirano de Tebas. Ainda no desconhecimento, e após inocentemente receber a coroa e a rainha, descobre que ela é a viúva de Laio: Jocasta, sua própria mãe.

A ignorância, seu erro fatal, é a causa de sua queda. Como sabiamente registrou Francis Bacon (1561-1626) muitos séculos depois, "conhecimento é poder".

Direito e arte são fatos, e não uma teoria. Evidentemente, admite-se especular acerca do direito e da arte, mas isso a partir de fatos. Uma lei e um quadro são fatos. Entretanto, arte e direito dão bons exemplos de que os fatos podem ter menos força do que o significado que carregam.

Tanto a arte como o direito se valem de símbolos. Símbolos são representações que, por convenções, expressam outras coisas além daquilo que se pode simplesmente ver. Não se confundem com sinais. Estes são abreviações, marcas de produtos, insígnias ou outras imagens que, pelo uso frequente, constituem uma referência conhecida. Símbolos são muito mais. Possuem um sentido intrínseco, cuja compreensão e alcance dependem de quem os interpreta. Os sinais podem eventualmente guardar uma força simbólica. Tome-se um sinal de trânsito: o verde manda seguir e o vermelho, parar. Trata-se, de início, de apenas um sinal. A imagem de uma maçã mordida pode nos remeter a uma gravadora musical ou a uma fabricante de produtos de tecnologia. Todavia, pode também simbolizar o pecado. Uma pomba estilizada pode representar uma marca de sabonetes, mas também a paz ou o Espírito Santo. Em verdade, é difícil até imaginar uma expressão desprovida de alguma simbologia.

Narra-se a história do indiano que, ao voltar para casa depois de uma temporada na Inglaterra, contou que, em Londres, as pessoas adoravam os animais como deuses. Isso porque as igrejas estavam cheias de touros, leões, águias, cordeiros, unicórnios... O indiano não compreendeu que os animais, no caso, simbolizavam os evangelistas, o Espírito Santo e, até, Jesus.

Imagine-se que um quadro retrate uma pessoa com um livro na mão. Ou, ainda, que determinado texto descreva uma personagem carregando um livro consigo. Uma pessoa pode ver a presença do livro no quadro como um mero fato ou uma forma de decoração. Pode considerar irrelevante que o livro

ENTREGA DAS CHAVES, DE PIETRO PERUGINO (1481-1482)

que traga uma tal personagem faça essa referência. Outros, diferentemente, podem entender que o livro significa cultura. Assim, é possível ver Hamlet, personagem central de uma das peças de Shakespeare e descrito frequentemente na posse de um livro, como um intelectual, um homem dedicado ao pensamento. "Carregar o livro" ganha esse significado.

São Pedro, por sua vez, é comumente pintado com suas chaves. Essas chaves não servem apenas como decoração, mas também identificam sua importância por meio de uma simbologia: é são Pedro quem nos abre as portas ao paraíso.

Comumente, valemo-nos de uma metáfora, uma figura de linguagem, para dar sentido mais forte ou eficiente ao que pretendemos dizer. Não sem razão, Jorge Luis Borges escreveu que "a história universal não é outra coisa que a história de alguma metáfora".[1]

Até as cores guardam uma simbologia. O vermelho normalmente representa a paixão (quanto mais vivo, mais ardente). O branco aponta para a paz – e, logo, para a placidez. O amarelo indica alguma inquietude. O preto significa o retraimento, o luto. O azul traz a tranquilidade.

---

1 Jorge Luis Borges, "La sfera di Pascal", em *Tutte le opere*, Milão, Mondatore, 1984, p. 911.

MADONA SISTINA, DE RAFAEL (1512)

Também o mundo jurídico se encontra repleto de símbolos: o advogado representa a defesa, ao passo que o juiz, a própria justiça. Em grande parte, a justiça humana funciona a partir da força desses símbolos, pois seria deplorável o lugar onde o advogado já não fosse associado à defesa das pessoas ou o juiz não simbolizasse a justiça.

Na Renascença, Rafael pintou, em 1512, na *Madona Sistina*, o papa Sisto IV com seis dedos. Fez isso porque se acreditava que essa anomalia se relacionava àqueles capazes de interpretar sonhos proféticos. Quem ignorasse essa crença acreditaria que o sumo pontífice portava uma deformidade. O conhecimento do intérprete poderia tornar o papa num predestinado, escolhido divinamente, ou numa pessoa disforme.

A história de *King Kong* é conhecida: um cinegrafista ambicioso, porém sem expressão nenhuma, leva sua trupe a um rincão remoto, a Ilha da Caveira, onde deseja produzir um filme. Lá, descobre que os nativos, uma gente primitiva, cultuam um gorila gigantesco, de nome Kong. Entre os membros da trupe, havia uma loira e jovem atriz. Os nativos nunca tinham visto uma mulher tão branca e com os cabelos dourados. Pretendem, então, ofertar a inexperiente atriz a Kong. Ao ver o colossal gorila, o cinegrafista percebe os possíveis ganhos financeiros em levar o fenômeno para a grande cidade. Aproveitando-se do fato de que Kong se apaixona pela jovem atriz, o cinegrafista e seus ajudantes conseguem acorrentar a fera e levá-la para Nova York. Lá, o macaco gigante é exposto como uma aberração. Kong, contudo,

KING KONG, DIREÇÃO DE MERIAN C. COOPER E ERNEST B. SCHOEDSACK (1933)

consegue libertar-se. Desesperado, escala o topo do Empire State Building, o icônico arranha-céu. Como o descomunal gorila se transformara em uma ameaça pública, aviões atiram nele. Kong, alvejado, despenca do alto do prédio para morrer no asfalto da metrópole.

Pode-se assistir ao filme *King Kong* – as versões de 1933, 1976 e 2005 são as mais famosas – e ver apenas a desventura de um gorila imenso, trazido à força de sua ilha perdida para a civilização. Todavia, a arte vai muito além: *King Kong* funciona também como uma crítica ao mundo moderno, que é incapaz de conviver com as diferenças e destrói a natureza que não consegue dominar. No fim, a fera morre junto da pureza.

Desse modo, algumas pessoas podem ir ao cinema apenas para comer pipoca e se assustar com o macaco gigante na tela. Outras verão o símbolo do nosso medo ao desconhecido, ao selvagem, ao diferente – e como a nossa sociedade reage a esse temor.

Os Estados Unidos, embora compostos, na sua criação, por uma população majoritariamente cristã, são um país laico, sem uma religião oficial do Estado. Em 1956, entretanto, no auge da Guerra Fria, numa tentativa de mostrar suas diferenças em relação ao regime soviético, o Congresso americano decidiu inserir nas cédulas e moedas de dólar o conhecido dístico popular: *In God we trust*, isto é, "em Deus confiamos". O Tesouro americano unira o dinheiro a um tema religioso – e ainda passava uma forte mensagem política para o mundo. Vejam-se quantos símbolos em apenas um movimento.

Os símbolos valem pelo que expressam. Muitas vezes, são eles que contêm as informações mais relevantes. Quem não compreende o símbolo perde o sentido do todo. Como vimos, quem não sabe jamais poderá enfrentar a esfinge e estará destinado a cometer erros fatais. Não saberá se o santo no quadro é são Pedro ou são Dênis (este, pela hagiologia, estaria decapitado segurando sua própria cabeça com as mãos). Sem "saber", a pipoca passa a ser a melhor coisa do cinema.

A arte, por conseguinte, convida o espectador a interpretá-la. Com efeito, não existe arte sem interpretação. Essa "leitura" não se limita a uma descrição do que se vê – a Mona Lisa é apenas uma mulher vestida com uma cor escura –; ela envolve compreensão do seu significado.

No direito não é diferente. Há um constante convite à interpretação das leis, dos contratos, da conduta das partes. Buscar o sentido das regras jurídicas de forma literal já trouxe grandes danos à humanidade. O intérprete deve estar aberto a uma compreensão profunda – e, para isso, deve saber, conhecer mais.

A fim de entender e aplicar o direito, é necessário conhecer a história e a cultura de um povo. Certamente, o mais íntegro e erudito juiz indiano terá dificuldades em julgar da melhor forma se for importado para uma corte brasileira e ficar sujeito a examinar casos em disputa no Brasil. O julgador – e o mesmo serve para o advogado – não pode ser um alienado da realidade, mas deve viver em sintonia com a sociedade em que atua. É fundamental que ele se insira na cultura – logo, na arte. O alienígena dificilmente será um bom juiz.

A arte e o direito, pois, são manifestações fundamentais da sociedade. Elas explicam a nossa história. É melhor conhecê-las do que ignorá-las.

O segundo motivo pelo qual se deve conhecer arte e direito é o de que todas as manifestações sociais se comunicam e interagem. As áreas do conhecimento não estão isoladas. Um grande médico não sabe apenas medicina, mas se familiariza com a humanidade. Os artistas renascentistas se distinguiam pelo seu amplo saber humanístico. Para executar qualquer mister de forma eficiente, deve-se compreender o mundo. Os maiores atores têm enorme bagagem cultural, bem como os verdadeiros homens públicos e, é claro, os juízes e advogados.

> Nenhum homem é uma ilha
> Inteiro em si mesmo.
> Todos são pedra de um continente,
> Uma parte do todo.
> Se uma terra o mar arrasta,
> A Europa vai-se.

Como se fosse um promontório.
Como se fosse sua própria casa.
Ou a de seu amigo.
A morte de cada homem me diminui,
Pois pertenço à humanidade.
Por isso, não perguntes
Por quem os sinos dobram,
Eles dobram por ti.²

"Nenhum homem é uma ilha", começa o poema de John Donne (1572-
-1631), clérigo da Igreja Anglicana com formação de advogado. A metáfora é linda e expressa uma verdade: não fomos feitos para viver isoladamente, mas para dividir a experiência da vida. O ser humano tem natureza gregária. "É impossível ser feliz sozinho", pontificou o poeta. Exatamente para cumprir essa missão, criam-se e, depois, desenvolvem-se ferramentas. O direito foi concebido para viabilizar esse convívio. E, para tornar mais rica a vida em coletividade, criou-se a arte. Todas essas ferramentas se originam no âmbito da mesma humanidade.

Se a sociedade abraça, por exemplo, valores conservadores, suas manifestações, suas ferramentas, terão preponderantemente esse viés. A arte, nas suas diversas formas, será então conservadora, e o direito seguirá o mesmo caminho. Caso haja uma onda progressista, emergirão movimentos artísticos progressistas e um modelo jurídico com essa sintonia. Não somos ilhas. As manifestações permeiam a sociedade com o mesmo perfume.

Ademais, o artista, ao contrário do cientista, não descobre algo novo. O poeta não inventa seus versos, mas apenas resgata o que já está no ar, ainda imaterial. O poeta registra o sentimento que também experimentamos, mas não conseguimos expressar. A arte ganha sentido quando se conecta com

---

2   No original: *No man is an island,/ Entire of itself./ Each is a piece of the continent,/ A part of the main./ If a clod be washed away by the sea,/ Europe is the less./ As well as if a promontory were./ As well as if a manor of thine own/ Or of thine friend's were./ Each man's death diminishes me,/ For I am involved in mankind./ Therefore, send not to know/ For whom the bell tolls,/ It tolls for thee.*

seus espectadores. O artista registra aquilo que ele vive no mesmo mundo de quem se depara com a sua obra. Tanto o artista como sua obra são frutos de seu meio e de seu tempo. Como alguém já disse, Proust não poderia ter-se formado numa tribo de esquimós... Nisso também o artista e o jurista caminham juntos, pois o direito apenas se legitima se responder a um anseio da comunidade para a qual foi criado. Para que a arte e o direito valham, deve haver identificação com seus destinatários.

A arte e o direito compartilham, na história, as mesmas referências. Como lembra Francesco Galgano, a própria origem do direito se confunde com a da poesia, pois, ao menos no Ocidente, a *Ilíada* de Homero é a primeira grande realização poética do gênero humano e, ao mesmo tempo, a primeira fonte de conhecimento do fenômeno jurídico.[3]

Direito e arte são, de modo recíproco, influenciados e influentes, e o mesmo se pode dizer das demais manifestações da humanidade. Arte, direito, filosofia, religião, entre outras atividades humanas, conversaram ao longo da história, tornando-se imperfeita uma compreensão isolada de qualquer desses fenômenos que não atente para os demais. Não somos ilhas; nada do que criamos se explica isoladamente.

Portanto, não importa qual seja nossa área de interesse ou atividade: devemos sempre olhar e conhecer o mundo que nos cerca. Música, arquitetura, pintura, escultura, direito, medicina, esporte... Apenas munidos desse estofo poderemos compreender a dimensão de nossa atividade, distinguir as mais adequadas ferramentas para atingir nossos objetivos e, principalmente, fazer as escolhas certas.

Por fim, o terceiro motivo pelo qual se deve conhecer a arte e o direito se relaciona à forma como o homem se manifesta. A força do homem depende, em grande parte, de como ele externa sua causa e como percebe as informações que lhe chegam. A arte é uma linguagem. Na verdade, a arte é a mais poderosa das linguagens. O contato com a arte nos permite reconhecer mais

---

3 Francesco Galgano, *Il diritto e le altre arti*, Bolonha, Editrice Compositori, 2009, p. 25.

PIETÀ, DE MICHELANGELO (1499)

claramente a mensagem, recebê-la, processá-la e transmiti-la da melhor forma (ou das melhores formas).

É sabida a historieta de um rapaz idealista que pretendeu inventar uma linguagem universal, que servisse como elo da humanidade. Depois de uma vida dedicada a esse fim, ele percebeu que isso já existia. Tratava-se da música. Não importa a origem ou a qualidade da instrução: a música emociona todos (a essa conclusão ele deve ter chegado quando ouvia, suspeito, a Sexta Sinfonia, de Beethoven...). Não sem razão, Richard Wagner afirmou que a melhor forma de representar o poder do músico passava pela ideia do encantamento.

A arte, portanto, é uma forma de se comunicar. Não raro, há ideias que apenas se transmitem pela arte. Por exemplo, o relato da mãe que perde um filho desperta certo sentimento de pesar. Entretanto, quem vê a *Pietà* de Michelangelo – a mãe abraça com ternura o corpo do filho morto – percebe, com toda clareza, a dor sofrida pela mulher. A mais famosa *Pietà* de Michelangelo se encontra no Vaticano (há outras três). Ele a concluiu quando tinha apenas 23 anos. Nela, uma mãe enorme e com um rosto jovem, porém com uma mão desproporcionalmente pequena, abraça o corpo de seu Filho desfalecido, muito magro e frágil. Talvez seja a imagem perfeita da mãe: grandiosa, eternamente jovem, que nos abraça em momentos difíceis. *Pietà*, "piedade" em italiano, é um tema recorrente na arte cristã, referindo-se ao momento no qual a Virgem Maria acolhe o corpo morto de seu filho logo após a descida da cruz. Um drama. A arte dá outra dimensão ao sofrimento e ao amor maternal.

"Eu poderia escrever os versos mais tristes esta noite." Assim, o poeta chileno Pablo Neruda (1904-1973) começa a falar do amor perdido. Se alguém nos conta que terminou um namoro, talvez vejamos o fato como algo banal, corriqueiro. O poeta, por sua vez, externa a profunda dor desse momento de modo lancinante e radical. Apenas uma pessoa no seu limite poderia escrever versos tão tristes. Com o poema, conseguimos nos sensibilizar com a sua profunda tristeza.

Neruda publicou esses versos em 1924, quando contava com apenas 20 anos de idade. Mesmo jovem, conseguia transmitir, pela arte, sua amargura. "Eu poderia escrever os versos mais tristes esta noite."

"No começo, era o Verbo." Eis a famosa abertura com que o Evangelho de João trata da criação do mundo. Dos quatro evangelhos, o de João é indiscutivelmente o mais sofisticado. Nessa famosa passagem, ele explica que, antes de qualquer outra coisa, existia apenas Deus, dono da Palavra, do Verbo. Pela Palavra de Deus, tudo o mais se criou.

O autor do Evangelho poderia simplesmente ter dito: "Deus criou o mundo." Preferiu, no entanto, valer-se de uma imagem, de uma frase mais forte, a qual nos faz imaginar e desperta uma sensação: "No começo, era o Verbo."

O homem é também um animal, suscetível a emoções que não raro suplantam seus mais sólidos elementos racionais. Atiçar essas emoções é suscitar, também, uma reação. Gotthold Ephraim Lessing (1729-1781), um dos primeiros estudiosos e críticos da arte, aponta que, "para nos convencer, é necessário nos emocionar".[4]

Conhecer a arte escrita, a literatura, permite melhorar a expressão. Aprimora-se, assim, a comunicação.

George Orwell (1903-1950) ficou mundialmente famoso como autor de romances instigantes, como *A revolução dos bichos* (1945) e *1984* (1949). Em ambos, ele denuncia a tirania e brande a importância da liberdade. Em 1945, no seminal ensaio "A política e a língua inglesa", ele oferece as seguintes regras da boa escrita:

> 1. Nunca use uma metáfora, uma comparação ou outra figura de linguagem que esteja habituado a ler.
> 2. Nunca use uma palavra longa quando outra pequena servir.
> 3. Se é possível cortar uma palavra, corte-a sempre.
> 4. Nunca use a voz passiva quando puder usar a voz ativa.
> 5. Nunca use uma expressão estrangeira, uma palavra científica ou uma gíria se conseguir pensar num equivalente retirado do inglês corrente.
> 6. Viole quaisquer dessas regras, de preferência a dizer algo obviamente bárbaro.

Trata-se de sugestões preciosas que nos permitem exprimir de forma mais clara a mensagem.

Em 1917, o artista francês Marcel Duchamp (1887-1968), que morava em Nova York, apresentou, em uma exposição de arte, um mictório de porcelana absolutamente ordinário, comprado em uma loja de materiais de construção.

---

4   Gotthold Ephraim Lessing, *Laocoonte ou Sobre as fronteiras da pintura e da poesia*, São Paulo, Iluminuras, 2011, p. 22.

O mictório foi colocado deitado – a 90 graus de sua posição normal. Nele, o artista escreveu: "R. Mutt – 1917". O trabalho recebeu o nome de "Fonte".

Em um primeiro momento, a "obra" foi rejeitada pelos organizadores da exposição. Não conseguiram perceber qualquer sentido no trabalho. A recusa era inusitada, uma vez que a Sociedade de Artistas Independentes de Nova York se havia comprometido a exibir qualquer obra de arte mediante uma taxa de seis dólares. Os organizadores do evento, depois de alguma discussão, acabaram por permitir a inclusão da peça.

Depois da primeira exibição, a obra foi perdida por um momento: pensaram que era lixo... Em pouco tempo, contudo, o mictório de porcelana de Duchamp ganhou notoriedade, e a tal ponto que se tornou icônico. Há várias formas de interpretar esse trabalho. Muitos discutem até mesmo se o mictório chamado de "Fonte" merece ser reconhecido como arte. Com efeito, não é óbvio o significado do "R. Mutt" grafado no urinol. Já se sugeriu ser *armut*, que significa "pobreza" em alemão. Cães vira-latas também são chamados *mutts*. O tema admite ampla especulação. Houve um certo Richard Mutt, membro da alta sociedade da Filadélfia, que considerou ajuizar uma ação contra Duchamp por ter se sentido humilhado, imaginando que o trabalho se dirigia a ele.

Qual era o objetivo de Duchamp quando apresentou seu trabalho? Se era para dizer que qualquer manifestação, por mais simples que fosse, mesmo que consistisse em um mictório, poderia ser considerada "arte", por que ele não disse apenas: "Tudo pode ser arte"? Um artista frustrado, em 1993, urinou numa réplica da obra de Duchamp que se encontrava exposta em Nimes, na França, alegando que se tratava de uma "performance". Seria isso uma manifestação artística? Se era para estimular que as pessoas desenvolvessem senso crítico a respeito da arte, seu autor poderia ter registrado tão somente: "Reflitam sobre as obras de arte." Teria isso bastado?

O mictório original se perdeu. Entretanto, a partir dos anos 1950, Duchamp ordenou a confecção de uma série de réplicas, que foram vendidas por preços altíssimos. Hoje, encontram-se espalhadas pelo mundo. A arte deixou de se relacionar primordialmente com a beleza ou a representação do belo. Passou, antes, a estar mais próxima do campo das ideias – a arte

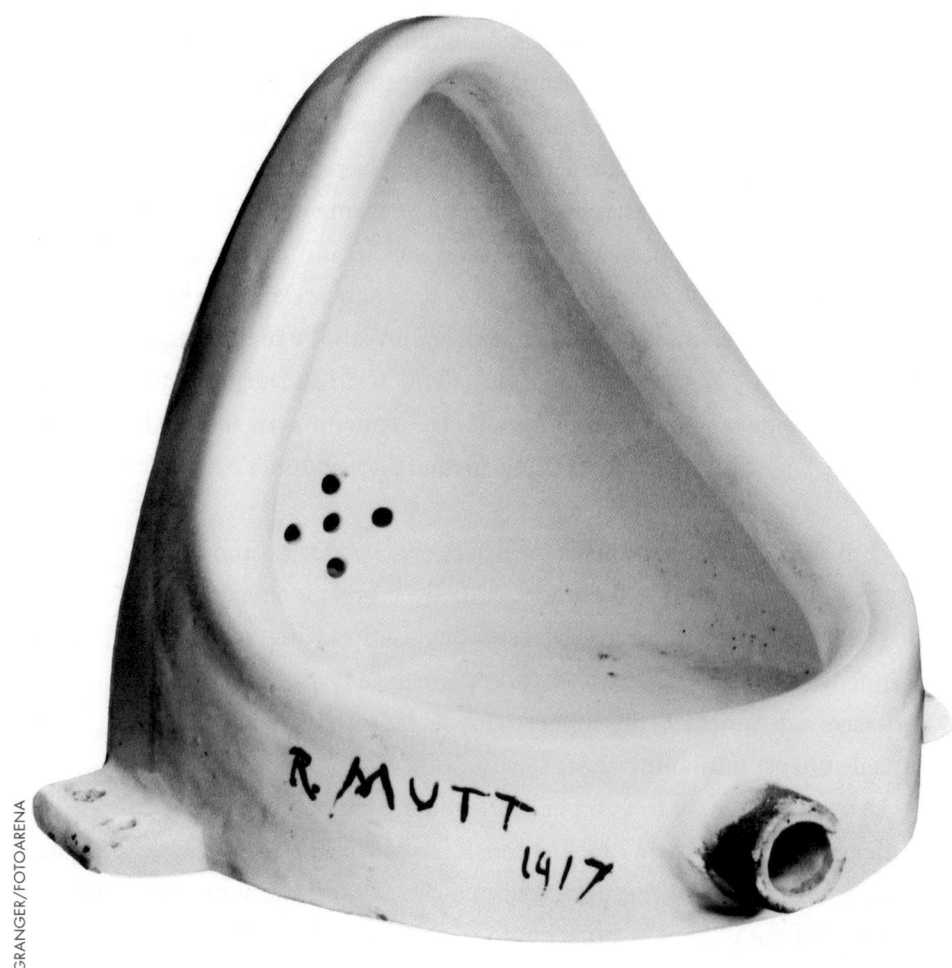

FONTE, DE DUCHAMP (1917)

tornou-se um conceito. Abandonava-se a realidade. A arte passava a ter a força do tamanho de quem a interpretava. Duchamp externou sua concepção: "Eu não acredito em arte. Acredito em artistas."

Alain de Botton e John Armstrong, no empolgante *Arte como terapia*, defendem que a arte funciona como um instrumento que permite ao homem superar suas limitações.[5] Assim como precisamos de uma faca para cortar

---

5   Alain de Botton e John Armstrong, *A arte como terapia*, Rio de Janeiro, Intrínseca, 2014, p. 5.

coisas e uma garrafa para armazenar líquidos – o que, pela nossa natureza, não conseguiríamos fazer sem uma ferramenta –, a arte funciona para extravasar nossas emoções. Com efeito, ela permite expressar algo de forma mais efetiva e contundente. Todavia, não raro a arte será também o meio de manifestar ideias de modo sutil e subliminar ou de forma mais profunda e direta.

O evangelista João, pelo meio como escolheu começar seu relato, foi muito mais profundo do que se tivesse se limitado a relatar um conceito ou a narrar um acontecimento. "No começo, era o Verbo" é mais instigante, forte e bonito do que "Deus criou o mundo". O mictório de Duchamp foi transformado e passou a significar muito mais. De maneira mais inspiradora e provocativa, Duchamp expressou a ideia de que tudo pode ser considerado arte.

Em 1968, com dois meses de diferença, o líder do movimento negro Martin Luther King Jr. e o então candidato à presidência dos Estados Unidos, Robert Kennedy, foram assassinados: Luther King, em 4 de abril; Bob Kennedy em 6 de junho. Os dois foram mortos a tiros – um à queima-roupa e o outro a distância. O desconcerto foi geral. Tornara-se fácil, banal, tirar a vida de um ser humano.

À época, a revista *Time*, o periódico mais popular dos Estados Unidos de então, procurou o artista Roy Lichtenstein para que criasse a capa da edição em que se abordaria a liberdade de aquisição de armas. O tema era – e segue sendo – muito polêmico, pois, como se sabe, grande parte dos americanos considera fundamental o direito de portá-las. Para esse grupo, poder escolher a posse ou não de armas seria uma manifestação de liberdade.

Arma de fogo na América, obra de Lichtenstein que estampou a capa da edição 21 da *Time*, apresentava um revólver apontado para o leitor. Era possível ver a fumaça saindo: o tiro acabara de ser disparado. Tratava-se, pois, de uma intimidação. Quem de nós seria o próximo?

A obra de Roy Lichtenstein não permitia a indiferença. A arte interferia na opinião pública, a fim de que as pessoas se sensibilizassem e tomassem partido contra ou a favor da liberdade de portar uma arma de fogo. A arte, portanto, nos desafia – e nos leva a pensar.

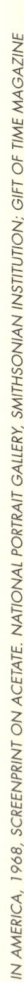

ARMA DE FOGO NA AMÉRICA, DE ROY LICHTENSTEIN (1968)

Mais ainda, a arte emociona. Mesmo o mais rabugento dos filósofos, Arthur Schopenhauer (1788-1860), defendia que a arte consistia no único meio de atenuar as dificuldades da vida e de escapar da rotina enfadonha, oferecendo uma fuga intelectual.

Não existe uma forma definitiva de arte. Portanto, pode haver arte em qualquer parte. Filósofos dispenderam incontável tempo tentando definir qual seria a forma artística mais elevada. Schopenhauer defendia que a música coroava os movimentos artísticos, enquanto Hegel acreditava que a poesia, pela sua dialética, constituía o ápice das formas de expressão.

Com efeito, a arte pode expressar um sem-fim de conceitos e crenças. Pode incutir emoções, carregar mensagens, registrar fatos. Não sem razão, a historiadora Barbara Tuchman registra que "o maior recurso, e a realização mais duradoura da humanidade, é a arte".[6] Pela arte, desenvolvemos a empatia, somos expostos a outros pontos de vista, exercitamos o respeito por outras opiniões.

O direito, assim como a arte, é uma manifestação humana. Trata-se de um instrumento criado pelo homem a fim de organizar sua vida em sociedade. Direito e arte, portanto, são fenômenos humanos – e ambos necessários. É difícil precisar, em termos cronológicos, quem surgiu primeiro. De toda sorte, sem direito e sem arte, a sociedade não existiria.

O direito se destina a estabelecer as regras básicas de convivência, assim como as sanções àqueles que as descumprem. Em sociedade, as pessoas se desentendem e buscam proteger os próprios interesses. E, nos acordos e nas divergências, há espaço para a arte. Certamente, o direito sem arte é mais pobre. Do outro lado, a arte encontrou no direito adversidades e trincheiras, mas também nele se apoiou e se inspirou.

Historicamente, como ferramentas fundamentais da sociedade, arte e direito tiveram seus destinos cruzados. Basta ver o clichê, mundo afora, de os tribunais manterem, na sua entrada, uma estátua de uma mulher vendada, em geral carregando uma balança na mão direita e, na outra, uma espada. Tra-

---

6   Barbara Tuchman, *A prática da história*, Rio de Janeiro, José Olympio Editora, 1991, p. 179.

ta-se de uma imagem antiga. A mulher é a divindade grega Têmis, símbolo da justiça. Tem os olhos vendados, pois não leva, ao menos idealmente, em consideração a posição social dos julgados. Todos são iguais perante ela. Com a balança, pesa o direito. Com a espada, o defende. Segundo Jhering, "a espada sem a balança é a força bruta; a balança sem a espada é a impotência do direito".[7]

A própria palavra *direito*, que se consagrou nas línguas de origem latina, também nasce de uma metáfora. Os romanos se referiam ao fenômeno jurídico como *ius*. Desse termo derivou, etimologicamente, a palavra *justiça*. Na Idade Média, a palavra *ius* era comumente precedida do termo *directum*. Tratava-se de um adjetivo que qualificava o "justo" direito. *Directum* funcionava para reforçar o *ius*. Direito era o reto, o que não se desviava. Com o tempo, o adjetivo acabou superando o substantivo, e as pessoas passaram a se referir ao instrumento apenas como *direito, derecho, droit, recht, right* e *diritto*.

O termo *arte* também deriva do latim. Significa habilidade. Na Idade Média, as profissões – inclusive as formas de comércio – eram referidas como artes. Até mesmo o currículo básico do ensino medieval era denominado "artes liberais", embora nele não se estudassem pintura, escultura ou arquitetura. Com efeito, na Alta Idade Média, quando se estabelece o estudo sistematizado, adotam-se o *trivium*, com as disciplinas de lógica, gramática e retórica, e, depois, o *quadrivium*, com aritmética, música, geometria e astronomia.

Durante muito tempo, a arte tal qual a chamamos hoje foi associada ao belo, àquilo que fornecia prazer estético. A palavra *cavalheiro*, em grego clássico, era *kalokagathos*, ou seja, "belo e bom". Apenas mais recentemente é que a arte ganhou uma acepção mais ampla, que pode significar algo que traga alguma experiência, inclusive uma experiência negativa. De toda forma, segue sendo uma habilidade humana.

Pela arte se compreende que a força das manifestações do homem se dá pela forma como são expostas. O mesmo conceito, colocado de uma ou de outra maneira, despertará reações distintas – por vezes opostas. A arte,

---

7   Rudolf von Jhering, *A luta pelo direito*, 12ª ed., Rio de Janeiro, Forense, 1992, p. 1.

ademais, tem às vezes o poder de sufocar o conteúdo, diminuindo a substância do fato real.

No direito, o domínio da arte é fundamental, seja para identificar o conteúdo, seja para realçar expressivamente esse conteúdo mesmo. Tudo, por mais importante que seja, pode ser dito de modo sutil ou de modo contundente. Isso vai depender da arte.

O bom intérprete dever ser capaz de distinguir, mesmo debaixo de muita tinta, cor e som, a essência da mensagem. Quem não age assim acaba influenciado pelos belos invólucros, pelo perfume, apaixonando-se pelo continente e menosprezando o conteúdo.

Arte e direito são fontes de admiração – mas, acima disso, devem ser objeto de reflexão.

Afinal, é da nossa natureza julgar. Fazemos, todos os dias, juízos sobre os mais variados assuntos. O mundo seria diferente se pudéssemos distinguir imediatamente o bem e o mal. Ao contrário, hoje, diante de tão esplêndidas roupagens, fica cada vez mais difícil separar o joio do trigo. Apesar disso, nossa inclinação para julgar não arrefeceu. Comumente, julgamos antes mesmo de compreender. Julgamos a partir dos nossos preconceitos. Eis mais uma razão para admirar a arte. Por meio dela, em suas múltiplas formas de expressão, acabamos doutrinados a compreender antes de julgar. Assim, nos educamos.

Vivemos num mundo cheio de imperfeições. Há injustiças, desigualdades, intolerância, guerras, fome, miséria. Um mundo ideal é utópico. Porém, isso não significa que devamos abandonar o projeto de buscar um mundo melhor. Ao contrário, é dever do ser humano, ao verificar os tantos problemas que afligem o nosso planeta, agir para aprimorar a vida em sociedade. Afinal, esse mesmo mundo é palco de respeito, afeto, solidariedade, altruísmo e muita arte. Quando, por um lado, nos deparamos com iniquidades, com os horrores causados pelo homem, encontramos, por outro, atos louváveis, motivos para nos orgulharmos e reafirmarmos a certeza de que a causa humana vale a pena.

Para mudar o mundo, é preciso, antes de tudo, conhecê-lo. Arte e direito formam provavelmente os mais poderosos canais de compreensão de uma sociedade. Será fatalmente imperfeito querer entender um povo e sua natureza sem estudar sua arte e seu direito – bem como outros fenômenos sociais. Pelo direito e pela arte a sociedade se movimenta. Se a sociedade caminhará em direção aos bons valores, como a liberdade e a justiça, ou se cairá no abismo da ignorância, dependerá apenas de nós. Estaremos preparados?

OS CAMINHOS DA ARTE E DO DIREITO

As estrelas podem ter alguma responsabilidade, mas a culpa não é toda delas. É nossa. Uma ideia, por mais revolucionária que seja, não surge do nada. Somos influenciados por outras pessoas, pelo meio em que vivemos e até mesmo pelo céu que nos cobre. O destino pode ter seu papel, mas somos nós que escrevemos a história. Como no lindo poema de Antonio Machado: "Caminhante, não há caminho/ Faz-se o caminho ao andar."

Depois do primeiro passo, os seguintes são sempre precedidos pelo anterior. Nessa caminhada, portanto, há uma relação direta entre o que se fez e o que virá. Exatamente como na regra newtoniana, pode-se dizer que para toda ação há uma reação. Assim, podemos ver a trilha da humanidade como uma sucessão, algo ordenado, de movimentos que interagem entre si. Os fatores respondem a uma mesma força, a qual se desenvolve constantemente. A essa força surgem oposições que, por vezes, a suplantam. Noutras ocasiões, novas ideias são incorporadas, modificando a ação original.

Os grandes movimentos, como a religião, as artes, as correntes filosóficas e o direito, seguem uma linha entrelaçada, pois respondem à mesma sociedade.

Mudamos de ideia. O que era lindo ontem pode tornar-se feio e inadequado hoje – e proscrito amanhã. Ao longo do tempo, os valores sociais se alteram. Há modismos, tendências de uma estação só... Por vezes, há também conquistas de conceitos que permanecem por gerações, muitos dos quais se firmam tão fortemente que passamos a chamá-los de cultura.

Arte e direito são construções humanas. Por causa dessa origem, ambos se modificam, acima de tudo para atender aos interesses e propósitos de seus criadores: nós. Essas manifestações da humanidade sofrem constante mutação – eis a sina delas, como a nossa. Não haveria um mundo sem arte, tampouco sem direito. Precisamos deles.

Da mesma forma como é possível relacionar certas construções jurídicas a determinado momento histórico, é, na maior parte das vezes, tarefa simples identificar a época em que determinada obra artística foi produzida. Muitos terão facilidade em dizer que o Partenon, na Grécia, foi erigido antes de Cristo, enquanto a Catedral de Notre-Dame de Paris é uma construção medieval. Também saberão afirmar que o Museu Britânico é um prédio neoclássico e o Empire State Building, em Nova York, um arranha-céu moderno.

O mesmo ocorre com o direito. Não se terá dificuldade em ver que o código de Hamurabi reflete um modelo jurídico primitivo e que o código civil francês, de 1804, carrega os valores de seu tempo, garantindo, ao menos idealmente, mais liberdades ao cidadão.

Como se trata de obras humanas, nada ocorre por acaso – e a arte e o direito são frutos do seu tempo.

O QUE VEIO PRIMEIRO: ARTE OU DIREITO?

OU: ARTE, DIREITO E RELIGIÃO

Os juristas gostam de repetir o brocardo latino *Ubi societas, ibi jus*, frase do jurisconsulto Ulpiano que significa: "Onde há sociedade, há direito." De fato, para que as pessoas em coletividade se organizem minimamente, deve haver um sistema legal, mesmo que primitivo, sob pena de reinar o caos e, logo, não haver sociedade. Assim, direito e sociedade nascem, segundo os advogados, no mesmo momento.

Esse lindo conceito faz sentido. Não conseguimos identificar, com precisão, como era o sistema jurídico do homem das cavernas. Eles possivelmente seguiam um modelo bem rudimentar de organização social, no qual o chefe de uma tribo ou clã ditava a ordem. A paz, com todas as aspas possíveis, era estabelecida pela força física.

Por outro lado, há exemplos extraordinários de representações artísticas dos nossos antepassados dessa época, isto é, de milhares de anos antes de nossa era. Afinal, não se pode perder de vista que o homem aprendeu a desenhar antes de aprender a escrever...

Em 1879, o marquês espanhol Marcelino de Sautuola promoveu uma incursão por sua propriedade rural em Santillana del Mar, localizada na região da Cantábria. Ali se encontram as cavernas de Altamira. A filha do marquês, de apenas 8 anos, afastando-se do grupo, conseguiu passar por uma pequena fresta e adentrar uma caverna até então inexplorada. A criança gritou assombrada ao encontrar desenhos de animais estampados nas paredes e no teto da gruta. O resto da expedição correu para ver o achado. Tratava-se de lindas representações de animais, principalmente grandes bisões. Não se conhecia o autor dos desenhos, e logo se suspeitou que as pinturas eram antiquíssimas, possivelmente pré-históricas.

Professores de arte e especialistas acorreram para admirar os desenhos. A maioria, porém, não acreditava que o trabalho fosse obra de selvagens. Havia, ademais, certa sofisticação nas cores, com o uso de óxido de ferro e de manganês para garantir, respectivamente, o vermelho e o azul intenso. Isso sem falar em outras diversas tonalidades, todas muito elaboradas. O marquês foi acusado de fraude e amplamente ridicularizado.

Apenas décadas depois, no começo do século XX, com a descoberta de outras pinturas semelhantes em cavernas no sul da França, passou-se a perceber a importância dos desenhos de Altamira. Aquelas eram de fato pinturas feitas a milênios antes. A reputação do marquês de Sautuola estava salva.

A gruta de Lascaux, no sudeste da França, só veio a ser redescoberta em 1940, graças a um grupo de quatro jovens que pretendiam salvar um cachorro

PINTURA RUPESTRE NA CAVERNA DE LASCAUX (C. 17000-15000 A.C.)

que caíra acidentalmente numa câmara da caverna. Lá, depararam-se com um mundo pictórico: já se contaram quase duas mil figuras de touros, cavalos, cabras, entre outros animais. Trata-se de uma capela Sistina da Idade da Pedra, dotada de uma beleza fantástica que nos emociona hoje tanto quanto certamente emocionou quem a contemplou no passado.

Com a ajuda da tecnologia, consegue-se razoavelmente estimar as datas dessas obras de arte. Elas foram feitas provavelmente entre 17 e 15 mil anos atrás. Por um milagre, essas pinturas rupestres sobreviveram.

É difícil precisar o motivo desses colossais trabalhos encontrados em Altamira e em Lascaux. Religioso, decorativo, comemorativo? De todo modo, temos a certeza de sua beleza e da sensação incrível que desperta.

O artista primitivo, diz o historiador da arte Germain Bazin, "era um mago".[8] Seus desenhos funcionavam como um encantamento. As pinturas

---

8   Germain Bazin, *Historia del arte*, Barcelona, Omega, 1972, p. 9.

pré-históricas tinham, acredita-se, uma função religiosa. O desenho, para aquela comunidade primitiva, exercia um misterioso poder sobre os animais, uma espécie de feitiço — xamanismo — fundamental para a sobrevivência do homem primitivo. Ao desenhá-los, acreditava-se que os animais eram contidos, dominados. Mostrávamos nossa superioridade, até porque os animais não nos desenhavam.

Nos primeiros Estados mais organizados, como o Egito e a Mesopotâmia, o direito não oferecia maiores sofisticações. As regras jurídicas eram estabelecidas por quem detinha o poder, e em geral de forma casuística: as normas se alteravam de acordo com o humor dos governantes. Não se conhecia o conceito de segurança jurídica. Os próprios soberanos políticos atuavam como juízes. Ao mesmo tempo, ocupavam os incipientes executivo, legislativo e judiciário, concentrando todos os poderes.

Assistiu-se a um avanço, entretanto, com as primeiras normas escritas – por exemplo, com o código de Hamurabi, que será tratado adiante. Naquele momento, a religião, o poder temporal e a arte se confundiam. Afinal, as leis eram apresentadas como algo divino, uma epifania. A ordem jurídica era exibida por meio de manifestações artísticas, como estátuas ou altos-relevos, tudo com o propósito de legitimar o poder temporal como uma manifestação do sagrado.

Vigorava nessas primeiras civilizações um rigoroso padrão de representação, uma ortodoxia artística. Impunha-se um modelo estático, como se vê na estátua de diorito do faraó Menkauré (ou Miquerinos) e sua mulher Camerernebeti, datada de cerca de 2470 a.C.

Os corpos do faraó e de sua mulher têm postura rígida. São claramente estátuas sem vida. Essas esculturas foram encontradas em Gizé, debaixo das ruínas de seus túmulos – uma das famosas pirâmides egípcias. A estátua servia a um propósito religioso, embora também simbolizasse o poder. Não obstante os pés esquerdos do casal estivessem à frente, não havia sinal de movimento.

MIQUERINOS E CAMERERNEBETI II

    Menkauré, como se disse, era o antigo nome egípcio de Miquerinos. Das três pirâmides mais famosas do Egito, ele tem a menor, embora ainda assim seja uma construção monumental. Ao lado dele, em Gizé, nos arredores de Cairo, encontra-se a pirâmide de seu pai, Quéfren. Entre as duas fica a pirâmide do faraó Quéops, a maior de todas, que atingia 147 metros. Foi a mais alta construção humana por milênios, apenas superada em 1311, com a edificação da catedral de Lincoln, na Inglaterra, que chegou a 160 metros de altura.

AS PIRÂMIDES DE GIZÉ, EM GIZÉ, EGITO (2530-2470 A.C.)

 Quéops, Quéfren e Miquerinos pertencem à IV dinastia do Império Egípcio, que dominou a região do Nilo por volta da metade do terceiro milênio antes da nossa era. As gigantescas pirâmides, respectivamente dos anos de 2530, 2500 e 2470 a.C., serviam de túmulo aos faraós, mas também simbolizavam um absoluto controle desses soberanos em relação aos seus súditos. Apenas para a construção da pirâmide de Quéops, foram utilizados dois milhões e trezentos mil blocos de calcário, pesando cada um, em média, duas toneladas e meia. Havia, contudo, blocos que chegavam a pesar quinze toneladas. Originalmente, as pirâmides estavam cobertas por pedras talhadas, que desapareceram ao longo do tempo, salvo no topo daquela de Quéops.

 Uma boa demonstração da necessária conformidade da arte com o poder se tira de algo ocorrido no reinado do faraó egípcio Amenófis IV (c. 1372--1358 a.C.), depois renomeado Aquenáton, da XVIII dinastia.

 Até o final do século XIX, nada se sabia sobre Aquenáton. Seu nome fora apagado de todas as listas de faraós. Apenas mais recentemente descobriu-se que as referências ao reinado dele foram eliminadas de maneira deliberada.

TUMBA DO FARAÓ AQUENÁTON (C. 1360 A.C.)

    Isso porque Aquenáton rompeu com o politeísmo, que dominara o Egito por séculos, para cultuar apenas um deus, Áton, tornando-se possivelmente o primeiro líder monoteísta de que se tem notícia na história.

    O faraó Aquenáton assumira o poder aos 15 anos e casara-se com a bela Nefertiti. Ao revolucionar o modelo religioso, inclusive com a mudança de seu nome – Aquenáton significa "o espírito atuante de Áton" –, operou-se uma transformação não apenas política, com a mudança da capital do reino, mas também artística. Abandonava-se o panteão dos deuses antropomórficos, para a adoração de apenas um único deus. Era necessário que a arte espelhase essa grande alteração religiosa e política.

No reinado de Aquenáton, iniciou-se o movimento conhecido como arte de Amarna, com uma representação mais realista das pessoas e maior ênfase em temas da natureza, como flores e pássaros. A arte passava a ganhar outro fim: tornava-se manifestação do belo – e tudo graças a um inovador modelo religioso e de poder.

Com a morte de Aquenáton, restabeleceu-se o culto ao panteão de divindades antigas e o modelo clássico de arte egípcia. A capital retornou para Tebas. Proscreveu-se a arte inovadora produzida havia pouco. A manifestação artística dependia da orientação do Estado. As estátuas do faraó foram destruídas e quaisquer referências a ele, eliminadas.

O poder concentrava tudo: religião, direito e arte.

ARTE COMO PODER

A história é narrada pelos vencedores. Durante muito tempo – e, em grande parte, até hoje –, isso valeu também para a arte. Esopo narra a fábula do leão que advertia o homem: "Há muitas estátuas de homens matando leões, mas, se os leões fossem os escultores, a coleção de estátuas possivelmente seria outra."

Já se disse que no começo era o Verbo. Porém, logo depois, o homem começou a se organizar. Quando nossos antepassados passaram a falar de forma articulada, concatenando as ideias, estabeleceram conceitos básicos da vida coletiva. Nasceram relações de poder, exibições religiosas e artísticas. Em um momento bem incipiente do desenvolvimento humano, todas essas manifestações tinham uma mesma fonte – sem que fosse possível delinear seus contornos com exatidão.

ESTELA DO FARAÓ NARMER (C. 3200 A.C.)

    A estela do faraó Narmer foi feita por volta do ano 3.200 antes da nossa era – isto é, há mais de cinco mil anos. Hoje, essa peça se encontra no museu do Cairo. Trata-se da mais antiga imagem de um personagem histórico que se pode identificar pelo nome e, talvez, da mais antiga obra de arte histórica de que se tem notícia. É possível compreender o relato contido na estela: isso mostra que se avançou, que não estamos mais na pré-história.

    Nesse trabalho, consegue-se identificar o que aconteceu mesmo sem conhecer os hieróglifos, a antiga escrita egípcia. A representação se mostra muito clara e racional. Vê-se o faraó, líder político e chefe do Alto Egito, com a coroa e seu cetro, símbolo da força e do poder. Ele tem um falcão ao seu lado, representando o deus Hórus, divindade do céu e da realeza, que pousa sobre folhas de papiro. Assim como o deus está acima das forças da natureza, Narmer se coloca acima de seus inimigos. Há uma simbiose entre o soberano e o divino. Todos os demais seres humanos se encontram em posição de submissão em relação ao monarca. O poder do faraó subjugava a todos, notadamente por conta de sua aliança com o deus.

O faraó, ademais, está descalço, revelando que pisa em solo sagrado. Ao lado do faraó, vê-se, em imagem menor, um sacerdote, que segura as sandálias de Narmer. Conclui-se que o faraó se encontra em meio a um ritual, no qual irá sacrificar o inimigo derrotado, que ele segura pelos cabelos.

As estelas eram confeccionadas para comemorar uma vitória, um momento político relevante. No verso, há duas figuras monstruosas, porém domadas. Possivelmente, são representações do Alto e do Baixo Egito. O faraó também aparece ali, sempre com uma estatura muito maior do que a dos demais. Nessa representação, tem consigo a coroa do Baixo Egito e também se mostra descalço, com o sacerdote carregando suas sandálias. Narmer, em procissão, segue, junto com os porta-estandartes, para ver seus inimigos decapitados.

Uma característica comum a essas obras era, é claro, a desproporcionalidade entre o tamanho dos personagens: o faraó aparecia gigantesco em comparação aos demais, deixando claro o grau de importância de cada uma das pessoas retratadas. Esse conceito será predominante na arte medieval, como se vê na iluminura, de autor desconhecido e retirada do códex de Egberto – *Codex Egberti* –, datada de cerca de 985, do Imperador Oto II, do Sacro Império Romano-Germânico.

Do ponto de vista estético, a estela de Narmer segue o padrão da arte egípcia: o rosto se apresenta de lado; o dorso, de frente; e as pernas, também de lado. Acreditava-se que esse seria o melhor ângulo. Não havia movimento nas representações: os personagens se mantinham estáticos. Entretanto, as pessoas têm o mesmo ponto de apoio: o solo. Isso era uma novidade, pois, até então, as figuras pintadas ou esculpidas no Egito antigo não tinham referência espacial – elas simplesmente flutuavam no espaço.

ILUMINURA DO IMPERADOR OTO II (985 D.C.)

 Arte, direito, religião: todos entrelaçados. A arte se relacionava ao poder. Era uma forma de propaganda. Utilizavam-se a religião e a arte para legitimar o poder temporal – modelo repetido muitas vezes ao longo da história.

 Não foi diferente com o enorme bloco de diorito negro encontrado por arqueólogos franceses em 1901 na cidade de Susa, no atual Irã. Com 2,25 metros de altura e uma base de 1,90 metro de circunferência, ele tornou-se conhecido como código de Hamurabi e teve sua origem na Babilônia, datando,

CÓDIGO DE HAMURABI (1750 A.C.)

possivelmente, de 1750 a.C. Hoje, pode ser visto no museu do Louvre, para onde a peça foi levada logo após seu descobrimento.

Hamurabi (c. 1811–1750 a.C.) governou durante o primeiro império babilônico. Durante seu reinado, conquistou a Suméria e a Acádia. Foi um exemplo de bom governante, acima de tudo porque, a fim de regular a vida de seus súditos, editou um conjunto de leis que ficava exposto nos templos.

No código de Hamurabi se encontra talhada, em escrita cuneiforme acádica, uma série de regras legais – 281 ao todo (a numeração vai até 282, mas a cláusula 13, por mera superstição, foi excluída). No total, trata-se de 46 colunas e 3.600 linhas, inclusive com o registro das penas aplicáveis a quem descumprisse as regras.

Estabeleceu-se, por exemplo, que a retaliação por algum mal sofrido não poderia ser desmesurada, mas proporcional ao dano sofrido. Tratava-se da conhecida Lei de Talião: "olho por olho, dente por dente".

Suas regras eram simples e diretas. A 197, por exemplo, preconizava: "Se quebrou o osso de um *awilum* (na sociedade babilônica, *awilum* era o homem livre, proprietário de terra), quebrarão seu osso." A regra 200, por outro lado, articula o seguinte dispositivo: "Se um *awilum* arrancou o dente de um *awilum* igual a ele, arrancarão seu dente."

No aspecto artístico, ele segue o mesmo conceito da arte egípcia, apresentando personagens estáticos. Acima das leis, no detalhe, o deus Samas entrega as leis ao soberano Hamurabi – também chamado de Khamu-Rabi. Samas era o deus do sol e da justiça na antiga religião babilônia e assíria. Buscava-se, por meio da arte, legitimar, ao mesmo tempo, o soberano Hamurabi e as suas leis. Afinal, a regra tinha origem divina. O rei, como se vê, encontra-se de pé, em posição de reverência, com a mão direita levantada, como se fizesse um juramento. O rei fala para o deus.

Do ponto de vista da evolução social, observa-se um grande salto com a promulgação de leis escritas. No Egito, cabia ao faraó dizer quem tinha razão diante de determinada disputa, o que ele fazia livremente, sem prestar contas a ninguém. Com as leis escritas e previamente conhecidas, a situação se altera e iniciam-se, ainda que muito timidamente, as mais básicas garantias individuais. De alguma forma, mesmo que incipiente, limitava-se a vontade dos soberanos.

O código de Hamurabi, assim como na estela egípcia, expressava, ao mesmo tempo, direito, arte e religião.

O Arco de Tito, em Roma, de pé até hoje ao lado do Coliseu, foi erigido no ano 70 de nossa era, após a vitoriosa campanha do imperador na Palestina. Em uma cena esculpida, os conquistadores carregam a menorá – o candelabro de sete braços, um dos principais símbolos do judaísmo. Aquela era a forma mais precisa de demonstrar a vitória romana e a submissão dos hebreus.

ARCO DE TITO, EM ROMA, ITÁLIA (70 D.C.)

    Os romanos, como manifestação de poder e para comemorar a vitória em campanhas militares, construíam arcos – da mesma forma como os egípcios fizeram suas paletas. As tropas romanas, ao chegar de uma exitosa campanha, cruzavam os arcos em triunfo. Conquistador, Napoleão fez o mesmo muitos séculos depois e com idêntico propósito, mandando erigir o famoso Arco do Triunfo, no centro da capital francesa.

    O arco representou uma revolução na arquitetura. Os egípcios e os gregos não o conheciam. Suas construções se valiam de colunas, de sorte que os tetos ficavam invariavelmente a 90 graus em relação às paredes. Com o arco, construído a partir da energia estática de um bloco que fazia pressão sobre

MENORÁ DO ARCO DE TITO

outro, ganhou-se espaço. O românico, com isso, dominou a arquitetura por mais um milênio, até o advento do gótico. Os tetos passaram a ter a forma arredondada.

A arte, na construção dos arcos, aparecia como uma demonstração de poder.

O mosaico era uma técnica bizantina – logo, oriental. A península itálica, com a decadência do Império Romano, passou a ser invadida pelos bárbaros do século IV em diante. De Constantinopla, o imperador Justiniano mantinha o Império Romano do Oriente. Justiniano conseguiu reconquistar parte do antigo Império Romano ocidental, fixando, em 554, sua capital em Ravena, ao norte da Itália. O imperador, contudo, jamais esteve ali.

Justiniano tem importância fundamental para a história do direito. Por ordem dele se produziu o *Corpus iuris civilis*, compilação de séculos do direito

MOSAICOS DE RAVENA (550 D.C.)

romano, incluindo as lições de grandes juristas do passado. Não fosse esse esforço, grande parte do direito romano estaria perdida.

A igreja de São Vital, em Ravena, foi adornada, no ano de 550, com imagens em mosaicos. Trata-se de uma das poucas igrejas que sobreviveram do longínquo reinado de Justiniano. Igual sorte teve a igreja de Santa Sofia, em Istambul, cuja construção foi supervisionada diretamente pelo imperador.

Nos mosaicos de Ravena, registra-se o poder: no centro encontra-se o imperador Justiniano distinguido com uma auréola, como se fosse um santo. Ao lado dele, o clero, os ministros e o exército. Pela arte, o Estado se fazia integralmente representado. Justiniano carrega um cesto com pão, direcionado à comunhão. O bispo Maximiano de Ravena, à direita do imperador, segura a cruz de ouro, cravejada de diamantes. Todavia, o bispo não possui a auréola com que o imperador foi agraciado. Maximiano era a maior autoridade de Ravena. Os poderes político e espiritual se uniam.

A exposição de cenas e temas religiosos nas igrejas fazia parte de uma estratégia. O papa Gregório, alcunhado Magno, que viveu no final do século

VI, foi um defensor de que aqueles edifícios deveriam ser adornados com imagens – pinturas, mosaicos, esculturas. Essas imagens fariam para os iletrados, que compunham a maioria esmagadora dos fiéis, o que as letras fazem para quem sabe ler. Elas eram o mais forte dos meios de comunicação. Segundo o crítico de arte Ernst Gombrich, essa posição do papa Gregório foi fundamental para o desenvolvimento da arte no Ocidente,[9] pois muitos defendiam uma posição diametralmente oposta.

Na Idade Média, a Igreja e o poder temporal viviam em constante tensão. Em 800, o grande conquistador e guerreiro Carlos Magno esteve em Roma para ser coroado pelo Papa. Se, por um lado, Carlos Magno demonstrava alguma subserviência à Igreja, por outro se apresentava também como seu representante e escolhido.

Ao retornar para sua casa em Aix-la-Chapelle, hoje Aachen, na Alemanha, o rei dos francos passou por Ravena. Lá, contemplou maravilhado a igreja de São Vital, com os mosaicos retratando o imperador Justiniano como um santo. Embora analfabeto, o astuto Carlos Magno rapidamente compreendeu o simbolismo. Chegando em casa, mandou construir uma capela semelhante à igreja de Ravena, para onde, inclusive, transferiu seu trono.

Em 1077, na catedral de Bayeux, foi pendurada uma enorme tapeçaria de quase 70 metros de comprimento e 50 centímetros de largura. Não se sabe quantos artistas trabalharam na sua execução, muito menos quem eram. Tecnicamente, aliás, não se trata de uma tapeçaria, mas de um pano de linho cru bordado com oito cores diferentes de lã, sobre as quais foram inseridos os acontecimentos narrados. Ela foi produzida para comemorar a invasão normanda da Inglaterra, em 1066, evento histórico ocorrido pouco mais de uma década antes. Sabemos exatamente o dia em que ela foi exposta pela primeira vez ao público: 14 de julho de 1077.

---

9   E.H. Gombrich, *The Story of Art*, 15ª ed., London, Phaidon, 1989, p. 95.

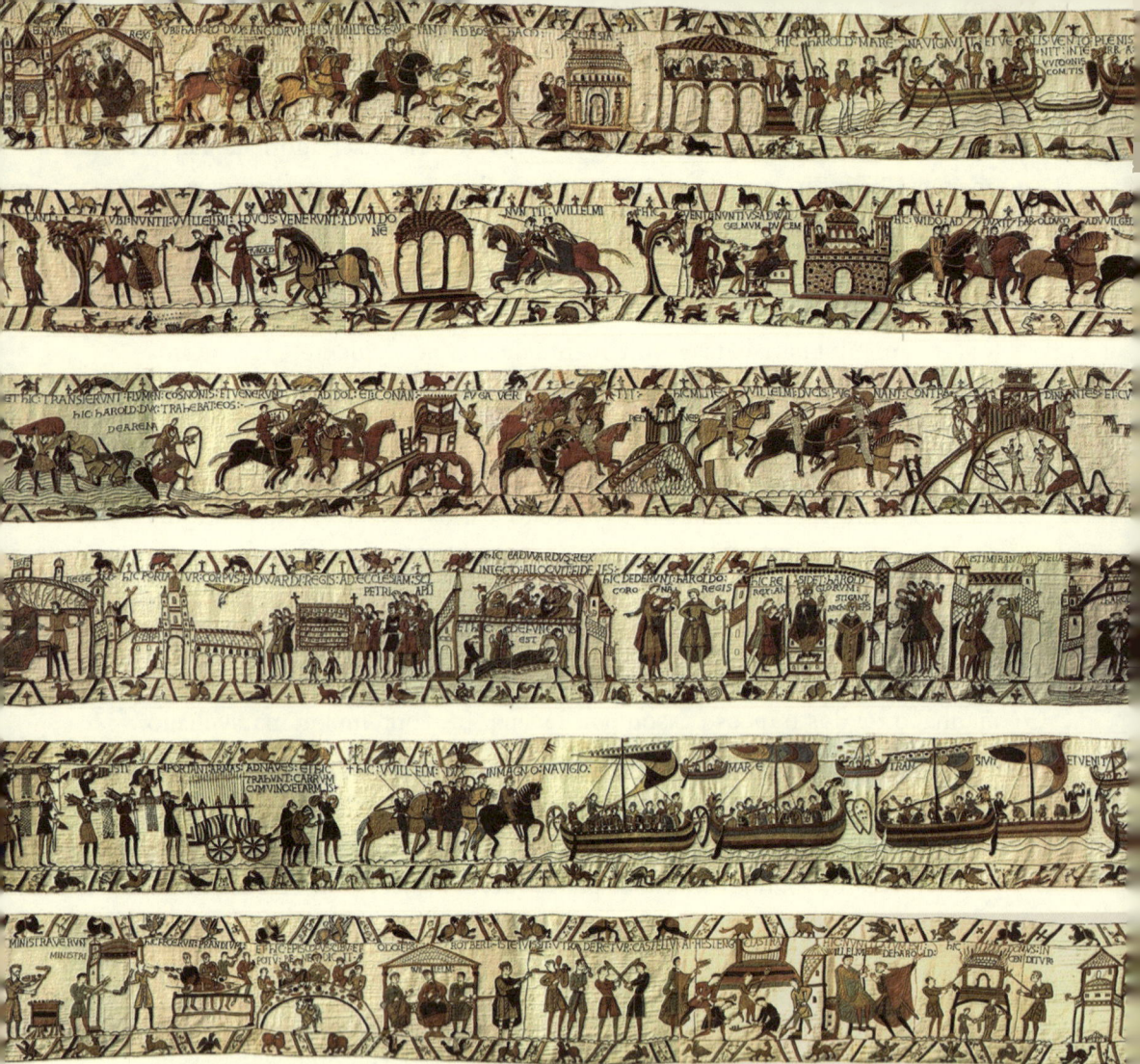

WIKIMEDIA COMMONS

    Possivelmente, a tapeçaria foi uma encomenda de Odo (1036-1097), bispo de Bayeux e duque de Kent, que desejava comemorar o sucesso militar de seu meio-irmão Guilherme, o Conquistador. Acredita-se que o pesado trabalho foi levado a cabo por mulheres, uma vez que o bordado era uma atividade tipicamente feminina. Não se registrou a identidade dessas artistas. De todo modo, o fato é notável, pois a mulher ocupava uma posição social e política inferior na Idade Média, e não há registros de obras feitas por mãos femininas naquele momento histórico.

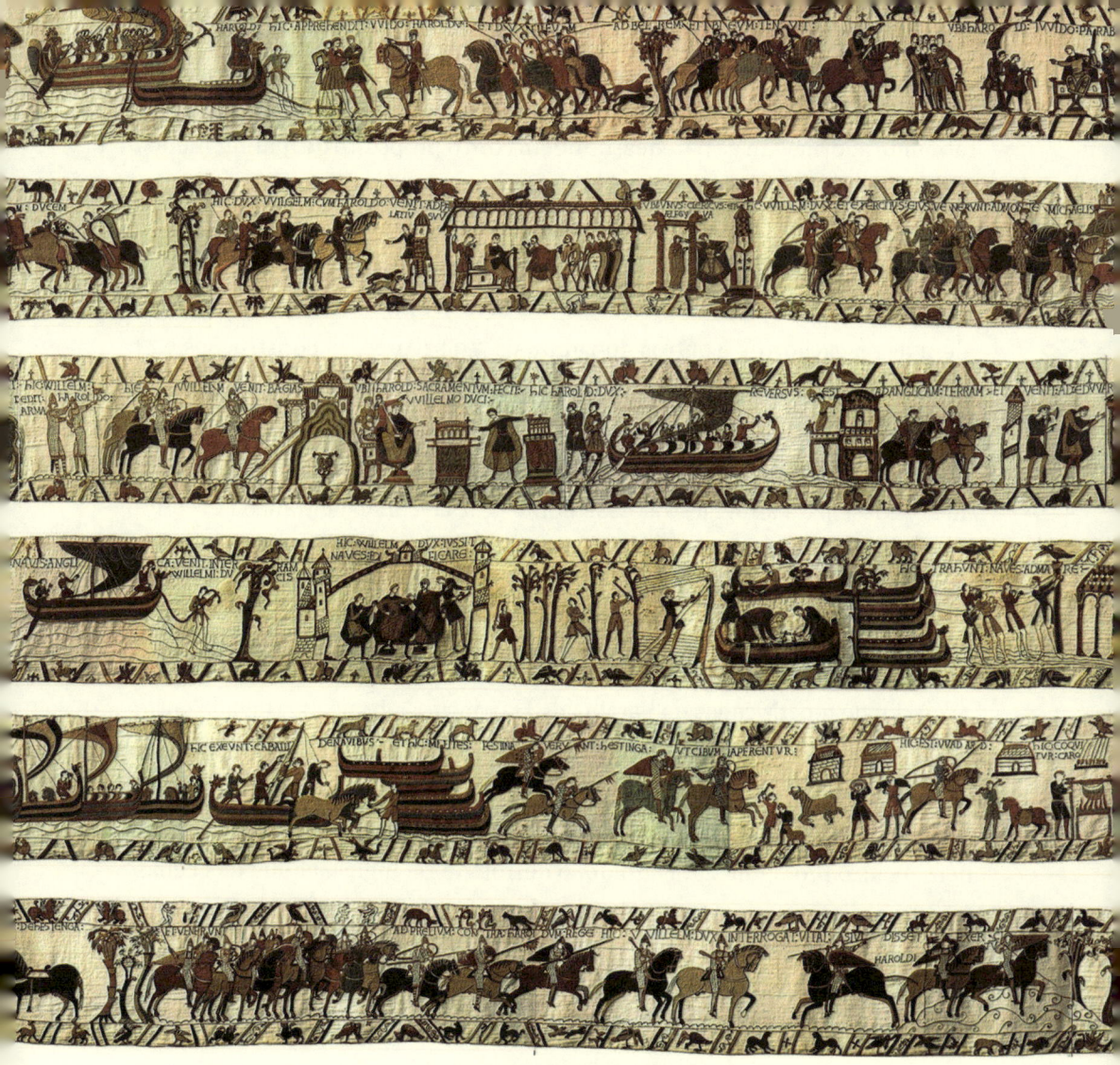

TAPEÇARIA DE BAYEUX (1077)

Pouco antes, em 1025, diversos membros da Cúria reunidos em concílio na cidade francesa de Arras decidiram que as igrejas deveriam, a partir de então, receber decorações artísticas. Essa decisão permitiria, mesmo a quem não soubesse ler, ter acesso à história – preferencialmente a histórias bíblicas. Aquela era uma forma eficiente de propaganda.

À época – e mesmo muito tempo depois –, os tapetes não ficavam necessariamente no chão. Antes, eram um importante elemento decorativo e geralmente adornavam as paredes, também com o propósito de manter menos frios os enormes cômodos de pedra.

Em seus cerca de 70 metros, a tapeçaria de Bayeux registra, da esquerda para a direita, uma história gloriosa para os normandos. Há ali 623 pessoas (contando-se, entretanto, apenas seis mulheres). São 202 os cavalos e mulas, além de 44 cachorros e outros 505 animais. 49 árvores, 37 construções e 41 embarcações.

A narrativa começa em 1064, dois anos antes dos embates, com o rei anglo-saxão Eduardo, o Confessor, determinando a Haroldo, conde de Wessex, que partisse para a Inglaterra. Esse nobre cruza o canal da Mancha e, como mostra a tapeçaria, que se desenvolve tal como uma história em quadrinhos, enfrenta uma série de combates já em solo inglês. Enquanto isso, Guilherme, o líder normando na invasão, se prepara para seguir às Ilhas Britânicas, onde se sagra vitorioso.

Além de repetir cenas da batalha de Hastings – a principal travada entre os normandos e os saxões –, a tapeçaria de Bayeux retrata Guilherme, o Conquistador, duque dos normandos, segurando uma espada, símbolo de poder. Em tamanho, o duque normando é a maior figura da peça. Há, porém, também o outro protagonista: Haroldo, o derrotado rei inglês. Numa das cenas registradas no enorme tapete, Haroldo jura fidelidade ao conquistador, e por isso suas mãos repousam sobre relicários – objetos considerados sagrados, normalmente porque guardavam restos mortais de algum santo.

Os juramentos, na época, possuíam enorme relevância jurídica e seguiam um estrito procedimento. Toda a sociedade medieval se constituía a partir dos juramentos de lealdade feitos pelos vassalos aos seus suseranos e estes, sucessivamente, até ao rei. Não era comum a celebração de um documento escrito. A palavra gerava as obrigações, embora fosse necessária certa formalidade, como a registrada na tapeçaria: as mãos de quem promete tocam o relicário, que servem como elemento divino.

Em outra passagem, registra-se o momento no qual o derrotado Haroldo tem um dos olhos perfurado por uma flecha, o que antecede por instantes a sua morte.

O modelo da tapeçaria – um raro trabalho artístico não religioso da Idade Média – seguia a mesma ideia dos frisos que adornavam os templos gregos e as colunas romanas, construídos centenas de anos antes. Tratava-se de uma forma de contar os grandes feitos. De uma propaganda política.

A arte expressava o poder.

Curiosamente, a famosa tapeçaria ainda serviu outras duas vezes como forma de propaganda. Quando Napoleão cogitou invadir a Inglaterra, requisitou a obra, que em 1803 seguiu para Paris. O objetivo do general corso era fazer a peça histórica elevar o moral dos franceses. Afinal, Guilherme partira da Normandia, na França, para conquistar a Inglaterra. Napoleão queria repetir a história.

Depois, foi a vez de Hitler. Em 1940, ele divulgou um livro sobre a tapeçaria chamado *Ein Schwerthieb gegen England* (*Um golpe de espada contra a Inglaterra*). O Führer, assim como Napoleão antes dele, queria passar a mensagem, pela obra de Bayeux, de que a Inglaterra podia ser invadida. A peça se tornou objeto de obsessão de Heinrich Himmler, outro importante líder alemão, que adotou uma série de medidas para levá-la para a Alemanha. Por cautela, então, a tapeçaria foi levada durante a Segunda Guerra para o castelo de Sourches. Os franceses insistiam que a peça estava muito frágil e que seu transporte poderia ser fatal para a sua conservação. Isso não sensibilizou os nazistas, e a peça foi encaminhada para o Louvre no final de junho de 1943. Antes que a famosa obra deixasse a França, os invasores nazistas passaram a enfrentar problemas maiores. Em vez de seguirem o caminho da Inglaterra, tiveram de encarar os aliados que, no dia D, invadiram a Normandia, na França.

A Inglaterra não foi invadida. Apenas o normando Guilherme conseguiu a proeza descrita na tapeçaria.

Um leão. Na arte, ele pode ser visto como uma referência a são Jerônimo, que esteve acompanhado do grande felino enquanto, recolhido a uma caverna, estudava e traduzia os testamentos para o latim. Reza a lenda que o bicho entrara no mosteiro onde ele se encontrava e que o santo, ao perceber o animal machucado, retirou um espinho de sua pata e conquistou sua afeição, ao passo que todos os outros monges fugiam em pânico.

O mesmo leão também pode ser associado ao evangelista Marcos. Com efeito, cada evangelista tem seu símbolo, tirado a partir de uma passagem do Livro do Apocalipse, de João. Lucas se relaciona ao bezerro; João, à águia; e Mateus, ao homem.

Nas tradições gregas e romanas, o leão era associado à força. Hércules usava como manto a pele do leão de Nemeia – que ele mesmo matara, consoante a narrativa mitológica, no primeiro de seus 12 trabalhos. O animal ainda é um dos símbolos de Florença, na forma do leão Marzocco. O rei dos animais também representa o poder e, por isso, é associado aos soberanos. A mesma coisa, portanto, pode ter os mais diversos significados a depender do contexto e dos olhos do intérprete.

Os normandos chegaram até a Sicília. Rogério II (1095-1154), de origem normanda, foi o primeiro rei local. Um homem poderoso. Ao morrer, foram construídos para ele dois sarcófagos. O primeiro, ricamente adornado, tinha como suporte dois pares de leões entalhados. O felino, é claro, simbolizava sua força.

Nas garras desses leões, ademais, havia figuras. Em uma delas encontrava-se uma cabra, imagem que remetia às forças diabólicas. Rogério II colocava-se, dessa forma, como o protetor dos cristãos. Sob as patas do leão virado para o sudoeste, em direção ao norte da África, surgia um homem barbado, certamente um muçulmano que Rogério II derrotara. Debaixo daquele virado para o sudeste, era a vez de um homem sem barba, remetendo aos cristãos que Rogério II também vencera (porque ele, embora cristão, lutou também contra cristãos). Por fim, nas garras do último dos quatro felinos, era possível identificar um homem de cabelo encaracolado. Imagina-se ser uma representação dos cristãos gregos. Muito possivelmente, essas cabeças representavam os povos governados pelo monarca.[10]

Havia, no entanto, um segundo sarcófago, menos ornamentado. Acredita-se que foi feito depois da morte do rei. Foi nesse sarcófago mais simples

---

10 Francisco Bethencourt, *Racismos*, São Paulo, Companhia das Letras, 2018, p. 47.

SUSTENTAÇÃO DO TÚMULO DE ROGÉRIO II (1154)

que, de fato, acabaram guardados seus restos mortais. Em vez de leões, os apoios eram representações de oito homens ajoelhados, carregando o caixão nos ombros. De forma ostensiva e ainda mais evidente do que no primeiro sarcófago, viam-se o muçulmano (com turbante e barba), o grego, o africano negro, de cabelo crespo, e o homem com feições europeias.

Não há dúvidas de que, pela arte, se passava uma mensagem. A mudança não era sutil. Uma coisa era ter um sarcófago apoiado em leões. Outra, em pessoas. A sustentação do rei não se dava apenas pela força, que seria representada pelo rei dos animais, mas pelo povo que apoiava o soberano. No

EFEITOS DO BOM GOVERNO, DE AMBROGIO LORENZETTI (1339)

túmulo de Rogério II, as estátuas dos homens que carregavam o corpo morto do monarca representavam as pessoas ajoelhadas. Afinal, os vassalos eram submissos. Em contrapartida, também eram eles que sustentavam o rei, o que demonstrava a natureza bilateral dessa relação.

Em 1338 e 1339, foi comissionado ao artista Ambrogio Lorenzetti (1290--1348) que pintasse, na Sala do Conselho do Palácio Público de Siena – mais precisamente, no Salão dos Nove –, quadros que funcionassem como alegorias do bom e do mau governo. O objetivo disso era claro: fazer com que as pessoas pudessem ver, da forma mais transparente possível, as consequências dos atos do administrador público, tanto para o bem quanto para o mal.

Siena, na época, era uma das mais poderosas cidades-Estado da península itálica. Um conselho de cidadãos exercia o poder. Por meio da grandiosa obra exposta ao público, pretendia-se educar. Trata-se, em rigor, de seis murais que retratam temas relacionados: a alegoria do bom e a do mau governo; os efeitos do bom e do mau governo para a cidade; e os efeitos do bom e do mau governo para o país.

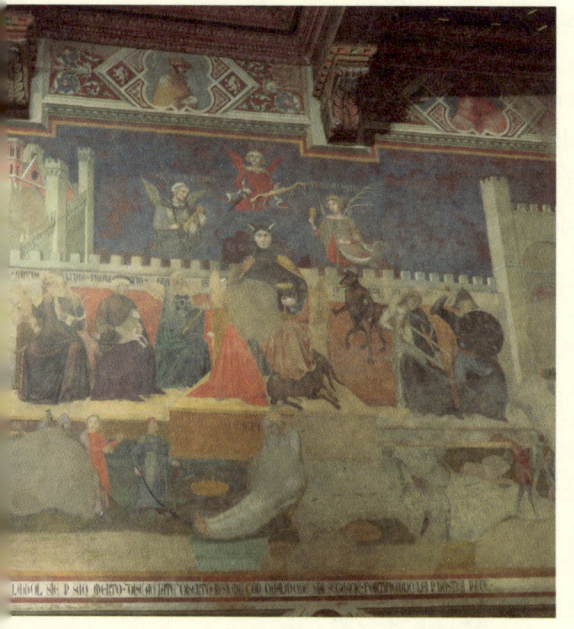

ALEGORIA DO MAU GOVERNO, DE AMBROGIO LORENZETTI (1338-1339)   *ALEGORIA DO BOM GOVERNO*, DE AMBROGIO LORENZETTI (1338-1339)

O bom governo, tal qual vemos ali, é aquele que permite às pessoas viver com liberdade. Há um grupo dançando e outro engajado em suas atividades comerciais. Além disso, Lorenzetti demonstra que o bom governante deveria apresentar aquelas qualidades que os gregos haviam arrolado, a saber: coragem, moderação, piedade, sabedoria e justiça.

Do outro lado, Lorenzetti pintou o mau governo. Quem comanda o povo, ali, é um tirano, com feições diabólicas. O governante é cercado por figuras que representam a cobiça (*cupidigia*), a falta de meritocracia e a vaidade (*vanagloria*) e a soberba (*superbia*). A justiça, por sua vez, se encontra amarrada, tolhida, sem força.

Na história da arte italiana, como identifica Argan, trata-se da "primeira obra civil com um conteúdo não mais apenas religioso, mas filosófico e político".[11] A arte busca, ao mesmo tempo, educar o governante e o povo.

---

11   Giulio Carlo Argan, *História da arte italiana: de Giotto a Leonardo*, São Paulo, Cosac Naify, 2003, p. 35.

O poderoso conde de Olivares exercia o poder de fato na Espanha de Filipe IV. O conde coordenou a edificação do palácio do Bom Retiro, em Madri – aparentemente, para manter o rei ainda mais distraído. Para o Salão dos Reinos, o mais importante do palácio, pronto em 1635, foram encomendadas grandes telas que retratassem os sucessos militares daquele reinado. Eram cenas de batalhas nas quais avultavam as façanhas dos líderes militares espanhóis à frente de suas tropas.

Entre as obras encontrava-se *A rendição de Jülich*, de Jusepe Leonardo, concluída em 1634. Nela retrata-se o momento no qual, depois de sete meses de sítio, em 1622, Ambrosio Spínola Doria, genovês a serviço de Espanha, obteve as chaves da cidade de Juliers (ou Jülich), tomada com a rendição dos holandeses.

No quadro, vê-se o derrotado de joelhos, o que demonstra sua submissão, enquanto o militar se mantém em cima do cavalo. O vencedor impõe ao rendido uma situação humilhante. A capitulação é completa.

Para esse mesmo Salão dos Reinos, Diego Velázquez pintou *A rendição de Breda*, cidade localizada hoje na fronteira da Bélgica com a Holanda. Breda, pela sua posição estratégica, trocou de mão algumas vezes na luta pela independência holandesa contra os espanhóis.

Na peça está registrado outro episódio militar histórico, ocorrido em 1625: a tomada pelos espanhóis da importante cidade, centro do movimento de luta contra o domínio hispânico sobre os Países Baixos. Os espanhóis sitiaram Breda durante 12 meses, até que seus habitantes, famintos e doentes, capitulassem. Para a rendição, ofereceram termos generosos: os oficiais e soldados de Breda deixariam a cidade armados, mas em boa ordem. Aos cidadãos, prometeu-se ampla anistia. As chaves de Breda foram simbolicamente entregues pelo líder local, Justino de Nassau, ao chefe das tropas espanholas em 5 de junho de 1625.

Essa manobra militar foi uma das últimas vitórias relevantes do reinado de Filipe II – apenas dois anos após a conclusão do quadro, a Espanha viria a perder a cidade, que voltaria para as mãos dos holandeses.

A RENDIÇÃO DE JÜLICH, DE JUSEPE LEONARDO (1634)

Assim como fez Jusepe Leonardo, Velázquez retrata o mesmo general Ambrosio Spínola Doria recebendo as chaves da cidade rendida das mãos do chefe das tropas holandesas, Justino de Nassau. Os dois generais já estavam mortos quando o quadro foi pintado.

Tanto a pintura de Jusepe quanto a de Velázquez são de 1634. Hoje, as duas telas se encontram no Museu do Prado, em Madri. Contudo, de forma muito distinta, no quadro de Velázquez o comandante espanhol não humilha o derrotado, mas o trata com dignidade. Sua postura revela um gesto humano: Justino de Nassau, quase septuagenário, com as chaves da cidade nas mãos, se prepara para se ajoelhar ante o vencedor, mas Ambrosio, vestido de negro, coloca as mãos sobre seus ombros a fim de evitar a humilhação.

O quadro de Velázquez trata do tema ressaltando a humanidade dos soldados.

A arte serve para educar, mostrando como os vencedores se devem portar.

A RENDIÇÃO DE BREDA, DE DIEGO VELÁZQUEZ (1634)

O registro da vitória militar espanhola foi feito quando o país iniciava um rápido declínio político. Não havia muito, fora a nação mais poderosa da Europa. Curiosamente, experimentava também seu apogeu cultural. Além de Velázquez, viviam na mesma época, em Madri, outros grandes mestres da pintura, como El Greco, Zurbarán e Murillo. A literatura espanhola também conheceu, no período, o denominado Século de Ouro, que nos deu nomes como Tirso de Molina, criador de Don Juan, e Miguel de Cervantes, que lançou *Dom Quixote de la Mancha*.

No mundo jurídico, era a época de Francisco Suárez (1548-1617), que apresenta, de forma precursora, ideias como a do pacto social e formula o conceito de soberania, fundamental para o direito internacional.

A rendição de Breda, na Espanha, ficou também conhecida como *As lanças*. Isso porque boa parte da tela é dominada por essas armas muito utilizadas pelo exército espanhol e que simbolizavam o poderio militar. Pode-se, entretanto, notar uma sutil crítica à organização do Estado, na medida em que as lanças não se encontram em perfeita harmonia. Muitas não se apresentam perfeitamente eretas, como deveriam. Tratava-se de um sinal da falta de disciplina e da desorganização do país.

Filipe V, tornado rei da Espanha em 1700, desejava adquirir um retrato de seu poderoso avô, o rei francês Luís XIV (1638-1715), na época com 63 anos. Da missão, encarregou o pintor Hyacinthe Rigaud. O resultado agradou tanto ao monarca francês que a obra jamais chegou à Espanha.

RETRATO DE LUÍS XIV, DE HYACINTHE RIGAUD (1701)

No quadro, de 1701, Luís XIV, vestido com uma manta púrpura e cheia de bordados da flor-de-lis, símbolo da França, segura o cetro que pertenceu ao seu avô, Henrique IV, e carrega, na bainha, a espada de Carlos Magno. Vê-se a coroa logo atrás. A longa peruca negra não servia para disfarçar a falta de cabelo, mas tornara-se moda a partir de 1680. Há, portanto, uma profusão de símbolos de poder. A pose do soberano francês revela plena segurança. Não sem razão, ele ficou conhecido como o Rei Sol.

O *Retrato de Luís XIV*, de Hyacinthe Rigaud, encarna o poder absoluto.

Como se sabe, o monarca teve um longo reinado: durou 72 anos. Em 1648, sob suas ordens, fundou-se a Academia Real de Pintura e Escultura. Por meio dela, estabeleceu-se oficialmente um padrão de arte. Os alunos eram doutrinados a seguir os modelos admitidos de representação artística. O absolutismo abrangia até mesmo o que poderia ser considerado belo.

Dominado pela força dos absolutistas, Napoleão, pouco mais de cem anos depois do quadro de Rigaud, fez-se representar por Jean-Auguste Ingres, também para demonstrar seu poder.

Ali, ele se assemelha a um deus. Na verdade, a postura de Napoleão imita a de Júpiter, divindade grega, em quadro também de Ingres, finalizado anos antes.

No quadro de Napoleão, datado de 1806, há referências ao passado, pois o imperador buscava legitimar seu *status*. O manto adornado de abelhas remete aos merovíngios, a antiga dinastia dos reis franceses. Napoleão carrega a mão da justiça de Carlos Magno e o colar da Legião da Honra, ordem que ele próprio criara.

Segundo uma antiga tradição que ganhou força entre os artistas da Renascença, o retrato para se tornar digno e respeitado deveria revelar algum segredo do retratado. Algo que dele se ignora e que se deseja manter longe do público. O artista, com sutileza e habilidade, há de apresentar veladamente esse fato oculto. Uma intimidade.

NAPOLEÃO EM SEU TRONO IMPERIAL, DE INGRES (1806)   *JÚPITER E TÉTIS*, DE INGRES (1811)

Tanto Rigaud como Ingres foram grandes artistas. Embora quisessem agradar a Luís XIV e Napoleão, respectivamente, tinham também sua vaidade. Onde estariam esses segredos?

Entre aproximadamente 1910 e 1920, o México passou por um período de grandes conflitos internos que acabou por ser conhecido como a Revolução Mexicana. Buscava-se, principalmente, diminuir as desigualdades sociais e garantir a democracia. Marcada pela sucessão de assassinatos de líderes políticos, como Emiliano Zapata, Pancho Villa e Venustiano Carranza, o país viu sua economia ficar arrasada. Acredita-se, ademais, que quase dois milhões de mexicanos tenham perecido nos combates entre as forças revolucionárias e as contrarrevolucionárias.

Em 1920, Álvaro Obregón (1880-1928) acabou sendo eleito presidente do país (ele viria a ser assassinado em 1928), cujos analfabetos representavam 90% da população. Obregón desejava transmitir ao povo os valores abraçados pela Revolução. Nesse sentido, estimulou a criação de uma arte nacional que se valeria de desenhos em grandes murais e que deveria ser facilmente compreensível por todos, mesmos pelos iletrados. Artistas jovens e idealistas, como José Clemente Orozco e David Alfaro Siqueiros, foram convocados para participar desse movimento, que passou a ser conhecido como "muralismo mexicano".

Diego María de la Concepción Juan Nepomuceno Estanislao de la Rivera y Barrientos Acosta y Rodríguez (1886-1957) havia embarcado do México para a Europa em 1907, com o propósito de estudar pintura. Teve contato com grandes artistas espanhóis, como Juan Miró, Salvador Dalí e Pablo Picasso. Ao retornar para seu país natal, em 1921, Rivera logo se engajou no movimento muralista, que manifestava uma forte carga ideológica.

No Palácio Nacional, sede do governo mexicano, Rivera produz, entre 1923 e 1939, uma série de murais. O mais conhecido deles, situado nas escadarias do palácio, tem proporções gigantescas: cobre 276 metros quadrados, nos quais se conta toda a história do país. Tratava-se de uma encomenda do então secretário da Educação Pública do México.

No mural, começa-se com a maravilha da civilização pré-colombiana, passando pela conquista espanhola, o período colonial, a independência, a ocupação francesa e a nova luta pela independência, quando então se chega à Revolução Mexicana e ao que se acreditava ser o glorioso futuro da nação (que decorria, precisamente, dos efeitos da Revolução). A obra é uma epopeia contada por imagens.

O passado pré-colombiano é visto de forma romântica. Líderes populares são homenageados. Como Rivera era comunista, até Karl Marx ganha local de destaque em sua gigantesca pintura. No mural, substitui-se a cruz católica pela foice e o martelo, os símbolos comunistas. A propaganda política é ostensiva.

Mesmo o mais humilde mexicano ficaria admirado ao ver a história de seu país contada pelas coloridas imagens de Rivera. Arte e Estado davam os braços.

Em 1828, Nicéphore Niépce conseguiu registrar uma foto a partir da janela de sua casa. A cena não oferecia nada de excepcional. Extraordinário era, naquele momento, o fato de se ter conseguido perenizar a imagem: uma fotografia. Desde então, a humanidade se apaixonou por essa forma de registro. A foto também se tornou arte.

Possivelmente não há outra forma de arte tão invasiva. Hoje, nada passa incólume a uma foto. Não existe mais privacidade plena. Há até mesmo artistas – ou *paparazzi* – que vivem de clicar celebridades. Ron Galella, um dos mais conhecidos, perseguia Jacqueline Kennedy Onassis. Um dia, um dos seguranças da ex-primeira dama dos Estados Unidos destruiu a câmera do fotógrafo. Ron então ajuizou uma ação contra Jackie O, reclamando o prejuízo da perda da máquina. Jackie, por sua vez, "contra-acionou" Ron Galella, alegando que sofria assédio constante do fotógrafo. O tribunal americano, na época, deu ganho de causa à elegante Jacqueline. Mas, como se sabe, isso nem de perto representou o fim do assédio desses profissionais.

A icônica princesa Diana, a mais notória das vítimas dos *paparazzi*, fez diferente. Quando começou a namorar o príncipe Charles, herdeiro da coroa inglesa, um enxame de fotógrafos passou a se amontoar na porta de sua casa, aguardando a hora em que ela aparecia. Para tirar dos fotógrafos qualquer notícia, Lady Di saía todos os dias para a ginástica com a mesmíssima roupa. Não havia qualquer novidade. Tratava-se de uma pequena vingança.

Certo fotógrafo clicou o momento histórico no qual os soldados soviéticos, em 2 de maio de 1945, nos estertores da Segunda Guerra Mundial, tomaram o Reichstag, prédio que servia como centro do governo alemão, em Berlim.

A foto guardava enorme simbolismo: sobre a terra arrasada da derrotada Alemanha, pairava a bandeira comunista. Um soldado soviético subira até o topo do prédio para colocar o estandarte vermelho nas mãos da estátua *Germânia*, que, é claro, era uma alegoria da Alemanha. Os russos haviam capturado a capital do país derrotado. Tomado o poder. A foto – e a sua arte – foi usada como propaganda comunista, símbolo da vitória.

BANDEIRA DA VITÓRIA, DE YEVGENY KHALDEI (1945)

Antes de ser publicada no *Ogonyok*, um dos mais populares periódicos russos, a imagem sofreu uma edição: o soldado que hasteava a bandeira usava dois relógios em seu pulso, claramente objeto de saque após a batalha. Além disso, na edição, a foto recebeu tratamento para parecer que havia mais fumaça ao fundo, tudo a fim de garantir o efeito dramático da imagem.

A manipulação das imagens foi uma estratégia comum durante o regime de Stalin. Leon Trótski, outro líder comunista, teve sua figura retirada de inúmeras fotografias depois de ter rompido com o então líder máximo dos soviéticos. Era como se jamais tivesse estado onde estivera.

O autor da icônica foto, Yevgeny Khaldei (1917-1997), só veio a ser identificado muitos anos depois, com a derrocada da União Soviética.

Desde 1971, os artistas Christo e Jeanne-Claude solicitavam às autoridades alemãs permissão para levar adiante um inusitado projeto artístico: queriam promover uma gigantesca instalação pública, na qual cobririam todo o Reichstag.

Depois de muitos anos de negociação, em 1995 finalmente a dupla de artistas pôde concretizar a ideia. Foram necessários mais de cem mil metros quadrados

ENVELOPANDO O REICHSTAG

de tecido, quase 16 quilômetros de corda, além de cerca de trezentos profissionais dedicados – noventa deles especializados em escaladas –, para embrulhar o imenso prédio. A construção, de proporções colossais, permaneceu "envelopada" por duas semanas, para o arroubo estético de quem a viu.

A história do Reichstag se confunde com a da Alemanha. O prédio foi construído em 1884, pouco após a unificação do país, dada em 1871. A construção sofreu, em 1933, um famoso incêndio orquestrado pelos nazistas, que desejavam culpar os comunistas. Depois, foi quase destruído em 1945, quando todo o país se encontrava praticamente arrasado. Jamais, porém, deixou de simbolizar o próprio Estado alemão. Os acontecimentos fisicamente sofridos pela construção podem ser compreendidos como símbolos do que ocorria com a Alemanha.

Embrulhar o Reichstag era o mesmo que cobrir todo o país. A arte mostrava que isso era possível. Ao mesmo tempo, também simbolizava a debilidade do poder do Estado, que poderia ser absolutamente contido. A arte, naquele momento, absorveu por completo o centro do poder de uma nação. Seria essa a metáfora?

A EXPLOSÃO CLÁSSICA:

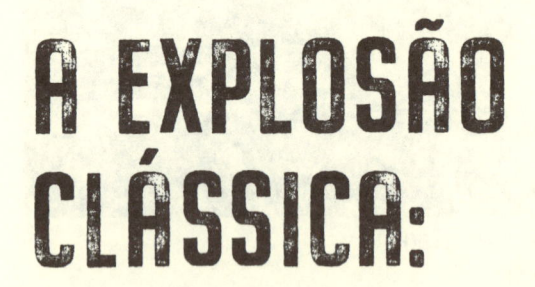

A CONSTRUÇÃO DO CONCEITO DE HUMANIDADE

Durante muito tempo, acreditava-se que a arte e o direito eram emanações divinas. Como fenômenos revelados por um Ser superior. Hamurabi, como vimos, recebe as leis do deus Samas, enquanto Moisés colhe os Dez Mandamentos diretamente do Deus único. Essa norma que cai dos céus, oriunda de uma fonte tão poderosa, era inquestionável.

Observa-se uma importante mudança quando se passa a entender que a norma jurídica não é revelada, mas advém de uma criação humana. Seres humanos têm crenças, ideologias, defeitos, picuinhas. O mesmo se pode dizer da arte, que, praticamente no mesmo momento histórico, deixa de funcionar somente como a representação de algo divino e torna-se uma manifestação da humanidade.

Esse movimento ocorreu na Grécia, por volta do século VI antes da nossa era.

A Grécia antiga assistiu a um fenômeno de grande produção intelectual, sobretudo na filosofia, matemática, dramaturgia, arquitetura e nas artes plásticas. Isso ocorreu porque, naquele breve momento histórico que compreendeu o final do século VI a.C. ao início do século IV a.C., a liberdade de expressão foi garantida, inclusive do ponto de vista político e jurídico. A democracia, ainda que incipiente, era o oxigênio das manifestações artísticas.

Foi em uma peça de teatro, que galvanizava a atenção dos atenienses, que o grande dramaturgo Sófocles colocou na boca de Teseu, seu personagem em *Édipo em Colono*, a seguinte frase:

> "Nunca recusarei socorrer um estrangeiro desgraçado; sei que sou, como tu, um homem."

A arte construía o conceito de humanidade – e, a partir de então, a Grécia passou a ser "o povo educador".[12]

Na Atenas do século V a.C., os julgamentos eram públicos. As leis eram conhecidas. Não havia advogados à época: o interessado em uma eventual disputa deveria sustentar sua causa e defender os próprios interesses. Essa manifestação pessoal constituía o exercício da cidadania, que se considerava indelegável. Os órgãos julgadores eram também compostos de cidadãos, escolhidos por sorteio.

Tamanha era a sofisticação do pensamento dos atenienses que, em termos jurídicos, chegaram a desenvolver a ideia de direito natural, isto é, um

---

12 Jules Michelet, *A Bíblia da humanidade*, Rio de Janeiro, Ediouro, 2001, p. 116.

O VASO DE EXÉQUIAS (540 A.C.)

direito acima daquele formulado pelos homens e que protegia os valores básicos da humanidade. Isso é explorado de forma didática na peça *Antígona*, de Sófocles.

Da conquista de garantias individuais, o *Vaso de Exéquias*, datado aproximadamente de 540 a.C. e hoje exposto no museu etrusco do Vaticano, serve como exemplo. Nele, retratam-se dois guerreiros, Ajax e Aquiles, heróis da guerra de Troia, num intervalo entre os combates – e de tal modo que seguem armados. Os heróis jogam dados, situação desenhada com traços delicados. A cena é marcada pela tensão: Aquiles, ligeiramente maior, morrerá em breve e parece ter noção de seu destino. A guerra e a vida são um jogo.

Nesse exemplo de arte grega, observa-se certo avanço em relação aos movimentos dos personagens retratados. Avulta o conceito de arte como uma forma de expressar o belo, mas também de nos fazer refletir sobre a brevidade de nossa passagem pela terra, sobre as incertezas e acasos da existência.

Acima de tudo, há no vaso algo de extraordinário: ele se encontra assinado pelo artista Exéquias. Não era comum o autor marcar a obra com sua assinatura. Ao se identificar, o artista demonstra seu valor singular como indivíduo. Esse conceito é fundamental para o desenvolvimento dos direitos individuais e do reconhecimento da individualidade. No entanto, trata-se ainda de um raio de luz no meio de uma sombria tempestade. A ideia de identificação e reconhecimento do artista apenas emergirá novamente no final da Idade Média, mais de dois mil anos depois da confecção da linda urna.

No seu *Dicionário filosófico*, publicado em 1764, Voltaire se incumbe de definir o "belo, beleza". O filósofo registra: "Perguntai ao sapo o que é beleza. Ele responderá que é a sapa com seus olhos exagerados e redondos *encaixados* em sua minúscula cabeça, que guarda uma boca larga e achatada, o ventre amarelado e o dorso pardo." A apreciação do belo, defende-se, toma a referência do espectador.

Com os gregos, o homem passara a ser a medida da beleza, e a força das ideias helênicas atingiu todo o mundo mediterrâneo. Conta-se que o jovem Estado de Roma enviou representantes a Atenas para estudar as leis locais. Ao voltarem para a península itálica, ainda no século V a.C., eles formularam as Leis das 12 Tábuas. Tratava-se de regras legais, contidas fisicamente em 12 tábuas e expostas aos cidadãos.

A Tábua Nona, que cuidava do direito público, iniciava-se com um mandamento fundamental: "Que não se estabeleçam privilégios em lei."

No século II a.C., os romanos conquistaram a Grécia, mas, como se diz, foram eles os conquistados – culturalmente. Os romanos adoravam as mesmas divindades gregas: de modo geral, apenas alteraram os seus nomes, conservando suas características e lendas. Nas artes, passaram a tomar os gregos clássicos como modelos e, a partir daí, copiá-los.

Do ponto de vista da evolução legal, os romanos foram um assombro. O direito romano desdobra-se em várias fases, até mesmo porque abrange séculos de história. Sob o comando do imperador Constantino (272-337), a administração militar se separa da civil. Essa autonomia permitiu um desenvolvimento exponencial no setor, com órgãos desempenhando funções

DETALHE DE *VIRTÙ E LA LEGGE*, DE RAFAEL (1511)

administrativas e judiciais. A partir do século IV, o Estado produz leis em profusão, algumas vezes de forma até mesmo confusa.

Costuma-se chamar de direito romano o resultado de uma compilação ocorrida no século VI por ordem do imperador Justiniano. Ele determinou que um grupo de juristas, liderado por Triboniano, reunisse, de forma organizada, leis e lições de séculos de direito romano. Tratava-se de um trabalho colossal, que acabou por ser publicado entre os anos de 529 e 534. Surgia, assim, o *Digesto*, que significa "digestão" porque, de fato, era esse o objetivo da obra. Vieram, ainda, o *Codex* e as *Institutas*, com lições, para o estudante, dos temas abordados no *Digesto*.

O direito romano almejava, até mesmo por necessidade, ser universal. Idealmente, seria aplicável em todo o vasto Império. Portanto, o conjunto de regras, para que funcionasse, não poderia atrelar-se às peculiaridades de um ou de outro local, mas deveria seguir conceitos abstratos, genéricos, úteis em todos os rincões.

Não sem razão, quando, na Renascença italiana, o papa Júlio II pediu que Rafael pintasse a Stanza della Segnatura, sala onde o Santo Padre exarava seus despachos, o pintor retratou o momento no qual o jurista Triboniano entregara seu código ao imperador.

Em termos artísticos, os gregos abandonaram os rígidos modelos egípcios para adotar representações com vida. Estátuas humanas buscavam retratar o homem de forma realista. Eis a virada grega, num modelo copiado pelos romanos.

Os romanos, por sua vez, estabeleceram padrões. Como aponta o historiador da arte Kenneth Clark, durante quinhentos anos, do auge do Império Romano, foi possível encontrar ao redor do Mediterrâneo, na Itália, na Grécia, na França, na Ásia menor e no norte da África, uma idêntica linguagem arquitetônica: havia templos, teatros e esculturas seguindo o mesmo padrão.[13]

Da Grécia clássica e da poderosa Roma, pois, colhe-se uma importante lição: apenas a liberdade permite o pleno desenvolvimento da arte e do direito.

---

13 Kenneth Clark, *Civilização*, São Paulo, Martins Fontes, 1995, p. 23.

A ARTE COMO LIBERDADE

Em um Estado livre, no qual se respeita o direito de as pessoas se manifestarem, a arte consegue se desenvolver. Junto com ela, toda a sociedade floresce.

Os poderosos egípcios, que viviam sob um regime autoritário e teocrático, jamais conheceram os conceitos de democracia e liberdades individuais. Por outro lado, os gregos, e mais especificamente os atenienses, ao menos num pequeno momento da história, ocorrido entre os séculos VI e IV a.C., experimentaram uma sociedade na qual havia grande abertura para expressar opiniões. Os atenienses – aí compreendidas somente as pessoas do sexo masculino, originárias de Atenas e livres – tinham não apenas o poder, mas o *dever* de eleger os seus governantes.

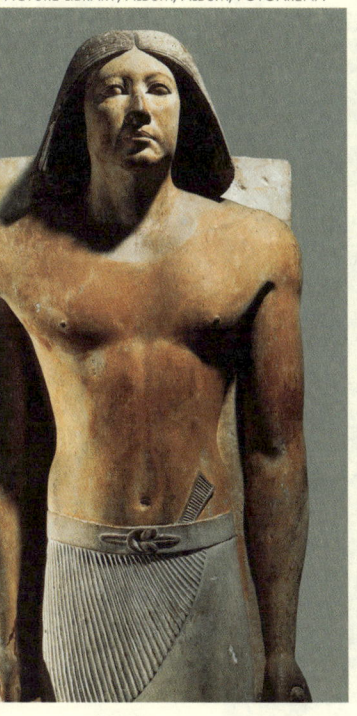

RANEFER   CLEOBIS E BITÃO   KOUROS DE ARISTODIKOS

    Durante esse "milagre grego", a arte se desenvolveu de modo extraordinário. Não só as artes dramáticas deram um grande salto, com obras de Ésquilo, Sófocles, Eurípedes e Aristófanes, mas também a arquitetura e a escultura evoluíram sensivelmente. Naquela época, as artes visuais se dirigiam a representações do corpo humano.

    Kouros significa "rapaz" – no plural, *kouroi*. Apolo, o jovem deus, era considerado o modelo de *kouros*. Assim se denominam as estátuas de jovens e musculosos atletas, imberbes, normalmente nus, próprias do período arcaico grego, ou seja, cerca de 650 a 500 a.C. Inicialmente, essas estátuas seguiam o padrão egípcio, com um modelo absolutamente estático, embora sejam notáveis algumas diferenças, especialmente na forma como se delineiam os músculos.

    Data de aproximadamente 510-500 antes da nossa era o chamado *Kouros de Aristodikos*. A estátua se encontra no museu arqueológico de Atenas. Seus braços já se apresentam despegados de seu corpo e vê-se, claramente, a ideia

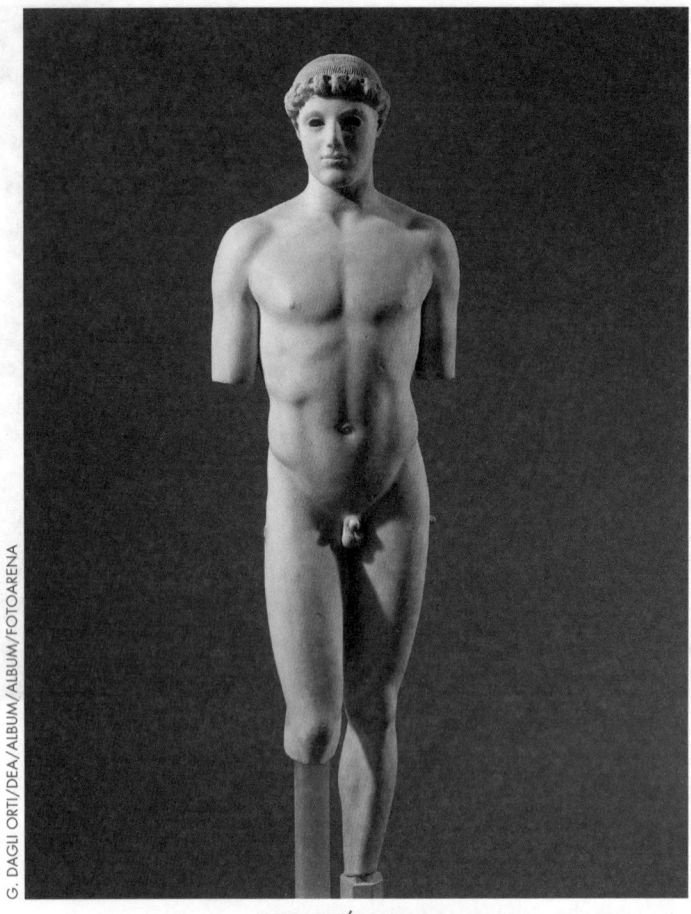

EFEBO DE CRÍTIO (485 A.C.)

de movimento, superando a rígida imobilidade. Era se como a estátua ganhasse vida, dando expressão da liberdade política.

O caminho do movimento chega ao *Efebo de Crítio*, de 485 a.C, hoje em Atenas, no museu da Acrópole.

Seu corpo, em vez de plenamente ereto, encontra-se descansado. Ele se apoia somente em uma perna, e não mais em duas. Com isso, seu quadril encontra-se levemente inclinado, assim como seus ombros. A própria cabeça parece mover-se. Tudo de forma delicada.

Com esse jovem rapaz, nasce o conceito de arte clássica. Mais ainda, vê-se um importante passo na caminhada humana: enquanto os egípcios se preocupavam com a morte e o nosso destino após o fim da existência – construindo pirâmides e cuidando de múmias –, os gregos, diferentemente, festejavam a vida.

Possivelmente a primeira mulher a ser reconhecida por seu talento como pintora foi Artemisia Gentileschi (1593-1653). A italiana, filha do pintor Orazio Gentileschi, discípulo de Caravaggio, foi uma pessoa à frente de seu tempo. Recebeu encomendas dos principais regentes europeus e frequentou todas as grandes cortes.

Aos 19 anos, ela foi vítima de um estupro. Artemisia era, então, aprendiz do pintor Agostino Tassi (1578-1644), que com a ajuda de um terceiro violentou sua jovem aluna. Artemisia contou tudo ao pai, que ainda buscou encerrar o episódio com a proposta de celebração do matrimônio de sua filha com o estuprador – o que, ademais, salvaria a reputação da família. Como Tassi desistiu de se casar com Artemisia, até mesmo porque já era casado, o abuso foi denunciado. Seguiu-se um turbulento processo, no qual o violador acusava Artemisia de não ser mais virgem. Na época, caso esse fato fosse comprovado, ficaria afastado o estupro – pois vigorava a ideia de que apenas as virgens poderiam ser violadas. Na prática, Artemisia passou a ocupar o banco dos *réus*. Foi submetida a exames ginecológicos e até mesmo a torturas. Esperava-se que a pessoa, submetida à dor, confessasse a falsidade de sua acusação. Artemisia, embora sofrendo o suplício, confirmou a violência.

Veio à tona que Tassi era uma pessoa bem pior do que se imaginava. Tinha contra si outras acusações de estupro, e suspeitava-se que mandara matar sua primeira mulher. Ao fim, Artemisia recebeu um julgamento parcial. O estuprador, mesmo reconhecida sua culpa, recebeu punição levíssima. Não se fez justiça.

Como expiação e vingança, Artemisia se dedicou a pintar cenas de mulheres que foram à desforra, punindo os homens que delas se aproveitaram.

O mais famoso dos quadros da artista, de 1620, pintado logo após o julgamento de seu estuprador, retrata a cena, de origem bíblica, na qual Judite degola Holofernes.

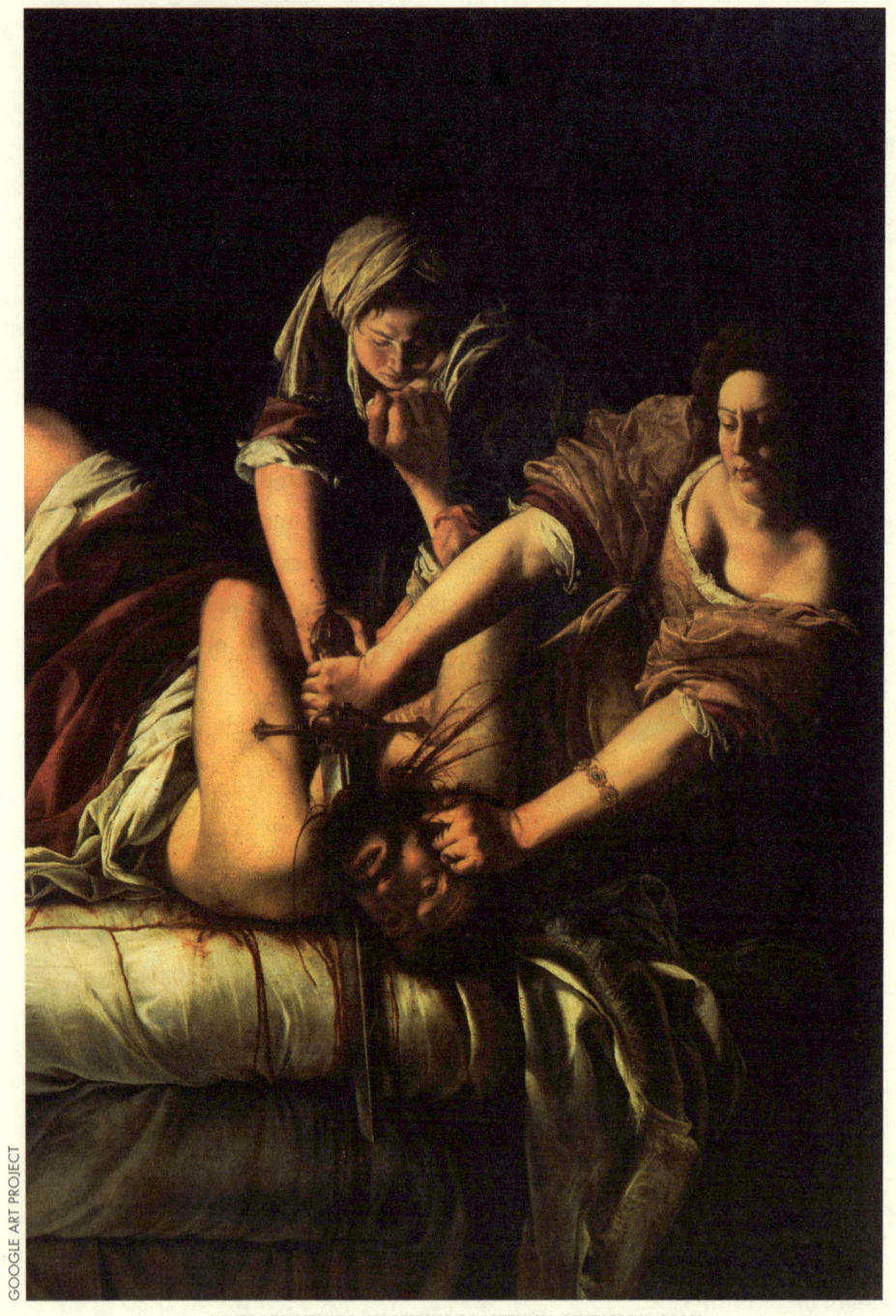

JUDITE DECAPITANDO HOLOFERNES, DE ARTEMISIA GENTILESCHI (1620)

Na história encontrada no Velho Testamento, Judite, bela viúva judia – o próprio nome Judite deriva do hebraico *yehudit*, que significa judia –, consegue evitar a invasão assíria de sua cidade, decapitando o general inimigo, Holofernes.

Holofernes era um general de Nabucodonosor, que vinha, com êxito, invadindo e pilhando as cidades por onde passava. O famoso general chega, então, à cidade judaica de Betúlia. Inicia-se o cerco. Os habitantes de Betúlia se desesperam. Não veem qualquer chance de vitória. Estão prontos para a rendição, quando a bela e astuta Judite se dispõe a salvar sua cidade e seu povo. A linda viúva, aparentemente frágil, se infiltra no acampamento inimigo. Por sua beleza, consegue aproximar-se de Holofernes. Deita-se com ele e dorme na sua tenda. À noite, quando o general, embebedado por ela, repousa, Judite corta-lhe a cabeça. Sem o líder, o exército assírio se desintegra, e a cidade de Betúlia é poupada. Judite é a grande heroína feminina.

Artemisia pintou ao menos cinco vezes essa passagem bíblica. Caravaggio, antes, executara uma famosa versão, datada de 1599. Na mais conhecida versão de Artemisia, a aia de Judite, Abra, em vez de apenas assistir à degola – segundo a representação clássica da cena, inclusive na de Caravaggio –, toma partido e ajuda a heroína a executar o general assírio. O assassinato do general deixa de ser um ato pessoal para se transformar numa conspiração feminina.

Além disso, até então os artistas, ao retratar o momento em que Holofernes tinha sua cabeça ceifada, viravam o rosto de Judith para o outro lado, como se ela não fosse capaz de assistir *à* cena que protagonizava. Artemisia, ao contrário, fez questão de que, em sua versão, a heroína olhasse diretamente para o que fazia. Não havia qualquer sinal de medo ou covardia.

Pela arte, Artemisia, além de deixar uma denúncia, extravasava seu ódio. Era uma libertação.

Madame Bovary, romance de Gustave Flaubert (1821-1880), foi publicado inicialmente em partes. A *Revue de Paris* aceitou lançar a obra, que, entretanto, deveria passar por alterações.

O livro conta a história de Emma Bovary, uma dona de casa provinciana, frustrada em seus sonhos, infeliz com a sua realidade e insatisfeita no seu casamento. No livro, Emma era casada com o médico Charles, por ela solenemente desprezado. De tanto ler novelas românticas, Emma imagina uma vida com mais aventuras (repete, de certa forma, o protagonista de Dom Quixote, que se intoxica de tanto ler livros de cavalaria). No adultério, Emma encontra o suposto caminho de sua libertação.

A conduta de Emma leva seu marido à miséria econômica e moral. No livro, todos os acontecimentos recebem uma narrativa direta, sem qualquer filtro moralista.

Assim que a revista lançou a primeira parte da obra, houve imensa reação. Rapidamente, o escritor foi acusado de ofensa à moral pública. Mais ainda, a publicação da obra foi proibida. O escritor teve de se defender diante de um tribunal.

No julgamento, ocorrido no início de 1857, a obra de Flaubert foi tachada de "poesia do adultério". O Ministério Público, representado pelo eloquente procurador Ernest Pinard, tratou Emma Bovary como se ela fosse real, e não personagem de uma obra de ficção.

Segundo o Ministério Público, a obra seria imoral porque incitaria ao adultério. Madame Bovary oscilaria da luxúria à religiosidade. Ingênua, por um lado; por outro, revelava excessiva experiência sexual com seus amantes. Por fim, o Ministério Público reclamava até mesmo da fraqueza dos personagens masculinos do livro. Tudo gravitava ao redor de um forte moralismo.

Emma Bovary não era uma nobre, mas uma pessoa comum, descrita de forma realista, sem maquiagens românticas.

O julgamento deu a Flaubert uma fama que até então não tinha. O escritor recebeu reprimendas do juiz sobre a qualidade de seu trabalho, tendo de ouvir que "há certos limites que a literatura, mesmo a mais leviana, não deve ultrapassar, coisa que o autor parece ter esquecido". Em resposta, Flaubert registrou: "Não temo senão as literaturas adocicadas que engolimos sem repugnância e que nos envenenam sem escândalo."

Felizmente, o escritor foi absolvido. Ganha a causa. Garantida a publicação de *Madame Bovary*, seu autor inseriu no livro a seguinte dedicatória ao seu advogado:

A Marie-Antoine-Jules Sénard,

Caro e ilustre amigo,
Permita-me colocar seu nome no início deste livro e acima de sua dedicatória; pois é ao senhor, sobretudo, a quem devo sua publicação. Ao passar por sua magnífica defesa, minha obra adquiriu, para mim, uma autoridade imprevista. Portanto, aceite esta homenagem de minha gratidão, que, por maior que possa parecer, nunca estará à altura de sua eloquência e de seu devotamento.

Gustave Flaubert
Paris, 12 de abril de 1857.

A censura, qualquer que seja sua forma, continua a ser uma grande inimiga da arte. Outros clássicos da literatura foram dela vítimas. Charles Baudelaire foi censurado – e teve de tosar alguns dos poemas de *As flores do mal*: o mesmo promotor que atacou a obra de Flaubert, Pinard, buscou impedir que alguns poemas de Baudelaire fossem publicados. Nesse caso, a procuradoria teve mais sorte e conseguiu impedir que alguns versos viessem a público, o que só veio a ocorrer aproximadamente cem anos depois.

O amante de Lady Chatterley, de D.H. Lawrence, também sofreu censura. Sua publicação foi proibida na China, nos Estados Unidos, na Inglaterra e na Austrália. O livro foi considerado obsceno. O mesmo destino, e pelo mesmo fundamento, teve *Lolita*, de Vladimir Nabokov. A história do homem que obsessivamente se fissura pela ninfeta causou furor. *A Casa dos Espíritos*, de Isabel Allende, foi censurada no Chile pelo governo do ditador Pinochet. Também *A revolução dos bichos*, de George Orwell, publicada em 1945, foi proibida na Rússia. O mesmo se deu com outro livro do autor: *1984*, igualmente proscrito em terras russas.

Há, ainda, casos curiosos de censura. *Alice no País das Maravilhas*, de Lewis Carroll, foi banida em 1931 na província de Hunan, na China, por conta da antropomorfia, ou seja, porque apresentava animais com características humanas. Segundo as autoridades chinesas, isso poderia dar às crianças a ideia equivocada de que os homens estariam em estado de igualdade com os animais.

O clássico de James Joyce, *Ulisses*, foi banido na Inglaterra em 1922, ano de sua publicação. O veto perdurou até 1936. Nos Estados Unidos, *Ulisses*, só teve sua veiculação permitida em 1933, depois da vitória judicial em *United States vs. One Book Called Ulysses*. A principal acusação contra a obra era a de obscenidade. O caso ganhou alguma repercussão, e a decisão final, muito erudita, tomou por base a Primeira Emenda da Constituição norte-americana, que protege a liberdade de expressão. Entendeu-se que a aferição de obscenidade de uma obra deveria levar em consideração três fatores: o exame da obra como um todo – e não apenas parte dela; a tentativa de compreender os efeitos da leitura em uma pessoa padrão – e não em alguém com hipersensibilidades; e, por fim, a ponderação de valores contemporâneos, afastando-se os conceitos de outras gerações.

Mais recentemente, o best-seller *O código da Vinci*, de Dan Brown, teve sua distribuição negada no Líbano, em 2004, porque, naquele país, se entendeu que a obra ofendia a religião cristã. Tampouco escapou da censura outro best-seller moderno: *Cinquenta tons de cinza*, acusado em 2015, na Malásia, de atentar ao pudor.

Na ópera *Nabucco*, de Giuseppe Verdi (1813-1901), os hebreus eram retratados como um povo cuja pátria fora roubada, pois viviam no exílio da Babilônia. *O mia patria, si bella e perduta*: "Ó, minha pátria, tão bela e perdida."

Os italianos, de modo especial os do norte, conseguiam ver aí uma referência à situação que experimentavam, pois boa parte do território que hoje conhecemos como Itália se encontrava, naquela época, ocupado pelos austríacos. *Va, pensiero,* o lindo coro dos hebreus a falar da liberdade e da busca de consolo para o sofrimento – "Vai, pensamento, voa com asas douradas" –, tornou-se um hino dos patriotas italianos, insatisfeitos com a dominação estrangeira e motivados na unificação do país.

Em 1859, passou a correr por lá um slogan, grafitado em paredes e repetido largamente: *Viva Verdi*. Não se tratava apenas de uma exaltação ao magistral compositor de óperas. Na verdade, consistia num grito nacionalista contrário à ocupação estrangeira, mas que vinha camuflado para evitar a repressão. VERDI eram as iniciais de *Vittorio Emanuele Re D'Italia*. *Viva Verdi*, portanto, significava "Viva Vítor Emanuel, Rei da Itália", em referência a Vitório Emanuel II (1820-1878), da casa nobre da Savoia, que em 1861, depois de expulsar os austríacos, assumiu a coroa da Itália unificada. A melodia de Verdi embalou o nascimento da nação.

Até hoje, *Va, pensiero* serve como hino da liberdade.

Em 1863, Édouard Manet (1832-1883) teve sua tela *Le déjeuner sur l'herbe* – cujo título pode ser traduzido por "Almoço na relva" (embora seu nome original fosse simplesmente "O banho") – rejeitada por um júri do Salão de Paris, então a mais renomada exposição de pintura da capital francesa.

Admitia-se, ali, a pintura do nu. Entretanto, a obra de Manet era diferente: nela, dois homens bem vestidos, com gravatas e paletós bem talhados, conversavam relaxados com uma mulher nua em pelo. Outra jovem, em um plano pouco atrás, seminua, se banhava em um lago. Tudo levava a crer que as mulheres eram prostitutas, as quais se permitiam adotar hábito tão libertino. Enquanto um homem falava, as duas outras pessoas – entre elas a mulher nua – olhavam diretamente, e plenamente descontraídos, a quem apreciava a obra. O olhar era de uma desconcertante indiferença, de normalidade, como se fosse algo comum encontrar pessoas naquela situação.

Os homens retratados eram o irmão do pintor, Gustave Manet, e seu cunhado, Ferdinand Leenhof. A mulher nua tinha o corpo da mulher de Manet, Suzane, mas o rosto pertencia à sua modelo favorita: Victorine Meurent.

Manet quis retratar a cena de forma casual. O pintor valeu-se de posições clássicas, retiradas de uma reprodução renascentista de Marcantonio Raimondi (1480-1534) feita a partir de uma obra do grande Rafael Sanzio (1483-1520): *O julgamento de Páris* (veja o canto direito abaixo da figura).

ALMOÇO NA RELVA, DE ÉDOUARD MANET (1863)

Claramente, Manet se baseia na dinâmica triangular de uma obra clássica. Pode-se dizer, ainda, que se valeu da estátua do escultor grego Fídias, que adornava a frisa principal do Partenon.

Manet ainda remete à obra *O concerto campestre*, atribuída a Giorgione (ou a Ticiano) e datada possivelmente de 1510. Atualmente no Louvre, nela dois homens vestidos também conversam casualmente em meio a duas mulheres despidas.

O uso de modelos clássicos foi deliberadamente concebido e executado por Manet. Ele desejava unir o clássico ao moderno: modelos tradicionais, porém inseridos em contextos da atualidade. Desse modo, também é possível ver elementos como a cesta derrubada, simbolizando a perda da inocência, bem como figos, cerejas e pêssegos esparramados, que guardavam

O JULGAMENTO DE PÁRIS, DE MARCANTONIO RAIMONDI (1514)

uma clara conotação amorosa. Podem-se observar, ainda, conchas de ostras, iguaria com fama de afrodisíaca.

O tema ainda se mostrava perturbador porque Manet alude a um programa tipicamente familiar e burguês – o piquenique –, mas o relaciona à prostituição. A pintura foi um escândalo na época. Manet pertencia a uma família fina. Seu pai era um conceituado advogado, alto funcionário do Ministério da Justiça. Sua vida fora planejada para que se dedicasse ao estudo do direito – o que apenas não ocorreu porque o pintor fracassou duas vezes no exame de admissão da faculdade.

A puritana academia não suportou a inovação, que considerou de "grave perigo para a sociedade". Não se discutia a forma da arte, mas seu conteúdo.

Por conta da rejeição da obra pelo prestigiado Salão de Paris – instituição que existia desde 1667 –, Manet a exibiu no *Salon des Refusés*, isto é, o "Salão dos Recusados", juntamente com outros pintores cujos trabalhos também haviam sido enjeitados. Na ocasião, outros grandes artistas, como Pissarro e

FÍDIAS NO PARTENON

Cézanne, também apresentaram obras de suas autorias. A grande sensação, porém, foi mesmo a tela de Manet.

Essa exposição, iniciada em 15 de maio de 1863, duas semanas após a inauguração oficial do Salão de Paris, também foi chamada de "Salão dos Proscritos", "Salão dos Párias", ou mesmo "Salão dos Censurados". Enquanto sete mil pessoas pagaram para visitar a exposição oficial, um grupo muito menor visitou os quadros dos "recusados". A crítica foi cruel com os artistas de vanguarda – por exemplo, a do especialista Jules-Antoine Castagnary, que publicou em jornal:

> Antes da exposição dos *refusés*, não podíamos imaginar o que fosse um mau quadro. Agora, sabemos. Vimos, tocamos, certificamo-nos. Arriscamos dizer que, de todos os produtos da

CONCERTO CAMPESTRE, DE GIORGIANO E TICIANO (1510)

tolice, os mais tolos não são feitos com a pena mas sim com o pincel. O homem de letras para a meio-caminho da imbecilidade, [porém] o pintor desfruta do privilégio de ampliar as fronteiras da estupidez.

Édouard Manet também escandalizou os moralistas com a sua *Olympia*, pintada em 1863 e apresentada ao público dois anos depois. A obra captura cena na qual Olympia, a mulher despida, mas curiosamente calçada, recebe flores, com certeza um presente de quem ela seduziu ou favoreceu, dando a ideia de que se tratava de uma prostituta.

O pintor mais uma vez partiu de um modelo clássico: a *Vênus adormecida* (1510), de Giorgione, hoje na Pinacoteca de Dresden. Entretanto, na versão de Manet, a mulher deitada encara diretamente, e com muita

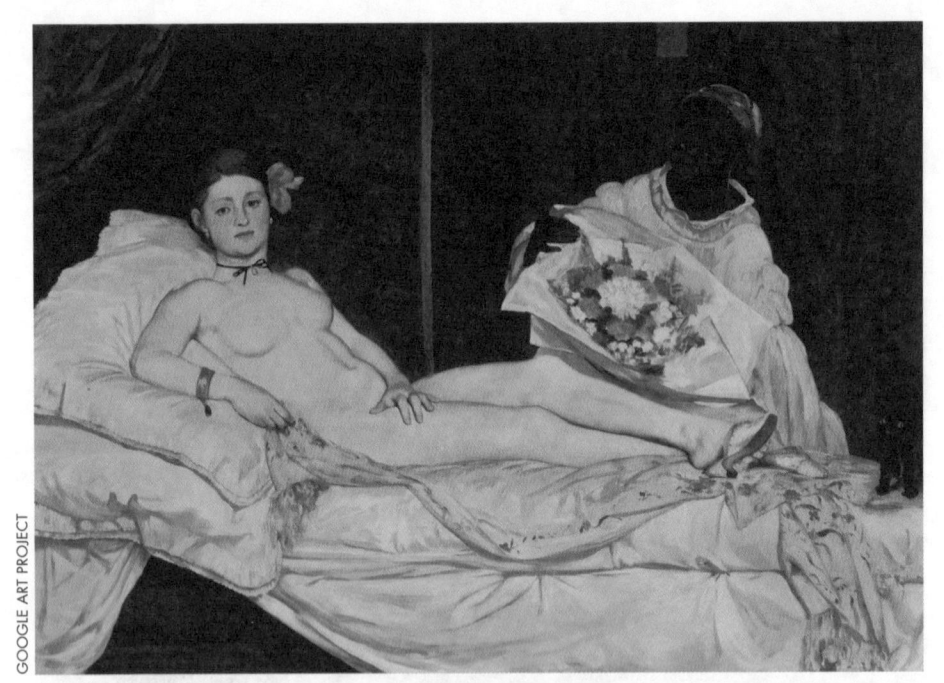

OLYMPIA, DE ÉDOUART MANET (1863)

naturalidade, o espectador. Trata-se de um olhar franco, que não demonstra qualquer constrangimento, assim como o das pessoas retratadas no piquenique. É uma provocação.

Naquele momento histórico, o direito francês passava por um momento peculiar. Após a Revolução Francesa e com a incerteza dos anos que se seguiram, os franceses, sob a liderança de Napoleão Bonaparte, aprovaram, em 1804, um código civil que concedia, ao menos no campo das relações jurídicas, uma grande liberdade às pessoas. O contrato – o acordo entre as partes – exprimia o limite das condutas, num Estado legalmente liberal. Do ponto de vista jurídico, a burguesia, que tomara o poder da nobreza, preconizava a plena proteção da vontade como expressão da liberdade do homem – até mesmo para se contrapor ao regime anterior.

Almoço na relva, de Manet, uma das joias do Museu d'Orsay (ao lado de *Olympia*), expressa precisamente esse conceito que o direito francês defendia:

VÊNUS ADORMECIDA, DE GIORGIONE (1507-1510)

as pessoas são livres para agir e se manifestar com liberdade. Isso valeria até para o caso de se retratarem despidas em um piquenique.

Do ponto de vista artístico, porém, essa plena liberdade, como se viu com Manet, ainda sofreu tropeços.

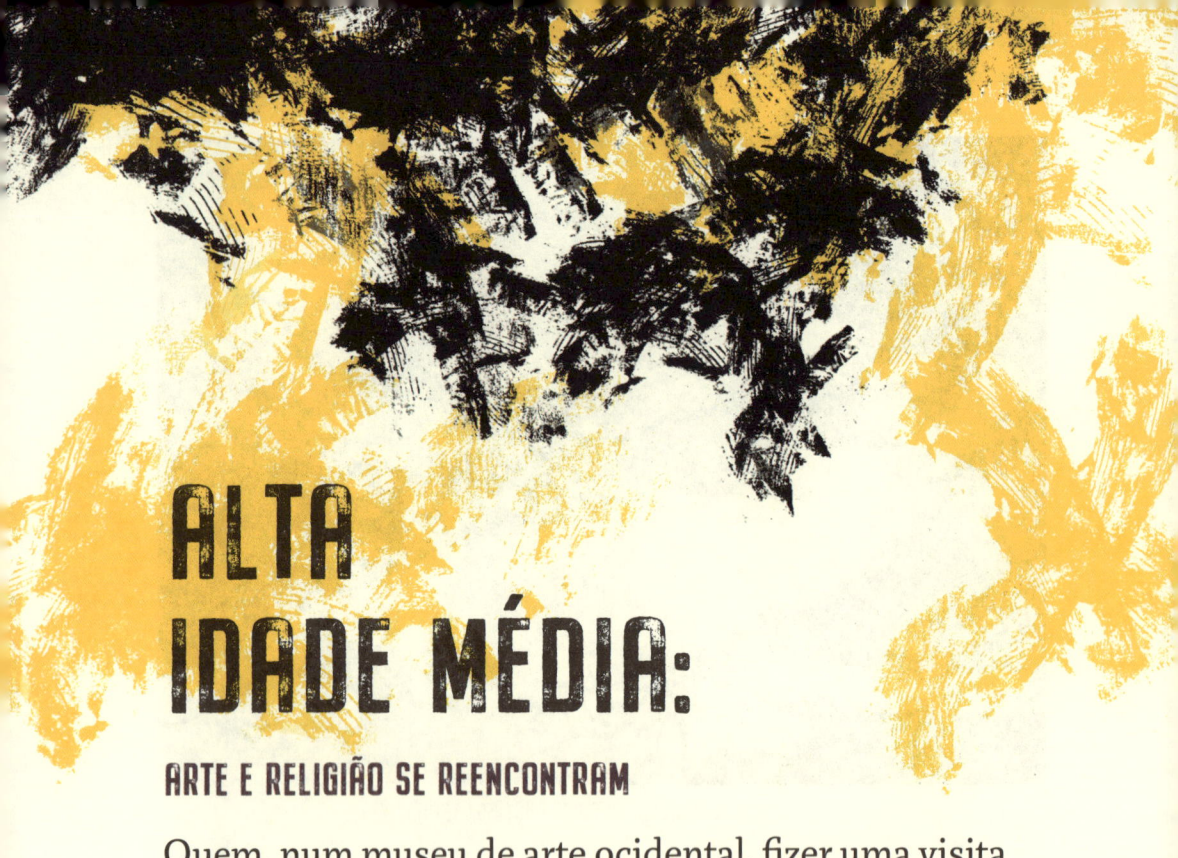

ALTA IDADE MÉDIA:
ARTE E RELIGIÃO SE REENCONTRAM

Quem, num museu de arte ocidental, fizer uma visita seguindo uma ordem cronológica das obras verá que, por séculos, a arte se relacionou intimamente com a religião. Isso apenas será vencido, em parte, com a Renascença, no século XV, e, definitivamente, no século XIX, com as pinturas de paisagens naturais – é curioso que a arte chinesa tivesse, desde sempre, a pintura da natureza como a grande referência.

ESTÁTUA DE MARCO AURÉLIO, INSTALADA AO AR LIVRE NO CAPITÓLIO DE ROMA, ITÁLIA (175)

Com a derrocada do Império Romano no século V, deixou de haver uma autoridade incontestada. O poder foi fracionado e enfraquecido. O direito romano perdeu seu valor – até pelo fato de que não havia Estado forte o suficiente para aplicá-lo. Passaram a vigorar os costumes e as regras regionais, ditadas pelo líder de determinada cidade ou território. O direito passou a ser um fenômeno local.

Na Alta Idade Média, a Igreja assumiu a posição de liderança. Tratava-se de um elo num mundo desunido. O direito voltou a se relacionar diretamente com a religião, sendo comuns os ordálios, isto é, julgamentos nos quais a decisão de alguma forma ficava, na crença das pessoas, a critério do divino.

Dominada pela Igreja, a cultura da Alta Idade Média rejeitava outras fontes. Foram destruídas estátuas clássicas, obras de gregos e romanos, simplesmente porque não representavam temas religiosos. A gigantesca estátua equestre de Marco Aurélio, datada de 175 da nossa era, e que hoje domina a praça do Campidoglio, em Roma, só se salvou por acaso. Acreditava-se que o imperador nela representado fosse Constantino, famoso por ter-se convertido ao cristianismo, mas que viveu muitas décadas depois (272-337). A mão estendida da estátua de Marco Aurélio transmitia a impressão de que dava uma bênção, num sinal de clemência, o que reforçava a ideia de se tratar de um soberano cristão. Por conta desse equívoco, a linda obra se salvou. Foi a única portentosa estátua de bronze de um imperador romano pré-cristão a sobreviver. Todas as demais foram derretidas para se transformar em moedas.

Durante a Idade Média, tanto nas artes como no direito, a religião assumiu um papel preponderante. Mais do que isso, a religião ditava as manifestações culturais. Temas como a indissolubilidade do casamento, a impossibilidade de cobrar juros em empréstimos e o fim da Lei de Talião, por exemplo, decorreram diretamente da força da ideologia cristã.

Na relação entre Estado e Igreja, recorria-se com frequência à passagem dos Evangelhos segundo a qual Jesus teria dito: "Dai a César o que é de César e dai a Deus o que é de Deus", tal como registrada por Mateus (22:21), Marcos (12:17) e Lucas (20:25). Também se poderia citar o Salmo 115: "O céu é do Senhor, mas a terra Ele deu aos filhos de Adão." Essa divisão, peculiar se comparada aos modelos orientais, permitiu o desenvolvimento do direito no Ocidente e evitou uma sociedade completamente teocrática.

No primeiro período da Idade Média, não havia valorização do artista, que sequer assinava suas realizações. Vigorava certa ditadura nos temas das obras de arte, todos estritamente religiosos. Além disso, não se admitia uma representação perfeita do homem, muito menos de Deus. A representação era sempre figurada, feita por meio de ícones.

Fragmentada a Europa medieval em pequenos Estados, cada qual ostentava costumes e leis próprias. Havia o direito visigótico, lombardo, dos anglo-saxões, sálico, entre tantos outros. Em grande parte, o direito se estabelecia pelo costume. Com efeito, foi dos costumes que decorreu todo o direito feudal.[14]

O mar Mediterrâneo que, durante o Império Romano, servira de meio de comunicação, transformou-se, na Alta Idade Média, em uma fronteira. A Europa se isolou.

As bibliotecas das igrejas e mosteiros guardaram alguns escritos das civilizações antigas. Em certos rincões isolados, como na Irlanda, esses velhos registros foram copiados por clérigos e monges. Mantidos em lugares afastados e inóspitos, os documentos sobreviveram a tempos de profunda insegurança.

Os centros de estudo da Alta Idade Média, como o mosteiro de Monte Cassino, na Itália, e a abadia de Bec, no norte da França, se dedicavam, em sua quase totalidade, a temas religiosos.

Foi exatamente numa abadia italiana que registros das leis romanas foram encontrados. Isso se deu por volta do ano 1000, quando os "livros romanos", ou seja, o *Corpus Juris Civilis*, foi "redescoberto" pelo Ocidente. A história do direito privado moderno começa com essa descoberta.[15]

Para estudar esse complexo regramento jurídico, estabeleceu-se, em Bolonha, um centro de debates e discussões. Inicialmente, não havia muitos mestres, do que resultou uma máxima de grande importância para o desenvolvimento daquela instituição: *Studendo cepit docere*, ou seja, "estudando começa-se a ensinar". Em pouco tempo, os professores se organizaram em uma guilda que adotou o nome de *collegia*. O estudo de direito se espalhou pela Europa, tendo Bolonha por epicentro e modelo.

---

14 Antonio Padoa Schioppa, *História do direito na Europa*, São Paulo, Martins Fontes, 2014, p. 41.

15 Franz Wieacker, *História do direito privado moderno*, 2ª ed., Lisboa, Fundação Calouste Gulbenkian, 1993, p. 11.

Esse período testemunha uma queda de braço entre o poder temporal e a Igreja. O principal tema, embora houvesse outros, se relacionava à investidura, ou seja, a quem teria o poder de indicar os padres: a Igreja ou o soberano local. Naquele tempo, a forma mais eficiente, e muitas vezes a única, de comunicação com a massa se dava pelo comparecimento à igreja. Os sermões eram a forma de informar e incutir opiniões. Portanto, havia enorme interesse em controlar quem seria o sacerdote encarregado da pregação.

O papa Nicolau II, em 1059, estabeleceu que a nomeação do papa se daria apenas pelos cardeais da Igreja, o alto clero, e não mais pela aristocracia romana. Porém, a grande modificação se deu com o papa Gregório VII, que delimitou, em 1075, a regra da indicação dos padres, que passava a ser feita pela Igreja em todas as instâncias. Até então, quem elegia o sacerdote de um local era o respectivo chefe político. Ao alterar esse comando, o papa colidiu de frente com o interesse de reis, imperadores e líderes locais. O conflito mais famoso, em relação às investiduras, se deu entre Gregório VII e o imperador Henrique IV, do Sacro Império Romano-Germânico.

Nessa contenda, a Igreja compreendeu a importância do direito como forma pacífica de orientar e construir a solução de divergências. Evidentemente, ela não tinha condições de medir forças bélicas com o imperador germânico. Em contrapartida, o reconhecimento e aplicação de regras jurídicas permitiria uma solução favorável aos interesses da Igreja, sem a necessidade de se recorrer à luta armada. A partir daquele momento, em modelo seguido por séculos, os padres se dedicaram a estudar a ciência do direito e se tornaram exímios juristas.

Antes do desenvolvimento da imprensa, os textos, para sua preservação e divulgação, eram copiados. Tratava-se de um trabalho manual, que demandava tempo. Copiar o Evangelho, por exemplo, exigia a dedicação exclusiva de uma pessoa por mais de um ano. A Igreja, que monopolizava a informação na Alta Idade Média, mantinha em seus arquivos os textos antigos. Os antigos pergaminhos eram copiados em mosteiros.

O premiado best-seller *O nome da rosa*, lançado em 1980 pelo italiano Umberto Eco, profundo conhecedor do período medieval, conta a história da investigação de uma série de assassinatos ocorrida num mosteiro beneditino durante a Idade Média. O mosteiro guardava inúmeros manuscritos clássicos. No romance, alguns monges, intelectuais da época, com acesso ao valioso acervo e que se ocupavam de copiá-lo, são, em sequência, encontrados mortos. Quem queria evitar que o conhecimento fosse divulgado?

O livro termina com a menção de uma frase em latim: *Stat rosa pristina nomine, nomina nuda tenemus*. A citação é uma adaptação de um verso do século XII do monge Bernardo Morliacense, do mosteiro de Cluny. O texto original é:

> *Nunc ubi Regulus aut ubi Romulus aut ubi Remus?*
> *Stat Roma pristina nomine, nomina nuda tenemus.*

> E agora onde está Régulo, ou Rômulo ou Remo?
> A Roma antiga está no nome, e nada nos resta além dos nomes.

Eco substitui "Roma" por "Rosa". Assim, "A rosa antiga está no nome, e nada nos resta além dos nomes."

O texto original e a paródia de Eco fazem referência a uma corrente medieval filosófica chamada nominalismo. O tema central dessa corrente consistia em distinguir o passageiro do eterno. A rosa é linda e sua existência, fugaz. A rosa morrerá. Seu conceito, entretanto, não.

Contudo, para que o conceito viva, temos de cultivá-lo. Em *O nome da rosa* fica claro o combate entre os que desejam um mundo estagnado, ignorante, sem acesso à cultura, e aqueles que buscam o desenvolvimento, novas luzes, o que somente se mostra possível com acesso à cultura.

O título *O nome da rosa* pode também ser uma referência ao famoso diálogo de *Romeu e Julieta* em que a jovem apaixonada propõe a seguinte reflexão:

> Que há num simples nome? O que chamamos rosa sob outra
> designação teria igual perfume.

A BÍBLIA DE BURY (1135)

108 ALTA IDADE MÉDIA

Trata-se de um convite a examinar a essência das coisas. No livro de Eco, fica claro que conhecimento é poder.

Por volta de 1135, na cidade inglesa de Bury, elabora-se uma Bíblia. Não se tratava apenas da cópia de um texto. Seu autor teve o cuidado de elaborar ricos desenhos para adorná-lo.

Seu autor, mestre Hugo, pintor, escultor e também joalheiro, viajara para a Itália em peregrinação. Lá, tivera acesso ao desenvolvimento artístico clássico. Ao retornar para a Inglaterra, colocou na Bíblia que produziu todo o conhecimento adquirido.

Na Bíblia de Bury, atualmente em Cambridge, na Inglaterra, há um desenho que retrata Moisés e Aarão, em referência a uma passagem do Velho Testamento. Da cabeça de Moisés, na iconografia, emergiam raios – *cornuta* –, tornando mais fácil sua identificação. Esses raios simbolizavam a inteligência divina. Aarão, por sua vez, é registrado como o irmão do patriarca.

Como as pessoas não sabiam ler, cabia à imagem transmitir a mensagem. Na ilustração, Moisés recebe os Dez Mandamentos, a lei divina; no desenho abaixo, explica ao povo regras de alimentação, indicando quais os animais que poderiam ser consumidos – ou seja, a distinção das carnes puras e impuras.

A educação, na Idade Média, ainda que precária, vinha da Igreja. As estátuas, as pinturas e os vitrais funcionavam como poderosa forma de comunicação, o meio mais eficiente, ao lado da palavra falada, da história contada. A arte tinha um propósito pedagógico.

Os artistas até então, evidentemente, dominavam a técnica de produzir imagens mais realistas, porém optavam por desenhar símbolos – ícones – a fim de deixar claro que não reproduziam a realidade. Esse modelo, a partir de 1150 aproximadamente, foi-se alterando: assistiu-se, pouco a pouco, à humanização do sagrado. As estátuas com representações divinas passaram a exibir rostos mais próximos do real. O artista ocidental ganhou um estilo próprio, afastando-se dos modelos do Oriente.

A ARTE COMO QUITAÇÃO

Picasso, já um pintor consagrado, não andava com dinheiro. Com frequência, em um restaurante, quando vinha a conta depois da refeição, pedia ao garçom que trouxesse papel e caneta. Rapidamente, o pintor desenhava algo – muitas vezes um touro ou um galo – e assinava. Aquele pedaço de papel passava a valer muito mais do que o valor cobrado. O dono do restaurante não reclamava: a conta estava paga.

Enrico Scrovegni (?-1336) nasceu em Pádua, no norte da Itália, em uma família de banqueiros que se dedicavam a emprestar dinheiro em troca de juros elevados. Na sua *Divina comédia*, Dante coloca o pai de Enrico, Reginaldo degli Scrovegni, no sétimo ciclo do Inferno, destinado aos agiotas. Antes, no Canto XI, o poeta solicita a Virgílio que lhe explique por que a cobrança de juros é tão nociva. O poeta esclarece:

"Tornando ao que disseste, expliques peço,
Por que motivo, Mestre, usura ofende
A divina bondade em tanto excesso". —

"Filosofia" — disse — "quem a atende
Tem demonstrado, quase em toda parte,
Que a natureza a sua origem prende

"Do divino intelecto e da sua arte.
Da Física em princípio hás conhecido
Preceito, que hei mister recomendar-te:

Que é da vossa arte ir sempre que há podido
Após natura — à mestra obediente; —
Neta de Deus chamá-la é permitido.

"Da natureza e da arte, se tua mente
O Gênese em começo lembra, colhe
O seu sustento e haver a humana gente.

"Usura bem diversa estrada escolhe
Natura e a aluna sua menospreza,
Esperança e cuidado e mal recolhe."[16]

---

16   Dante Alighieri, *A divina comédia*, Rio de Janeiro, Editora Nova Fronteira, 12ª ed., 2019. Tradução de Xavier Pinheiro. No original: *"[...] Ancora in dietro un poco ti rivolvi", / diss' io, «là dove di' ch'usura ofende / la divina bontade, e 'l groppo solvi". // "Filosofia", mi disse, "a chi la 'ntende, / nota, non pure in una sola parte, / come natura lo suo corso prende // dal divino 'ntelletto e da sua arte; / e se tu ben la tua Fisica note, / tu troverai, non dopo molte carte, // che l'arte vostra quella, quanto pote, / segue, come 'l maestro fa 'l discente; / sì che vostr' arte a Dio quasi è nepote. // Da queste due, se tu ti rechi a mente / lo Genesì dal principio, convene / prender sua vita e avanzar la gente; // e perché l'usuriere altra via tene, / per sé natura e per la sua seguace / dispregia, poi ch'in altro pon la spene.*

CAPPELLA DEGLI SCROVEGNI, NA ITÁLIA, COM AFRESCOS DE GIOTTO (1305)

Dante, primeiro, qualifica a arte como neta de Deus. Depois, diz que o sustento deve advir apenas da natureza e da arte, sendo a cobrança de juros uma condenável exploração do outro.

Na Idade Média, para os cristãos, o mútuo de dinheiro a juros consistia em pecado. O III Concílio de Latrão, de 1179, excomungou aqueles que emprestavam dinheiro assim. Mais ainda, a mera argumentação acerca da natureza pecaminosa do empréstimo a juros foi considerada uma heresia pelo Concílio de Viena, ocorrido em 1311-1312.

Por essa razão, Dante indica que o pai de Enrico está no Inferno para ser eternamente punido, ficando exposto a uma chuva de fogo incessante em um fervente deserto.

Visando a expiar seu terrível pecado, Enrico comissionou um grande artista da época, Giotto di Bondone (1267-1337) – simplesmente conhecido como Giotto, numa possível corruptela de Angelo ou Ambrogio –, para pintar uma capela para sua família, na qual se registraria a vida de Jesus e de sua mãe.

Giotto, amigo de Dante, nascera nas cercanias de Florença e havia trabalhado na basílica de Assis. Embora assistente de Cimabue, adquiriu um estilo próprio. Na capela de Pádua, o resultado do trabalho foi fenomenal – e, de certa forma, revolucionário.

Até então, a arte italiana não passava de uma imitação da bizantina. Assim fora durante os últimos cinco séculos. Giotto mudaria o rumo da história da arte. Superava-se a visão figurativa medieval.

A capela, consagrada em 1305, é como uma pequena capela Sistina. Giotto, embora tenha mantido a temática religiosa que dominara a Idade Média, quebra as regras em dois importantes aspectos. Do ponto de vista técnico, estabelece os primeiros conceitos de perspectiva. Com efeito, nas representações bizantinas que serviam como referência à época, não havia a ideia de espaço, como bem se pode ver nos mosaicos de Ravena. O campo bidimensional da perspectiva tornava a pintura mais realista. A profundidade permitia que a figura respirasse. Além disso, Giotto pintou os personagens bíblicos de modo comum, fugindo das idealizações. As figuras bíblicas são humanizadas. Não há mais hierarquia na representação, ao contrário do que acontecia antes, quando os personagens mais relevantes, como Jesus e Nossa Senhora, sempre apareciam em uma dimensão superior.

A história, como facilmente se nota, é exposta de forma tangível, próxima ao espectador. Dessa forma, quem via a vida de Jesus e de Maria daquela forma sentia-se parte integrante dela.

Uma das mais famosas representações de Giotto trata do momento em que Judas, com um beijo, indica aos guardas quem seria Jesus. Com um beijo, Jesus é traído. Pode-se notar com clareza a tentativa, embora ainda não absolutamente perfeita, de estabelecer a dimensão da cena, com as figuras mais ou menos próximas – porém todas do mesmo tamanho. São pessoas como outras quaisquer.

O BEIJO DE JUDAS, DE GIOTTO (1304-1306)

Naturalmente o tema da ganância também teve de se fazer presente na capela de Pádua. Afinal, a obra fora encomendada precisamente para expiar o pecado da usura. No lado norte da capela, com alguma proeminência, retrata-se o momento em que Judas recebe seu pagamento por ter traído o Cristo. Ao lado do ombro do traidor, vê-se um demônio negro. Do mesmo modo, numa terrível concepção do Juízo Final, os usurários aparecem enforcados com suas próprias bolsas penduradas nas cordas.

Em outro afresco, Giotto pinta o beijo na boca de Joaquim e Ana. Trata-se de um beijo fervente, no qual os rostos do casal se unem de forma indissociável, numa demonstração de afeto particularmente humana. Não se pintavam beijos daquela forma.

Para escapar da pecha de agiotas, a família Scrovegni dedicou sua capela à Virgem da Caridade. A pequena construção, comissionada por um usurário que desejava expiar seu pecado, representou um salto no desenvolvimento da pintura. A arte, aqui, funcionava como remissão. Quitavam-se os pecados.

JOAQUIM E ANA ENCONTRAM-SE NO PORTÃO DOURADO, DE GIOTTO (1304-1306)

 Dante visitou Giotto em Pádua enquanto este elaborava os afrescos da capela. Por conta da amizade com o poeta e de sua própria fama, o pintor é referido na *Divina comédia*. A partir de 1334, porém, Giotto passou a se dedicar apenas à arquitetura. Coube a ele projetar o campanário da Catedral de Florença.

AS CATEDRAIS E O DIREITO ROMANO

Em função das Cruzadas (1095-1291), a Europa se aproximou de Bizâncio e do Oriente Próximo. Os árabes cultos conheciam a obra de filósofos da Grécia clássica como Aristóteles, até então ignorados pelos ocidentais. Surgem, então, as primeiras traduções dessas obras para o latim, e com elas cresce o interesse em estudar esses textos, mananciais de conhecimento.

O mundo jurídico, principalmente a partir do século XII, sofreu também uma alteração sensível, notadamente pelo desenvolvimento do estudo do direito romano, que ficara relegado durante a Alta Idade Média. Perceberam-se a importância e a sofisticação daquelas regras que, outrora, na vigência do Império Romano, regularam toda a Europa. O direito passou a ser apreciado como ciência.

Gradualmente, o direito consuetudinário foi substituído pelo direito romano, recebendo a qualificação de "direito comum". Ao mesmo tempo, concentrou-se o poder do imperador, diminuindo-se a força dos senhores feudais. Promoveu-se a segurança jurídica, e com isso abriu-se espaço para o ressurgimento do comércio. As cidades floresceram.

Por volta do século XIII, despontam centros urbanos com maior relevância. A arquitetura se aprimora, permitindo a construção de edifícios mais altos, notadamente pelo uso do arco quebrado – a ogiva. O estilo românico, com o arco simples, cede para o gótico. Enquanto o romanesco marca a era dos mosteiros, o gótico domina o tempo das catedrais. Com essa arquitetura, surge a possibilidade de se criarem mais espaços, com grandes vãos.

Sobretudo nos séculos XII e XIII, assiste-se ao apogeu do direito canônico, que exerce acentuada influência nos demais ramos do direito. A força da Igreja se faz sentir em todas as manifestações da sociedade.

Nesse momento, edificam-se as catedrais em cidades relevantes. As igrejas espelhavam o orgulho de uma comunidade. Pode-se dizer que a construção das catedrais se encontra intimamente relacionada ao crescimento das cidades. Os prédios subiam com a força econômica dos habitantes das comunidades.

Não há grandes construções religiosas anteriores ao ano 1000. Entre 1140 e 1190, contudo, surgem catedrais como Saint-Trophime, em Arles, Saint-Denis e boa parte da Notre-Dame de Paris. Em seguida, entre 1190 e 1220, foram construídas as catedrais de Chartres, Amiens, Reims e Bourges. Para decorar seus grandes portais, suas ombreiras e colunas, as esculturas apresentavam um estilo novo, logo associado ao gótico. As imagens eram longilíneas, preocupadas em se assemelhar à realidade, distanciando-se, assim, dos ícones.

CATEDRAL DE ESTRASBURGO, NA FRANÇA

Um bom exemplo é a catedral de Estrasburgo, iniciada em 1015, embora concluída apenas séculos depois. Os santos são alongados porque, no conceito gótico, a cabeça deveria estar para o corpo na proporção de um para oito. Isso diferia do modelo clássico, no qual a proporção era de um para sete. Dessa forma, as figuras são esguias, alongadas idealmente para que se direcionassem aos céus.

A ANUNCIAÇÃO, DE SIMONE MARTINI E LIPPO MEMMI (1333)

A "Anunciação" era um dos temas preferidos dos pintores do final da Idade Média. A clássica cena retrata o momento em que o arcanjo Gabriel informa a Nossa Senhora — "Ave, Maria, cheia de graça" — que ela dará à luz o Filho de Deus. A Virgem está grávida e tem seu primeiro contato direto com o divino.

Diversos pintores fizeram suas versões desse momento. Em 1333, Simone Martini (1284-1344), dileto discípulo de Giotto, faz um díptico, em parceria com Lippo Memmi (1291-1356), destinado ao altar de santo Ansano na catedral de Siena. Desde 1799, a obra se encontra em Florença, na Galleria degli Uffizi – seria o primeiro altar no ocidente dedicado ao tema.

As figuras, seguindo a tradição gótica, são retratadas de forma delgada, abaixo de três arcos. O arcanjo ajoelhado carrega um ramo de oliveira, simbolizando a paz. A ondulação do manto nos transmite a ideia de que ele acaba de pousar, vindo do céu. Claramente, a Virgem, sentada num trono, mostra receio, mas ao mesmo tempo lê – Nossa Senhora tem um livro nas mãos – as escrituras, nas quais se encontra profetizada, em Isaías, a chegada do Messias. Ao lado da Virgem, há um vaso de lírios, absolutamente brancos. Era uma tradição colocar a flor-de-lis nas representações da Virgem. Entretanto, como o lírio era também a flor símbolo da cidade de Florença, Simone Martini preferiu tirá-la da mão do arcanjo, que segurava apenas a oliveira, símbolo de Siena.

Do ponto de vista técnico, Martini se vale da pintura a têmpera sobre madeira, que exigia rapidez do executor. Esteticamente, afasta-se do modelo românico.

Os artistas passavam a adotar recursos técnicos mais elaborados, em vez de pintar ou esculpir apenas por instinto. Num paralelo com o mundo jurídico, o homem procurava formas confiáveis, que pudessem orientar suas atividades.

Na Itália, a transição do gótico para o Renascimento sofreu um severo revés pela irrupção da peste negra, que varreu aquele país. A praga levou artistas promissores, como os irmãos Lorenzetti. Foi necessário saltar uma geração para reiniciar de onde Giotto havia parado.

Enquanto isso, no norte da Europa, mais especificamente nos Países Baixos, desenvolve-se a pintura a óleo, que permite ao artista produzir uma miríade de cores e de tonalidades, bem como apresenta uma plasticidade superior. Rogier van der Weyden (1400-1464) e Jan van Eyck (1390-1441), são os percussores e os expoentes do movimento.

Até o século XIII, os julgamentos não eram fundamentados. Na maioria dos casos, sequer recebiam registro. Dali em diante, passa-se a considerar importante haver uma fundamentação racional e com bases jurídicas, além do apontamento das decisões.

Isso representava um salto gigantesco. Os juízes eram, naquele contexto histórico, nomeados pelos príncipes e, logo, uma extensão de seu poder. Ao se propor a fundamentação das decisões, reduzia-se o poder dos senhores feudais, pois se dificultava o arbítrio. Prevaleciam as regras de direito.

A garantia absoluta de fundamentação das decisões dos tribunais apenas se estabeleceu mais tarde, no final do século XVIII. Contudo, o entendimento de que a justiça se fazia quando o jurisdicionado conhecia os motivos da decisão data de alguns séculos antes.

A relativa liberdade artística que se vê na anunciação de Simone Martini também se sente no mundo jurídico. Aparece, a partir dos estudiosos do direito em Bolonha, a precursora escola dos glosadores, iniciada por Irnério (1050-1125), alcunhado de "Archote do Direito" exatamente por ter trazido luzes ao seu estudo.

O nome *glosadores* deriva do fato de que esses estudiosos escreviam seus comentários, ou seja, suas "glosas", ao lado dos textos romanos clássicos. Esses juristas marcaram o avanço da disciplina jurídica, sobretudo porque garantiram uma apreciação atualizada do direito romano. O fenômeno passava a ser tratado como ciência.

A LICITAÇÃO QUE MUDOU O RUMO DA ARTE:

A DISPUTA ENTRE BRUNELLESCHI E GHIBERTI PELAS PORTAS DO BATISTÉRIO DE FLORENÇA (1400)

O batistério de Florença, na Itália, foi construído entre 1059 e 1128. Erguido em frente à catedral da cidade, ao lado do campanário desenhado por Giotto, foi consagrado a são João Batista. Embora em formato octogonal, são apenas três os portões que lhe dão acesso: o do norte, por onde entravam as pessoas prestes a receber o batismo, o do sul (de frente para a catedral), pelo qual entrava o clero, e, finalmente, o do lado leste, o chamado "Portão do Paraíso", pois nele apenas passava quem já havia sido batizado.

O primeiro dos portões do batistério de Florença, que se abre para o sul, foi finalizado em 1338 por Andrea Pisano (1290-1348). Este fundira vinte painéis de bronze, com figuras tridimensionais, tomando por tema a história de são João Batista. A porta norte, porém, era a mais importante, mas precisava ser ainda adornada.

No começo do século XV, mais especificamente em 1400, quando França e Inglaterra já se haviam unificado e a Itália, ao revés, ainda era constituída por pequenas cidades-Estado sob forte influência da Igreja, a mesma Florença viu-se sob risco de ser invadida pelo poderoso duque de Milão, Giangaleazzo Visconti.

As tropas milanesas chegaram aos muros da cidade, mas, por sorte dos florentinos, o duque Visconti faleceu subitamente. Com isso, a campanha cessou. Florença estava salva. Tal fato foi interpretado pelos florentinos como um ato da justiça divina, que prestigiou a cidade na qual se defendiam os direitos civis.

Logo após esse feliz evento, ali se deu uma das mais conhecidas licitações da história do mundo artístico, inserida no orgulho dos florentinos pela sua cidade. Pretendia-se eleger, por meio de concurso patrocinado pela Arte di Calimala – a guilda dos negociantes de roupas e tecidos finos –, quem faria as portas do lado norte do batistério de Florença.

A Calimala era uma corporação poderosa, uma das sete que controlavam o comércio de Florença entre os séculos XII e XIV. Mais precisamente, Florença contava com 21 guildas, das quais 14 eram consideradas menores e as outras sete, maiores. Essas guildas eram importantes financiadoras de artistas.

A competição ocorreu em 1401. Escolheu-se o Antigo Testamento como tema das portas ao norte do batistério. Cada candidato recebeu quatro placas de bronze, medindo 43 centímetros de comprimento e 33 centímetros de largura, além de 34,1 quilos de bronze. Nas placas, deveriam representar um mesmo tema extraído do Antigo Testamento: o sacrifício de Isaac.

O sacrifício de Isaac constitui uma das passagens mais dramáticas do texto veterotestamentário. Deus ordena a Abraão que sacrifique seu filho Isaac (um filho amado e muito desejado, já que a esposa de Abraão era tida

SACRIFÍCIO DE ISAAC, DE FILIPPO BRUNELLESCHI (1401)

por estéril quando de sua concepção). Demonstrando sua absoluta devoção e respeito a Deus, Abraão se dispõe a matar Isaac. No último instante, contudo, Deus informa que Abraão não precisa seguir adiante com a imolação humana (em vez de Isaac, mata-se um carneiro) e que sua fé quedara provada. Trata-se, em rigor, de uma representação mitológica de um importante momento da civilização, na qual se abole o sacrifício humano, além de uma absoluta demonstração de fé.

Os concorrentes tinham um ano para executar a tarefa. Um ano não era um prazo longo, pela dificuldade de se modelar o bronze. A missão foi entregue em 1402.

Diversos candidatos se apresentaram, muitos deles renomados, como Jacopo della Quercia e Donatello, porém os finalistas foram Filippo Brunelleschi (1377-1446) e Lorenzo Ghiberti (1381–1455), ambos com apenas pouco mais de vinte anos de idade.

Os detalhes e o desfecho desse concurso tiveram enorme impacto na história da arte.

Tanto Brunelleschi quanto Ghiberti procuraram os modelos clássicos. Na proposta de Brunelleschi, registra-se o momento no qual o anjo segura o braço de Abraão, impedindo-o de sacrificar o filho. Revelando sua bagagem de conhecimento bíblico, a escultura apresenta o carneiro, o burro e outros elementos da história. Isaac tem uma postura passiva, aceitando seu destino.

Brunelleschi inclui, no canto de seu modelo, um rapaz retirando um espinho do pé. O "Espinário" era uma cena famosa, datada do século I antes da era cristã. Ao fazer uma clara referência à escultura clássica, Brunelleschi remetia-se à Antiguidade. Era seu objetivo explícito fazer essa homenagem, refletindo o espírito da Renascença.

A versão de Ghiberti tinha mais vida. Nela, Abraão apontava seu punhal para a garganta de seu filho Isaac, que, com dorso despido, se colocava em postura corajosa. Isaac confronta o pai. A ação, portanto, é mais tensa.

THE METROPOLITAN MUSEUM OF ART

ESPINÁRIO

SACRIFÍCIO DE ISAAC, DE LORENZO GHIBERTI (1401)

PORTA NORTE DO BATISTÉRIO DE FLORENÇA

Além disso, ao contrário de Brunelleschi, Ghiberti não havia recebido, até então, outras grandes encomendas. Tampouco pertencia à guilda dos ourives ou dos escultores. Era claramente o azarão. Entretanto, adotou uma postura política durante o concurso. Levava moldes aos jurados, a quem pedia conselhos. Colheu opiniões. Ghiberti alterou seus modelos para atender pedidos. Brunelleschi, diferentemente, trabalhou isolado.

Até hoje, discute-se como se deu o resultado do certame. Para alguns, simplesmente Ghiberti foi declarado o vencedor – segundo a lenda, porque se aproximou dos julgadores. Para outros, deu-se empate, mas Brunelleschi se recusou a trabalhar em conjunto com o rival. Há até quem sustente, sem, entretanto, provas históricas, que Brunelleschi abandonou a competição depois que viu o trabalho de seu adversário. Sabe-se que o tema foi largamente debatido pelos florentinos de então. O certo é que Ghiberti foi contratado para realizar a empreitada. Levou 21 anos para completar seu trabalho. Ao fim, as portas pesavam dez toneladas. O resultado maravilha quem vê os portais do batistério florentino.

Brunelleschi, desolado com a derrota, jamais esculpiu novamente. Passou um tempo longo em Roma, na companhia de Donatello, apreciando as ruínas da cidade. Decidiu dedicar-se apenas à arquitetura.

Anos mais tarde, em 1418, a cidade de Florença iniciou outro concurso público:

> Quem deseje apresentar qualquer modelo ou projeto para a cúpula principal em construção pela Opera del Duomo, seja para armação, andaimes ou outras coisas, ou qualquer aparelho para elevação de cargas relativo à construção e à perfeição da mencionada cúpula ou abóbada, deve fazê-lo antes do final do mês de setembro. Se o projeto vier a ser utilizado, a pessoa terá direito a um pagamento de duzentos florins.

A catedral, cuja construção se iniciara em 1296, estava quase concluída. Tratava-se da maior igreja do mundo na época. Havia, contudo, um problema fundamental: seu teto permanecia aberto, com um vão octogonal de 41 metros de diâmetro, onde se deveria erigir uma enorme cúpula. Ocorre que até então não se dominava a forma de finalizar uma construção com essa complexidade e magnitude. Para tornar ainda mais complexa a tarefa, foi proibido, no concurso, o uso de arcobotantes, que poderiam dar uma sustentação maior à construção.

Dessa vez, Brunelleschi venceu o certame. Ele idealizou e construiu a cúpula da Santa Maria del Fiore, a catedral de Florença. Concluída em 1434, a cúpula do edifício é um assombro. Trouxe uma série de novidades na arquitetura, inclusive a ideia de executar duas cúpulas leves, uma por cima da outra. Em vez das agulhas góticas, a cúpula do Duomo florentino é arredondada. Suas curvas abraçam a cidade. Trata-se da maior do gênero e, até hoje, desafia especialistas.

Mais adiante, em 1425, Ghiberti, agora já sem concurso, recebe a designação de elaborar o portão sul do batistério. O resultado impressionou tanto que se decidiu colocar os novos painéis no portão leste, o principal, removendo o trabalho de Pisano para a porta sul do edifício. A nova escultura de Ghiberti passou a ser, segundo Michelangelo, a verdadeira "Porta do Paraíso".

O artista estava tão seguro de sua importância que chegou a esculpir ali sua própria imagem. Ter seu rosto gravado na obra era um grande feito para a arte, pois se tratava de um reconhecimento da importância do autor. Michelangelo se colocara na capela Sistina como um corpo deformado. Caravaggio viria a fazer isso com frequência. O diretor de cinema Alfred Hitchcock, da mesma forma, criava cenas em que pudesse, por alguns segundos, aparecer como figurante em seus filmes.

MOISÉS RECEBENDO AS TÁBUAS DA LEI, DE LORENZO GHIBERTI

Ghiberti produziu dez grandes painéis com cenas do Antigo Testamento. Entre eles, um registra o momento no qual Moisés recebe os Dez Mandamentos de Deus. Tal como Hamurabi, a lei é entregue pelo divino.

Havia nisso uma mensagem subliminar da Igreja: a lei de Deus era superior à lei dos homens. Sequer admitia algum questionamento humano. Ao mesmo tempo, a peça revela as pessoas em alvoroço e o caos reinando enquanto não existe lei. A norma, portanto, tem enorme relevância como elemento de pacificação social.

O SACRIFÍCIO DE ISAAC, DE LORENZO GHIBERTI

Nessa mesma oportunidade, Ghiberti volta ao tema do sacrifício de Isaac. Desta vez, Isaac assume a posição passiva, exatamente como imaginado, anos antes, por Brunelleschi.

PORTA LESTE DO BATISTÉRIO DE FLORENÇA

O HUMANISMO

No século XIV, um grupo de estudiosos se autodenominou "humanistas". Embora religiosos, pretendiam recuperar a sabedoria existente nas *literae humaniores*, ou seja, nos escritos humanos – nos trabalhos clássicos em grego e latim. Eles se dedicavam a encontrar e traduzir documentos antigos e, até então, pouco divulgados. Talvez o mais famoso desses humanistas tenha sido um poeta: Francesco Petrarca (1304-1374). Trata-se, segundo se crê, do inventor do soneto. Foi ele também quem cunhou a expressão "Idade das Trevas" para se referir à Idade Média. Petrarca, formado em direito em Bolonha, falava em trevas para distinguir o passado daquele novo tempo que os humanistas pretendiam iniciar, iluminado como seria pelo conhecimento.

Pela poesia, Petrarca abriu caminho para o Renascimento, termo que também ele suscitou para expressar o que ocorria. O homem tinha curiosidade de aprender, e a curiosidade não admitia barreiras ou preconceitos. Ao contrário, exigia liberdade.

Gregos e romanos escreveram não apenas sobre direito, mas também tratados de filosofia, história, biologia, arquitetura, arte, literatura, entre outros temas. A tradução e a discussão desses incríveis textos da Antiguidade fascinaram os intelectuais e artistas — assim como o fazem até hoje. Porque era desejo dos humanistas reviver o período áureo da Antiguidade, criam que deveriam repetir os clássicos, esquecendo os modelos então em voga, oriundos da Idade Média.

Estabeleceu-se, pois, um novo modelo intelectual, intitulado *studia humanitatis*. Nele, estimulavam-se a literatura, a história – de modo especial a filologia –, a ética e a oratória. Nas artes, foram eleitas as três grandes formas: pintura, escultura e arquitetura.

Um bom exemplo que espelha esse movimento é Leon Battista Alberti (1404-1472). Alberti se qualificava como jurista – formou-se em Bolonha –, pintor e escultor. Seu lema era *Quid tum?*, ou seja, "o que há a seguir?", tendo em vista sua ânsia pelo conhecimento.

O mais conhecido aspecto do Renascimento, como se sabe, é o artístico. Todavia, há enorme discussão acerca dos limites temporais do movimento. De toda forma, admite-se, segundo razoável consenso, dividi-lo em duas fases: a primeira iria de meados até o final do século XV, com Botticelli, Masaccio, Donatello e Brunelleschi; na segunda, também chamada de Alto Renascimento, brilharam, entre outros, Leonardo da Vinci, Michelangelo e Rafael Sanzio. Essa fase teve fim pouco antes da metade do século XVI.

De seus diversos aspectos formidáveis, os artistas do Renascimento possuíam uma consciência peculiar. Com efeito, os próprios participantes do movimento, a partir de Petrarca, se autoqualificaram renascentistas, cunhando o termo mesmo que os designaria. Eles compreendiam a sua importância histórica.

Na Itália, em 1440, Donatello apresenta seu *David* em bronze, possivelmente a primeira estátua de um homem nu fundida desde os tempos romanos, na chamada Antiguidade clássica. Na Idade Média, e até então, não se admitia a representação de alguém desnudo. A pequena estátua de Donatello, portanto, era revolucionária.

DAVID, DE DONATELLO (1440)

O herói bíblico Davi sempre esteve associado a Florença. Florença, afinal, assim como Davi, era pequena, em especial se comparada à sua rival Milão. No entanto, também a exemplo do relato bíblico de Davi, Florença havia prevalecido, isto é, também derrotara seu "Golias".

Donatello moldou um *Davi* desnudo. Tratava-se, é claro, de uma transgressão. Até mesmo porque o *Davi* de Donatello parece sutilmente afeminado. Dava-se início, ali, a um movimento que pretendia rever as glórias de um passado clássico.

Donatello, Masaccio e Filippo Brunelleschi foram os primeiros grandes artistas renascentistas. A geração seguinte, com Sandro Botticelli (1445-1510), teve mais ousadia: abandonou os temas bíblicos para representar também figuras da mitologia grega e romana. Botticelli, ao pintar *O nascimento de Vênus* (1483), deixa para trás as referências religiosas judaico-cristãs para se dedicar a um tema pagão. Os artistas haviam conquistado liberdade para ampliar seu repertório.

O NASCIMENTO DE VÊNUS, DE SANDRO BOTTICELLI (1483)

No ano em que Botticelli apresenta *O nascimento de Vênus*, nasce Rafael Sanzio (1483-1520). Rafael, entre 1509 e 1511, pinta o panteão dos filósofos gregos clássicos – *A escola de Atenas* –, com Platão e Aristóteles à frente, na Stanza della Segnatura, no Vaticano.

Naquele epicentro sagrado, onde o papa, líder do catolicismo, despachava, não haveria referência a um tema religioso. Rafael reproduzira filósofos pagãos, todos dotados de enorme sabedoria. Platão aponta para cima, enquanto a mão de Aristóteles refere-se para baixo. Platão remete ao mundo ideal, ao passo que Aristóteles, segurando seu livro *Ética* – com as regras da conduta moral –, se dirige ao mundo sensível, terreno. Na grande pintura, que ocupa toda a parede da sala, Rafael retrata uma plêiade de pensadores: Pitágoras, Sócrates, Diógenes, Zenão, Euclides, entre muitos outros. Todos discutem suas ideias. A obra funciona como poderosa alegoria do mundo dos pensamentos.

ESCOLA DE ATENAS, DE RAFAEL (1509-1511)

No século XVI, os Estados se fortalecem. Cresce o poder do monarca, que centraliza a justiça e estabelece uma máquina estatal burocrática, com grande número de funcionários, num modelo da estrita hierarquia.

Esses poderosos reis e príncipes se cercam de artistas. Todo o Renascimento passa pelo mecenato de soberanos ricos, ansiosos por cobrir suas respectivas cortes de opulentas obras de arte, que sinalizassem sua sofisticação.

No emblemático ano de 1500, Albrecht Dürer (1471-1528) pinta um autorretrato no qual se apresenta como Jesus. De pronto, é notável que o artista se coloque como objeto de seu trabalho. O artista estabelece sua importância – até há pouco, na Idade Média, as obras de arte sequer eram assinadas – e cultua sua individualidade.

Sandro Botticelli (1445-1510), em *A adoração dos Magos* (1485), também se retrata, olhando fixamente para quem aprecia seu quadro. O mesmo fez Rafael, em sua famosa *Escola de Atenas*. Rafael se coloca no meio daqueles gênios do passado, mirando diretamente o espectador. Há quem defenda, ainda, que Rafael pinta nesse quadro seu contemporâneo Michelangelo, como se fosse o filósofo Heráclito, e que fez seu Platão com a imagem de Leonardo da Vinci. Quem sabe?

A ADORAÇÃO DOS MAGOS, DE SANDRO BOTTICELLI (1485)

AUTORRETRATO USANDO UM MANTO COM GOLA DE PELE, DE ALBRECHT DÜRER (1500)

DETALHE DA OBRA *ESCOLA DE ATENAS*

Ao assumir um papel, o homem podia questionar sua posição e todo o modelo de sociedade. De forma mais prática, admitia-se que debatesse o papel da Igreja, naquele momento a maior fonte de regras sociais. A Reforma Protestante, liderada por Lutero, iniciada em 1517, só foi possível porque o homem adotou uma postura reativa diante da vida.

Outra importante onda de mudanças estava por vir com os pintores venezianos Ticiano (1490-1576) e Tintoretto (1518-1594), que exploraram mais as cores e a disposição das representações na tela. Um bom exemplo encontramos em duas representações da Última Ceia, isto é, da passagem bíblica na qual se narra a derradeira refeição de Jesus com seus discípulos antes de sua Paixão e Morte.

Leonardo da Vinci, em seu conhecidíssimo quadro sobre o tema, oferece um cenário estático, no qual Cristo e seus discípulos se apresentam, sentados, todos do mesmo lado da mesa, como se estivessem posando para o pintor.

Da Vinci pintou sua Ceia entre 1495 e 1496. Quase cem anos depois, em 1594, a mesma cena foi trabalhada por Tintoretto, que vem a falecer naquele mesmo ano. Na Última Ceia de Tintoretto, a dinâmica se revela completamente distinta. Para começar, a mesa é colocada na transversal do quadro, ao

A ÚLTIMA CEIA, DE LEONARDO DA VINCI (1495-1496)

contrário da mesa linear de Da Vinci. Há, ainda, um movimento totalmente diverso nas duas imagens. Uma parece ser uma foto, enquanto a outra se assemelha a um filme. A cena em Tintoretto – seu nome significa "pequeno tintureiro", por conta da profissão de seu pai – é viva, mais iluminada e colorida. O grupo parece flutuar.

Essas transformações eram também sentidas no mundo do direito. Os textos jurídicos precisavam ser revistos. É conhecida a passagem de Lorenzo Valla (1407-1457), professor de letras da Universidade de Pavia que, em 1433, afirmou preferir o latim de uma única página de Cícero, político e pensador romano do primeiro século antes de Cristo, ao latim de todas as obras do jurista Bártolo (1313-1357), escritas de forma prolixa e despidas de estilo. Os juristas, a partir de então, como Guillaume Budé (1467-1540) e Andrea Alciato (1492-1550), promovem uma revisão dos livros romanos, a fim de trazê-los ao seu tempo.

Data de 1518 a publicação da primeira edição impressa do *Corpus juris civilis*. Isso permitiu que um número muito maior de pessoas tivesse acesso à monumental obra, aumentando a massa crítica. A partir daí, o estudo do direito romano clássico proliferou e ganhou grandes expoentes, como o francês Jacques Cujas ou Cujácio (1520-1590), professor da Universidade de Paris.

A ÚLTIMA CEIA, DE TINTORETTO (1594)

Em 1532, vem à luz *O príncipe*, de Nicolau Maquiavel (1469-1527). A obra fora escrita pouco menos de duas décadas antes, em 1513. Quando publicada, seu autor já havia falecido. O trabalho foi dedicado a Lourenço II de Médici (1492-1519), de quem Maquiavel buscava ganhar a confiança.

O príncipe é um tratado racional sobre a forma de governar. Não se retrata o soberano como um mero favorecido da fortuna, mas como um homem dotado de inteligência. O êxito de sua gestão dependerá essencialmente de sua excelência para governar.

Maquiavel racionalizava a política. O chefe do Estado deveria revelar-se virtuoso, e a administração pública ganhava *status* de arte – a arte de governar. O destino do soberano, portanto, assim como o destino das pessoas, era construído pelos seus atos. O homem assume o papel proeminente.

DIREITO E ARTE NA RENASCENÇA:
UMA QUESTÃO DE INTERPRETAÇÃO

Não se pode compreender em plenitude o movimento renascentista sem observar que, em 1453, Constantinopla, a capital do Império Bizantino, foi conquistada pelos muçulmanos. Havia, naquela cidade, um grande número de intelectuais cristãos que, com a invasão dos otomanos, fugiu para a península itálica, em especial para a região de Florença. Em menor escala, também emigraram para Veneza. Novas ideias e informações chegavam a Florença, emprestando um ar cosmopolita à cidade. O grego passou a ser mais conhecido, proporcionando a leitura de obras clássicas até então esquecidas. Uma enorme porta, como vimos, se abria, permitindo o ingresso da luz.

Além disso, em 1455, Gutenberg apresenta a sua Bíblia. Ele havia desenvolvido a impressão com caracteres móveis. Com isso, livros poderiam ser publicados de forma muito mais simples, e assim tornaram-se mais acessíveis. As pessoas passaram a ter livros e a lê-los, o que era raríssimo antes do desenvolvimento da prensa. Como consequência, as pessoas passaram a chegar às suas próprias conclusões, a partir da interpretação mesma do que liam.

Também nesse período chegou ao fim a Guerra dos Cem Anos (1453) entre franceses e ingleses. Na Itália, celebrou-se o Tratado de Lodi (1454), que deu fim ao conflito entre Milão e Veneza e garantiu a paz na península itálica.

Todos esses acontecimentos eram alvissareiros. Acima de tudo, funcionavam como contraponto às dificuldades enfrentadas pelos europeus em sua história recente. Já se mencionou que a peste negra devastara a Europa entre 1343 e 1353, dizimando mais de um terço de sua população total. Em 1399, o rei inglês Ricardo II fora deposto por um golpe palaciano. O papado se encontrava dividido, exilado em Avignon. Esperava-se que esse período tenebroso tivesse ficado para trás.

Ao mesmo tempo que o Renascimento surgia na Itália com o desenvolvimento mais livre das artes, havia um movimento semelhante nos Países Baixos, onde hoje se situam a Holanda e a Bélgica. Talvez a maior diferença entre o Renascimento italiano daquele ocorrido nos Países Baixos esteja em que no do norte da Europa os artistas não tinham por objetivo reviver os modelos gregos e romanos clássicos. Nos Países Baixos, preocupava-se em atingir um realismo tornado possível com o desenvolvimento da pintura a óleo. Um dos maiores expoentes desse Renascimento foi Jan van Eyck, estabelecido em Bruges.

A pintura a óleo permitiu aos pintores holandeses expor sua técnica de forma ampla, com riqueza de detalhes. A técnica diferia daquela usada pelos italianos da mesma época. Na Itália, conhecia-se apenas a pintura a têmpera – os pigmentos eram misturados com algum aglutinante, geralmente clara do ovo e cola. Ao pintar deste modo, o artista deveria agir rapidamente, antes que o aglutinante secasse. Além disso, pela natureza da substância, era im-

O CASAL ARNOLFINI, DE JAN VAN EYCK (1434)

possível reproduzir os detalhes como o óleo admitia. Em seu caso específico, Van Eyck parecia pintar com um só fio do pincel.

Em 1434, Jan van Eyck registra o mercador Giovanni di Nicolao Arnolfini, natural de Lucca, rica cidade da Toscana, com sua mulher.

Giovanni também vivia em Bruges, na atual Bélgica, como representante comercial de sua família. Em 1426, se casou com uma italiana, Costanza Trenta, mas esta faleceu em 1433, antes, portanto, da confecção do famoso quadro. Com a morte da primeira mulher, Giovanni desposou Giovanna Cenami. O quadro registra esse seu segundo casamento. A arte servia para provar o ato – e foi enviada para a família do mercador, em Lucca.

O banqueiro segura a mão de sua esposa enquanto sua outra mão é erguida, simbolizando o juramento solene próprio a quem contrai o matrimônio. Giovanna retribui dando-lhe a mão, em claro sinal de concordância e, até mesmo, de submissão.

O trabalho, bem examinado, oferece significados diversos. Há apenas uma vela acesa no candelabro, expressando a presença de Deus. A mulher talvez estivesse grávida. Ela coloca a mão sobre seu ventre, protegendo o futuro herdeiro. Não sem razão, veste um longo vestido verde, cor da fertilidade. O quadro retrata o leito, fino e rebuscado, revelando a intimidade do casal.

Van Eyck pinta também um cão, símbolo da fidelidade. Na janela, coloca uma laranja, fruta incomum na época, para provar a raridade daquele enlace. Atrás do casal, encontra-se uma escova, a qual mostra limpeza e faz referência a santa Marta, padroeira das donas de casa (a escova também pode ser interpretada como referência a são Lucas, padroeiro dos pintores). Do outro lado do espelho, vê-se o terço – um rosário de cristal –, prova da devoção religiosa do casal. Além disso, o rosário era um típico presente de casamento, pois sugere a pureza e a virtude dos nubentes.

Os dois retratados estão descalços – e podem-se ver os tamancos de ambos. O pintor registrou ainda uma imagem de santa Margarida, protetora das grávidas e dos partos segundo a crença cristã. Acima de tudo, a pintura é marcada pelo olhar de aparente obediência da mulher e pela mão do marido, tudo a comprovar a condição deste como líder do casal.

Não foi por acaso que o banqueiro foi colocado ao lado da janela, ou seja, mais próximo à rua, enquanto sua noiva está junto à cama. Essa era a regra de conduta do casal: o homem era do mundo, enquanto a mulher pertencia ao lar.

Entre o casal, ademais, há um espelho, que os reflete de costas. Pelo espelho, pode-se ver que há duas pessoas presenciando aquele momento: um sacerdote e uma testemunha – o próprio pintor. O espelho, aliás, simboliza a pureza.

O desenho do espelho, por outro lado, também serve para que o artista demonstre sua extrema destreza: mede, ao todo, 5,5 centímetros e vem cercado por dez minúsculas cenas da Paixão de Cristo – plenas em detalhes, mas de tamanho diminuto.

O autor assina em cima do espelho. Naquela época, não era comum que o artista colocasse seu nome nos quadros. Nesse caso, lê-se: *Johannes van Eyck fuit hic 1434*, isto é, "Jan van Eyck esteve aqui em 1434". O artista enviava do passado uma mensagem ao futuro.

Essa tela foi propriedade da família real espanhola até, pelo menos, 1794. Sem que se saiba o motivo, a obra reaparece em Londres no ano de 1816. A explicação mais plausível é a de que, com a dominação francesa comandada por Napoleão, deu-se na Espanha o saque de dezenas de obras de arte. Os ingleses, por sua vez, interceptaram os franceses, tomando-lhes o carregamento dessas peças pertencentes ao acervo real espanhol. Assim, teria havido uma apropriação à força sobre bens que, por sua vez, foram também tomados indevidamente. Desde 1842, o quadro se encontra na National Gallery, em Londres.

Em 25 de abril de 1483, Leonardo da Vinci foi contratado pela confraria da Imaculada Conceição de Milão – um grupo de ricos irmãos leigos – para pintar, no período de sete meses, Nossa Senhora com o menino Jesus. O contrato no qual se estabeleceu o negócio era bem preciso: a Virgem Maria deveria trajar um vestido carmim, com brocados folheados a ouro, enquanto Jesus estaria cercado de anjos e junto a dois profetas.

Bem depois dos sete meses, Da Vinci entregou sua *Virgem das Rochas.* A confraria não aceitou a obra. Seguiu-se um longo litígio.

A rocha é um sinal de segurança, solidez. Jesus chama seu primeiro discípulo de Pedro, em clara referência à pedra. Há, além disso, a famosa parábola bíblica – constante nos evangelhos de Mateus (7:24-27) e de Lucas (6:46-49) –, na qual se ensina que a casa sólida deve ser construída sobre a pedra, a fim de que não seja facilmente destruída. Assim, a Nossa Senhora da Penha (ou das Rochas) era sinal, ao mesmo tempo, de segurança e acolhimento.

A confraria rejeitou a obra de Da Vinci sob o argumento de que o pintor havia fugido do tema. No quadro, o artista dera ênfase ao menino são João Batista. Colocara uma mão "ameaçadora" de Nossa Senhora sobre a cabeça do pequeno Jesus; inserira, na cena, um anjo com olhar enigmático, encarando o espectador. Em suma, criara uma atmosfera misteriosa, sombria, quando, ao se comissionar a obra, desejava-se somente receber um quadro que suscitasse a fé. As mãos de Nossa Senhora foram interpretadas como garras, enquanto aparenta proteger João Batista (especialmente a mão esquerda, ligeiramente maior, dando a ideia de que ela seria canhota, assim como Da Vinci). O anjo, por sua vez, apontava para são João, e não para o menino Jesus. Ademais, o anjo lança ao expectador um olhar provocador. São João Batista, padroeiro de Florença – santo de especial devoção de da Vinci –, ocupava o centro da composição.

Muito mais do que pelo descumprimento do prazo e das claras orientações contidas no contrato relacionadas ao conteúdo da obra, a confraria rejeitou a imagem pela interpretação que ela suscitava. Como se isso não

A ADORAÇÃO DOS MAGOS, DE LEONARDO DA VINCI (1481)

bastasse, passou a haver uma discussão quanto ao preço. Como Da Vinci recusou-se a refazer a pintura, iniciou-se um processo judicial, com o artista na posição de réu.

Da Vinci conhecia bem os trâmites judiciais. Seu pai fora tabelião e, por dever de ofício, deveria ser versado em direito e nas formas de solucionar um litígio.

Dois anos antes, em 1481, quando tinha 29 anos, Da Vinci havia aceito outra comissão. O pintor se obrigou a entregar ao mosteiro de São Donato, situado nas cercanias de Florença, uma obra retratando a adoração do menino Jesus pelos Reis Magos. A cena da adoração era muito popular, e o trabalho deveria ser entregue em trinta meses.

Como o jovem Leonardo tinha fama de não ser fiel cumpridor de suas obrigações, o contrato celebrado com o mosteiro foi cuidadosamente elaborado. O pai do pintor ajudou na redação do documento. Nele se previa que, caso a obra não fosse entregue no prazo ajustado, o mosteiro teria direito de confiscar a obra e nada pagar por ela.

A obra jamais foi terminada, embora seu famoso esboço tenha sobrevivido e, hoje, encante quem visita a Galleria degli Uffizi, em Florença. Da Vinci deixou Florença e partiu para Milão. O mosteiro, é claro, não pagou pela encomenda.

O caso, naturalmente, era muito diferente daquele da *Madona dos Rochedos*, no qual Da Vinci havia completado a obra. A confraria é que não aprovara o trabalho final, enquanto Da Vinci alegava que gastara mais no trabalho do que o preço da encomenda, em especial por conta do custo dos detalhes folheados de ouro. A discussão, portanto, era de outra natureza.

O litígio fez com que a obra jamais fosse entregue à confraria. A contenda só veio a se encerrar em 23 de outubro de 1508, 25 anos depois de seu início, quando Leonardo da Vinci entregou uma segunda versão da *Virgem dos rochedos*, bem mais ao gosto do cliente. Sabe-se, contudo, que a nova versão foi finalizada por Giovanni Ambrogio de Predis, um frequente colaborador do pintor. Na nova alternativa – menos delicada –, a Virgem figurava, sem qualquer dúvida, no centro da obra. João, por sua vez, segura uma cruz, tonando mais evidente a sua identificação. Na nova concepção, o artista coloca auréolas nos personagens santos, numa concessão a modelos antigos.

Os dois quadros ainda podem ser vistos: o primeiro, rejeitado, encontra-se no Louvre, em Paris. O segundo, na National Gallery, em Londres.

Muito já se disse acerca dessas duas versões sobre o mesmo tema – ambas lindas, da lavra da quintessência do gênio artístico.

MADONA DAS ROCHAS, DE LEONARDO DA VINCI (1483)

MADONA DAS ROCHAS, DE LEONARDO DA VINCI (1506)

A diferença entre ambas não se limita ao dedo do anjo. Olhar para elas poderia muito bem funcionar como um "jogo dos sete erros". Todavia, há muito mais do que apenas sutis distinções. Para os especialistas, a primeira versão, hoje no Louvre, revela de forma plena a genialidade do autor. Isso se dá até mesmo nas plantas registradas no quadro, que espelham uma extraordinária precisão geológica. O esmero na referência à vegetação, com rigores científicos, era uma das marcas registradas de Da Vinci. Não existe o mesmo cuidado na segunda versão – até porque nesta Da Vinci recebeu substancial ajuda de assistentes.

A "correção dos vícios", portanto, é aparente. Não bastava ver a obra: era fundamental interpretá-la.

Já se disse que o personagem bíblico de Davi foi, na Renascença, adotado como símbolo da cidade-Estado pelos florentinos. Afinal, Davi, embora de compleição franzina, conseguiu vencer o gigante – e tirano – Golias, que era associado a Milão, a cidade rival.

Um gigantesco bloco de mármore foi trazido de Carrara, ao norte da região da Toscana, a fim de que nele fosse esculpido esse lendário herói. Inicialmente, em 1463, o escultor Agostino di Duccio (1418-1481) foi encarregado do trabalho. Todavia, embora iniciasse a elaboração das pernas, ele ficou longe de concluir a obra. Depois, outro artista foi comissionado: Antonio Rosselino (1427-1479), que tampouco avançou muito, culpando a má qualidade do mármore por isso. O enorme bloco ficou quase trinta anos sem destino, representando apenas uma obra precariamente iniciada. Não era fácil encontrar alguém apto para levar adiante a empreitada. O mármore é uma das matérias mais difíceis de esculpir, pois um único golpe errado pode trincar a peça e, com isso, condenar a matéria-prima toda – e, consequentemente, a obra que nela se pretendia executar.

Por fim, em 16 de agosto de 1501, um então jovem artista, com apenas 26 anos, celebrou um contrato no qual assumia a obrigação de esculpir o David. O nome desse artista era Michelangelo di Lodovico Buonarroti Simoni (1475-1564).

A portentosa obra de Michelangelo foi apresentada ao público às oito horas da manhã de 18 de maio de 1504. Transportar a estátua fora, por si só, um desafio: ela pesava toneladas e tinha mais de cinco metros de altura. A obra foi colocada num local de grande importância: na entrada do Palazzo Vecchio, sede do governo de Florença – e lá permaneceu até 1873, quando, para garantir a sua integridade, removeu-se o colosso para a Galeria da Academia.

David não foi recebido como unanimidade. Para começar, as autoridades florentinas afirmaram que a nudez do personagem deveria ser coberta.

DAVID, DE MICHELANGELO (1504)

Rapidamente, providenciaram guirlandas de flores douradas que revestissem a genitália. Assim ela ficou durante séculos, com seu pequeno pênis escondido.

Outras críticas se relacionavam à falta de proporção da obra. Com efeito, embora o *Davi* de Michelangelo seja um assombro de beleza, a observação atenta da peça logo revela que a mão direita da estátua não guarda as proporções do resto do corpo. A mão é enorme. Teria Michelangelo cometido um erro?

Na verdade, a mão da estátua é deliberadamente maior do que o corpo porque Michelangelo queria demonstrar que, no tempo do verdadeiro Davi, o homem tinha seu valor mensurado pela força física. Portanto, as mãos serviam como metáfora. Isso era importante, pois traçava uma distinção entre aquele tempo e os dias em que Michelangelo vivia, nos quais o homem se destacava por sua capacidade intelectual.

Tudo era uma questão de interpretação, e o mesmo ocorreu com a representação divina da capela Sistina.

Michelangelo sabia pintar. Dominava o afresco desde quando fora discípulo de Ghirlandaio. No entanto, a pintura não era sua predileção: sabidamente, Michelangelo gostava da escultura. Por isso, não recebeu com muita alegria a comissão, por ordem do papa Júlio II, de pintar o teto da capela Sistina, nome dado à principal capela do Vaticano em homenagem ao papa Sisto IV – tio de Júlio II –, que comandara a sua construção, entre 1475 e 1483.

Michelangelo trabalhou para oito papas. Com alguns deles, chegou a gozar de intimidade. Ainda assim, não tinha como recusar um pedido do Sumo Pontífice, mormente no caso de Júlio II, homem conhecido por seu temperamento irascível e intolerante. Ao assinar o contrato para a empreitada do teto da capela Sistina, Michelangelo fez questão de registrar, no recibo, que sua profissão era escultor – e não pintor.

Ao tomar a frente dos trabalhos, Michelangelo dispensou os demais pintores anteriormente contratados como ajudantes. Além disso, trocou todos os andaimes. Por fim, colocou diversos tapumes que impediam a visualização da pintura antes de sua conclusão. Nem mesmo o papa tinha autorização para ver o andamento da obra. Foram quatro anos e meio de trabalho.

Dizem que o papa Júlio II comumente indagava a Michelangelo quando a obra ficaria pronta. O artista se limitava a responder: "Quando eu tiver concluído tudo." Isso aconteceu no final de 1512 – e o Santo Padre viria a morrer poucos meses depois.

O resultado do trabalho emociona. Consumiu anos da vida do artista, de 1508 a 1512. É difícil imaginar que apenas uma pessoa se tenha encarregado dessa obra monumental.

Uma das mais óbvias características do *Juízo final* é a ênfase dada à nudez masculina. Michelangelo pintou uma profusão de homens nus, mesmo quando não havia necessidade: o caso mais conhecido é o episódio no qual trata da embriaguez de Noé. Segundo a lenda, Noé foi o primeiro a plantar a vinha e produzir o vinho. Conta-se que se embriagou e deitou-se nu, quando os filhos, para não enxergarem o pai naquele estado, teriam coberto o patriarca com uma capa. Michelangelo, ao pintar a cena, coloca os filhos, Sem, Cam e Jafé, também despidos. Tratava-se de uma licença poética. Como resultado, a santa capela ficou coberta de nádegas e pênis.

Em função da abundância de homens desnudos, a pintura do teto da capela Sistina quase foi destruída. Por sorte, durou muito pouco o pontificado do papa Adriano IV, holandês que chegou a Roma em agosto de 1522 e faleceu em setembro do ano seguinte. Ele chamava a capela Sistina de "a casa de banhos nus", e apenas não removeu a pintura de Michelangelo porque, antes disso, foi chamado para um encontro mais próximo com o Criador.

Ao falar da criação do homem, o artista representa o Ser Supremo como se fosse um ancião de barbas brancas. Suspenso no ar, ele estende o dedo indicador direito, aproximando-o do dedo indicador da mão esquerda de Adão, que ganha assim existência. Adão parece receber um choque elétrico que lhe dá vida. Como apontam os médicos Gilson Barreto e Marcelo Oliveira, o criador está envolto por uma forma que se assemelha a um corte sagital do crânio humano.[17] Essa referência ao cérebro seria uma imagem da transferência do intelecto no mesmo momento da criação.

---

17 Gilson Barreto e Marcelo G. de Oliveira, *A arte secreta de Michelangelo*, São Paulo, Arx, 2004, p. 84.

A CRIAÇÃO DE ADÃO, DE MICHELANGELO (1512)

No afresco denominado *A separação da luz e das trevas*, Deus, como um ancião de barbas longas, surge rodeado de anjos, com gestos de um maestro.

Como se sabe, não se admite desenhar a imagem de Deus. "Não farás para ti imagem de escultura, nem alguma semelhança do que há em cima nos céus, nem em baixo na terra", registra o Êxodo, 20:5. Acreditava-se que, caso o Criador quisesse se apresentar, Ele o faria – e não caberia ao homem imaginar como seria a imagem divina. Além do mais, não fazia sentido adorar imagens, como procediam os antigos pagãos. Isso era uma prática primitiva. Teria, então, Michelangelo cometido uma heresia? Seria admissível que esse pecado fosse cristalizado justamente na mais sagrada das capelas do mundo cristão?

Interpretou-se que a pintura não seria objeto de adoração, mas apenas uma alegoria. A interpretação abria espaço para tudo.

Cem anos depois de Jan van Eyck pintar o casal Arnolfini, o pintor Hans Holbein (1497-1543), natural de Augsburgo, retrata, em 1533, o encontro do embaixador francês na Inglaterra, Jean de Dinteville, com Georges de Selves, bispo de Lavaur. Holbein trabalhara na Basileia, na Suíça, e se firmou como pintor na Inglaterra. Também ele se valia da técnica de pintura a óleo, como os flamengos, o que lhe permitia esmiuçar os detalhes.

OS EMBAIXADORES, DE HANS HOLBEIN, O JOVEM (1533)

Era desejo do artista, que em 1536 fora alçado ao cargo de pintor real por Henrique VIII, registrar aquele encontro. O relógio de sol, um dos muitos objetos existentes no quadro, indica, com precisão, a data: 11 de abril de 1533.

Ambos, o embaixador francês e o bispo, eram conhecidos por sua erudição. Haviam participado de diversas missões diplomáticas. O século XVI viu nascer a diplomacia moderna, e a importância dessas comissões se encontra registrada nessa pintura.

Dinteville, o embaixador francês, coloca a mão sobre uma adaga. Na bainha, lê-se: *aet. suae 29*. Trata-se do registro da idade do retratado. Já no livro do bispo há a inscrição: *aetatis suae 25*.

A obra é repleta de instrumentos científicos, como um globo terrestre (com uma referência ao local onde se situa o castelo da família de Dinteville), relógios de sol, quadrantes, livros, um tapete oriental e até um alaúde. Aliás, o alaúde apresenta uma corda estourada, revelando que há algo de imperfeito ali. Essa imperfeição pode ser uma discussão entre os dois retratados: um leigo e um religioso. A interpretação ganha força ao se notar que o livro constante da tela é uma Bíblia traduzida por Martinho Lutero, líder da causa protestante – enquanto o bispo representado é católico.

Embora os dois retratados apareçam na plenitude de suas vidas, o mais famoso dos objetos, contudo, é um crânio anamórfico, apenas visível quando se observa a pintura de determinado ângulo. Trata-se de uma lembrança de que todas as glórias atingidas são passageiras, pois, afinal, todos estamos destinados a morrer. Tudo – o conhecimento e a vaidade – cede diante da morte.

Há, ademais, outra caveira nessa pintura. Consiste numa pequena pregadeira que adorna a boina de Dinteville. A caveira não está lá por acaso. Serve como mais uma lembrança da vaidade, que é capaz de dominar os homens e impedi-los de enxergar o que é verdadeiramente importante.

No canto esquerdo, bem ao alto, pode-se ver, escondido, um crucifixo. Talvez seja um tipo de resposta à caveira, indicando que, mesmo depois da morte, pode haver salvação.

O francês Dinteville ficou em Londres até 18 de novembro de 1533. No período em que esteve na corte, testemunhou importantes fatos históricos, como a coroação de Ana Bolena, segunda mulher do rei inglês Henrique VIII (que acabou executada em 1536). O quadro, mais do que registrar essa visita, guarda muitos outros significados para quem conseguir enxergá-los.

Giuseppe Arcimboldo (1526-1593) sempre foi chegado a excentricidades. Milanês e pintor como seu pai, notabilizou-se por fazer retratos criativos, nos quais se apresentava o modelo a partir de objetos inanimados, como frutas, flores, plantas, animais, entre outros – em suma, caricaturas. Em 1566, ele apresentou ao público mais uma delas: seu divertido *Jurista*, cujo rosto é feito a partir do peixe e do frango.

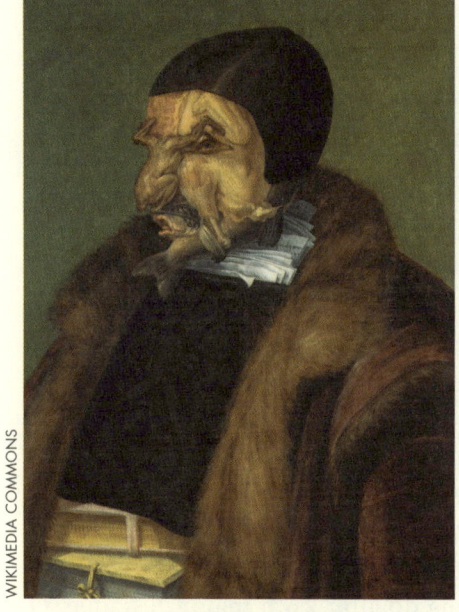

O JURISTA, DE GIUSEPPE ARCIMBOLDO (1566)   *VERTUMNUS*, DE GIUSEPPE ARCIMBOLDO (1590)

Apesar de seu estilo fugir por completo do padrão, Arcimboldo caiu no gosto dos Habsburgos, uma das famílias mais poderosas da Europa. Maximiliano II (1527-1576), imperador do Sacro Império Romano-Germânico, o elegeu como pintor da corte. Sua posição continuou a mesma com o filho de Maximiliano, Rodolfo II (1552-1612).

Arcimboldo pinta, em 1590, o imperador Rodolfo II como Vertumnus, o deus da mitologia romana responsável pelas plantações. Aquela não era uma forma usual de representar um monarca. Frutas, flores e trigo compunham o imperador.

Mais uma vez, o que importava era a interpretação.

O lombardo Caravaggio (1571-1610) fora contratado, em 1597, para pintar dois momentos da vida de são Mateus a fim de decorar a capela dedicada ao cardeal Matteo Contarelli, localizada na igreja de São Luís dos Franceses, em Roma. O artista, então, tinha apenas 24 anos, mas já se notabilizara por seu domínio das luzes e sombras nas telas.

Inicialmente, Michelangelo Merisi – o nome Caravaggio se referia à cidade onde nasceu – fez o retrato do momento em que Mateus recebe o chamado divino: *Vocação de são Mateus*. Segundo a tradição cristã, Mateus, depois de receber o chamado, abandonou imediatamente suas ocupações mundanas e se converteu em um seguidor de Jesus. Em seguida, registrou por escrito a vida do Cristo e tornou-se um dos quatro evangelistas. São Mateus, entre outras simbologias, estava relacionado à redenção do pecado da avareza, pois, de acordo com a tradição, fora coletor de impostos, muito apegado aos valores materiais.

Na segunda tela de Caravaggio, *O martírio de são Mateus*, revela-se, por outro lado, o momento imediatamente anterior àquele em que o santo será açoitado.

Diante da beleza dos dois quadros, que ficavam nas paredes laterais da capela, um de frente para o outro, Caravaggio foi chamado para fazer um terceiro, que ficaria exatamente em cima do altar, com maior destaque. O tema do quadro fora estabelecido no testamento do próprio cardeal Contarelli: segundo estipulado, o santo deveria ser retratado com um anjo. O pintor, então, em 1602, apresenta *A inspiração de são Mateus*, também chamado de *São Mateus e o anjo*.

O rebelde Caravaggio optou por retratar Mateus como um homem simplório, com as pernas nuas e os pés gastos. Parecia um mendigo. O anjo, por sua vez, segura a mão do santo, como se escrevesse por ele.

A tela foi rejeitada. Entendeu-se que não se poderia representar um santo daquela forma, como se se tratasse de uma pessoa inculta. A peça foi considerada irreverente e, até mesmo, desrespeitosa.

O artista, contudo, jamais teve a intenção de desrespeitar o santo. Ao contrário. Seu propósito era mostrar que a fé pode nos transformar a ponto de fazer uma pessoa simples, sem qualquer erudição, expressar belamente sua fé. Não era necessário ser sofisticado para demonstrar a verdadeira doutrina.

Caravaggio não teve alternativa senão a de produzir uma nova versão. Nela, o anjo aparece por trás do santo, que já não tem uma feição tão humilde. Outro ponto de grande distinção estava em que, na nova versão, o santo não era completamente dominado pelo anjo. Mateus apenas o ouve.

A INSPIRAÇÃO DE SÃO MATEUS, DE CARAVAGGIO (1602)   SEGUNDA VERSÃO DE *A INSPIRAÇÃO DE SÃO MATEUS*

    A segunda versão de *A inspiração de são Mateus* segue até hoje na mesma capela da linda igreja romana. A primeira versão, contudo, teve um destino trágico. Recusada, acabou no acervo do museu do *kaiser* Frederico, em Berlim. Na Segunda Grande Guerra, embora a obra estivesse guardada em um *bunker*, não resistiu a um bombardeio. Hoje, a pintura só existe em reproduções.

    O que pretendia Da Vinci ao fazer o anjo apontar para são João Batista (e não para o menino Jesus)? Qual mensagem Michelangelo queria transmitir quando desenhou o Criador como um ancião de barbas brancas? Qual o propósito de Caravaggio ao apresentar são Mateus como um camponês humilde?
    Sem a interpretação, não se poderia compreender a arte.

AS REGRAS DA ARTE:

O QUE FAZER COM AS OBRAS EM PEDAÇOS?

Na *Sagrada família* de Rafael, pintada em 1508 e atualmente na Alte Pinakothek de Munique, o artista desejou que sua composição formasse um triângulo, pois acreditava que assim garantiria sua harmonia. Transparecia sua absoluta preocupação com a forma.

A SAGRADA FAMÍLIA CANIGIANI, DE RAFAEL (1508)

    Georges Braque (1882-1963), cerebral artista que desenvolveu o cubismo, registrou: "Amo a regra que corrige a emoção." Essa frase recebe as mais diversas interpretações.

    No que se relaciona à proporção e à perspectiva, desde os primórdios do Renascimento vigorou, na pintura, a ideia de que, a partir do olhar de quem vê a obra, há um ponto imaginário, no infinito, em que tudo se encontra. Esse seria o ponto de fuga. Atingido esse ponto, pode-se estabelecer a perspectiva correta da pintura, com vários planos correspondentes à sua distância. Trata-se de um conceito científico, pelo qual se atinge o realismo e a harmonia na obra.

AINDA EM VIDA COM "LE JOUR", DE GEORGES BRAQUE (1929)

Um bom exemplo disso vem de *Entrega das chaves* (1482), de Pietro Perugino, que guarnece uma parede lateral da capela Sistina, no Vaticano. Perugino retrata o momento bíblico no qual Jesus entrega as chaves do Reino dos Céus ao seu discípulo Pedro. O artista fez questão de demonstrar que dominava perfeitamente a perspectiva.

O conceito do ponto de ouro perdurou inquestionado na arte pictórica até o começo do século XX. Coube ao movimento cubista, liderado pelo mencionado Braque e por Pablo Picasso, desconsiderar a regra. Nesse movimento, os artistas se valem de formas geométricas e deixam de se ater ao ponto de ouro. Acredita-se que a obra possa ser vista de diversos ângulos distintos. Não há mais perspectiva. A arte apresentava outra dimensão.

Em janeiro de 1506, num vinhedo localizado nas cercanias de Roma, onde séculos antes se situara a Terma de Tito, foi encontrada, soterrada, a estátua de *Laocoonte e seus filhos*. Possivelmente datada do primeiro século antes de Cristo, aquela era uma obra conhecida, sobretudo por conta de uma referência de Plínio, o Velho, feita no ano de 77 da nossa era, em que a qualificava como exemplo perfeito de arte. Plínio registrou que a escultura fora obra de três artistas de Rodes: Agesandro, Atenodoro e Polidoro. Segundo Plínio, "esse trabalho deve ser considerado superior a qualquer outro, tanto pela sua pintura como pela sua forma". Temos, assim, a informação de que, naquela época, o mármore recebia uma pintura – a qual, evidentemente, o tempo tratou de apagar. De toda forma, ficou a fama da obra, por fim redescoberta no começo do século XVI.

A grandiosa peça narra uma passagem mítica da guerra de Troia, na qual se enfrentaram troianos e gregos. Laocoonte é um sacerdote troiano que alerta seus concidadãos a não admitir que o enorme cavalo de madeira, deixado pelos gregos nos portões de Troia, entrasse na cidade. O gigantesco cavalo, como se sabe, era na verdade uma armadilha. No seu interior, escondiam-se soldados gregos, que apenas aguardavam, com o embuste, ingressar sem oposição na cidade. Quando Laocoonte concita os demais troianos a não permitir a entrada da grande construção, a deusa Atena, protetora dos gregos, lança sobre o sacerdote e seus filhos duas grandes serpentes. A escultura representa esse momento de extrema agonia de Laocoonte e seus filhos.

O tema de Laocoonte era caro aos romanos. A punição sofrida por ele e seus filhos foi um aviso aos demais troianos de que a queda da cidade estava próxima. Laocoonte era a voz da verdade. Os romanos acreditavam que Rômulo e Remo, lendários fundadores de Roma, eram descendentes de Eneias, troiano que deixou a cidade quando ela caiu. Segundo a lenda, Eneias, compreendendo o que ocorreu com Laocoonte, conseguiu partir de Troia a tempo. Não fosse a inteligência e tirocínio de Eneias ao entender o que estava por trás do drama de Laocoonte, Roma jamais teria sido fundada.

Laocoonte torna-se um símbolo. É aquele que fala a verdade, mesmo se ela desagradar aos deuses. Laocoonte morreu porque tentou alertar seus conterrâneos dos riscos que corriam.

Imediatamente, a obra, perdida por mais de 1.400 anos, chamou a atenção de artistas e mecenas. Michelangelo foi pessoalmente visitar as escavações. A estátua foi encaminhada para o Vaticano, onde passou a ser estudada

LAOCOONTE E SEUS FILHOS, DE AGESANDRO E ATENODORO DE RODES (APROXIMADAMENTE 27 A.C. A 68 D.C.)

e copiada como modelo da arte grega. O *Laocoonte* exerceu grande influência sobre os artistas na época.

Em 1799, com a invasão da Itália por Napoleão, a obra, com mais de dois metros de altura, foi levada para Paris, onde permaneceu até 1816. Com a queda do general corso, *Laocoonte* retornou ao Vaticano, onde se encontra até os dias atuais, como uma das maiores atrações do seu museu.

Quando a peça foi encontrada, faltava-lhe o braço direito. Na época, o papa Júlio II, o mesmo que ordenou o início dos trabalhos na capela Sistina, determinou que se colocasse o braço faltante. Bramante organizou um concurso para escolher a melhor proposta. Michelangelo sugeriu que o braço

VERSÃO RESTAURADA DE *LAOCOONTE E SEUS FILHOS*, DE GIOVANNI MONTORSOLI (1540)

perdido deveria estar contorcido para trás, tentando segurar a serpente; chegou, inclusive, a elaborar um modelo desse braço em "v". O vencedor da disputa, contudo, foi Baccio Bandinelli, que concebeu um braço estendido em diagonal, apontando para cima – pode-se até imaginar a figura icônica de John Travolta, nos *Embalos de sábado à noite*.

Embora Bandinelli tenha produzido o braço em 1520, este jamais foi incorporado à estátua. Em 1532, o papa Clemente VII solicitou que Michelangelo esculpisse o braço seguindo a orientação de Bandinelli, isto é, com o braço reto. Michelangelo recusou o pedido, pois seguia acreditando que aquela não era a posição correta do membro desaparecido. Quem acabou por

JOHN TRAVOLTA EM *OS EMBALOS DE SÁBADO À NOITE*, DIRIGIDO POR JOHN BADHAM (1977)

esculpir o braço foi um discípulo de Michelangelo, Giovanni Montorsoli. O "novo" membro foi concluído por volta de 1540. Há quem sustente, entretanto, que o próprio Michelangelo, embora contrariado, o tenha produzido.

Muito tempo depois, em 1906, o verdadeiro braço perdido de *Laocoonte* foi, por um golpe de sorte, encontrado em uma escavação, perto do local onde, séculos antes, se achara a estátua enterrada. Durante cinquenta anos o braço ficou guardado, até que finalmente, em 1957, reconheceu-se a autenticidade da parte quebrada e promoveu-se o "conserto" da peça. Michelangelo estivera certo: Laocoonte não apontava para cima.

O braço em riste com que *Laocoonte* foi emendado no século XVI desfigurava a obra. No original, o braço ficara flexionado. A tentativa de restaurar a escultura acabou por desvirtuar sua identidade, pois alterava sua harmonia.

VÊNUS DE MILO, DE ALEXANDRE DE ANTIOQUIA (100 A.C.)

    Já há algum tempo, vigora o consenso de que as obras de arte antigas que, ao longo do tempo, sofreram danos não devem ser reparadas ou consertadas. Melhor será que fiquem como estão. Afinal, dificilmente se saberá ao certo como eram originalmente.

    Desse consenso beneficiou-se a *Vênus de Milo*, reprodução em mármore de uma mulher em tamanho pouco superior ao natural. Hoje uma das maiores atrações do Museu do Louvre, e datada talvez do século IV a.C., ela foi descoberta na ilha de Milos, na Grécia, em 1820. Seus braços estavam perdidos. Assim estão até hoje, sem prejuízo para a apreciação da beleza.

    O artista busca a harmonia que existe na ordem, nas regras. O jurista faz o mesmo. Todavia, as obras clássicas, se danificadas, não se consertam – e a beleza continua. Pode-se dizer o mesmo do direito?

A REFORMA E O BARROCO

O direito canônico, como fonte de direito laico, murchou rapidamente a partir do início do século XVI. Isso se dá, entre outras razões, também como consequência da Reforma Protestante, que erode boa parte da força da Igreja na Europa. Rareiam ali os tribunais eclesiásticos, que gozavam de autoridade para julgar temas civis, a ponto de praticamente desaparecerem.

Com efeito, a Reforma Protestante sacudiu o mundo. Oferecia-se uma nova dimensão do homem perante Deus. A Igreja teve de reagir, fosse para iniciar um movimento mais radical, estimulando o catolicismo, fosse para rever suas políticas, dando-lhes novas diretrizes. A primeira resposta veio no Concílio de Trento, que a partir de 1545 estabeleceu uma série de regras moralizadoras, com o propósito de coibir excessos do clero.

Prenunciava-se, de 1600 em diante, o movimento artístico conhecido como barroco, com seus excessos e suas estudadas imperfeições. Não deixava de tratar-se de uma mobilização com forte carga de propaganda da Igreja Católica em sua reação à Reforma. A Igreja via-se forçada a alterar sua mensagem: em vez de exigir completa submissão a uma divindade poderosa e autoritária, passou a explicitar, mediante a arte, uma alternativa humana. Os fiéis, pela arte, seriam expostos a sensações como o sofrimento, a dor, a caridade.

Foi o tempo de Caravaggio, Bernini e Rubens – este último, acompanhado de uma plêiade de mulheres rechonchudas. Diferentemente do movimento renascentista, o barroco foi popular. Agradou a um número muito maior de pessoas. Havia mais movimento e menos jogos intelectuais se comparado à Renascença. Um bom exemplo se vê na diferença entre os Davis de Michelangelo e o de Bernini. O *Davi* de Michelangelo, terminado em 1504 (cerca de 120 anos antes daquele de Bernini), embora impactante, encontra-se estático. O *Davi* de Bernini, de 1624, enquanto faz uma careta que denota seu esforço, arremessa uma pedra em direção a Golias. É uma obra em ação.

Na Espanha, inflamada pelo movimento da Contrarreforma, pululuram pintores barrocos de enorme talento e fervoroso catolicismo, os quais retratavam os santos com um realismo entusiasmado. Jusepe de Ribera (1591-1652), Francisco de Zurbarán (1598-1664) e Bartolomé Esteban Murillo (1617-1682) servem de excelentes exemplos. Seus respectivos estilos se harmonizavam com a política dos jesuítas, isto é, da Companhia de Jesus, ordem religiosa fundada por Inácio de Loyola em 1534 para enfrentar a Reforma Protestante.

DAVI, DE GIAN LORENZO BERNINI (1624)

Já na França, o barroco evoluiu para o rococó, ainda com temas mais frívolos. Tratava-se de uma arte que agradava à corte e que teve expoentes como Jean-Honoré Fragonard (1732-1806). Com efeito, o movimento coincide com os reinados absolutistas, sendo o maior espelho deles o longo reinado de 72 anos de Luís XIV, que durou de 1643 até a sua morte em 1715. Do ponto de vista jurídico, esse absolutismo encontrou amparo na análise técnica do advogado Jean Bodin (1530-1596), que em 1576 justifica os fundamentos da plena soberania do rei.

O termo *barroco*, para designar aquele momento artístico, só se firmou mais tarde, no século XVIII, quando outro movimento, o neoclássico, passou a predominar. "Barroco" revelava certo desdém, assim como no caso dos termos *gótico* e *rococó*. A palavra pode ter origem no termo usado pelos joalheiros espanhóis para designar uma pérola de superfície irregular.

Na Inglaterra, a Reforma Protestante acabou por permitir que o Estado promovesse uma abrupta ruptura com a Igreja Católica. Henrique VIII não apenas rompeu com o papa, como criou sua própria igreja. A Inglaterra da época passou a experimentar uma liberdade ímpar. Havia razoável liberdade de expressão, por exemplo – muito maior do que a encontrada no restante do continente europeu.

Essa liberdade se acentuou no reinado da filha de Henrique VIII: Isabel I, que esteve com a coroa de 1558 até 1603. Um claro resultado disso foi o florescimento do teatro, com peças de acentuado conteúdo crítico. Shakespeare teria sido censurado se tivesse nascido, naquele momento histórico, na França ou na Itália. O mesmo se pode dizer sobre os escritos de Francis Bacon (1561-1626), já na área política.

Os protestantes, e mais especificamente os calvinistas, não incentivavam a representação artística para temas religiosos. Suas igrejas não eram adornadas com quadros. Eles entendiam que a arte religiosa desviava a atenção da melhor forma de interagir com o divino. Como reflexo, artistas como o holandês Rembrandt Harmenszoon van Rijn (1606-1669), embora se tenham dedicado a alguns temas bíblicos, produziram retratos na maior parte de suas carreiras. Esse tipo de trabalho esteve em voga, e famílias, guildas ou corporações contratavam os pintores para realizar seus registros.

Amsterdã, na época de Rembrandt, possuía uma série de milícias, grupos armados que se protegiam e defendiam aqueles que os contratavam para

A RONDA NOTURNA, DE REMBRANDT (1642)

esse fim. Em meados do século XVII, porém, essas milícias já se encontravam decadentes. Em grande parte, isso se deu porque, depois do Tratado de Vestfália, de 1648, quando se estabeleceu o conceito de soberania do Estado, as milícias perderam sua função.

Dezenove integrantes da corporação dos arcabuzeiros, uma forma antiga de espingarda, contrataram Rembrandt para retratá-los. A corporação contava, então, com mais de 120 homens, mas apenas aqueles 19, possivelmente os mais ricos e proeminentes, aparecem no quadro. Em *A ronda noturna*, Rembrandt coloca numa enorme tela – a tela original tinha cinco metros de comprimento e quase quatro de altura – uma guarda cívica liderada por Frans Banning Cocq.

A ronda que dá nome a esse quadro de 1642 acabou chamada de "noturna" equivocadamente. Esse equívoco se deu porque, no século XIX, quando a obra se encontrava muito suja, havia a impressão de que registrava uma cena ocorrida à noite. Mais tarde, contudo, em 1947, quando se restaurou o quadro, verificou-se que o momento registrado não ocorria após o anoitecer. No entanto, já era tarde para rebatizar a tela, que ficara extraordinariamente famosa com o nome anterior.

Rembrandt captura, no seu quadro, o momento no qual o capitão Cocq dá ordens ao seu principal assistente, o tenente Willem van Ruytenburch. Cocq, que estudara direito, era casado com a filha do prefeito de Amsterdã, cidade onde se passa a cena.

Pode parecer curioso haver uma criança no meio daquela confusão. Entretanto, era comum que os pequenos, normalmente da prole de algum membro da corporação e ricamente vestidos, atuassem como mascotes.

No caso específico desse quadro, os membros da corporação dos arcabuzeiros não gostaram do resultado da obra, o que acarretou uma discussão sobre a remuneração do pintor. Rembrandt foi ousado na sua composição. Isso porque, em regra, nesses retratos de grupo, o artista se ocupava de dar maior destaque às pessoas mais proeminentes. Na *Ronda noturna*, todavia, Rembrandt se preocupa, acima de tudo, com a harmonia estética.

O ESTADO E O DIREITO CONTRA A ARTE

O direito é uma arma do Estado. Ou melhor: por vezes, o direito pode ser usado como arma, a fim de imprimir determinada conduta aos cidadãos. Não raro, ao longo da história, o Estado apontou essa poderosa arma contra a arte.

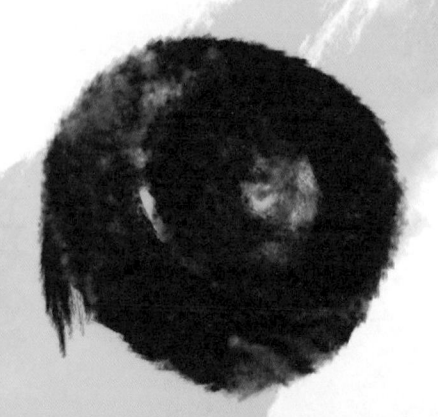

Giovanni Baglione (1566-1643) foi um pintor, nascido em Roma, com razoável popularidade em seu tempo e, acima de tudo, muito bem relacionado. Sem conseguir resistir à força do gênio de seu contemporâneo Caravaggio, acabava por imitá-lo. Na verdade, toda a geração, mesmerizada pelo talento do lombardo, foi seduzida pelo estilo "caravaggesco".

Bom exemplo disso está na mais conhecida obra de Baglione. *O amor sagrado e o amor profano* (1602), de fato, é uma clara (e fraca) resposta ao quadro de Caravaggio *Amor vincit omnia*, concluído pouco tempo antes.

Verifica-se, nas duas obras, a rivalidade entre ambos os artistas, embora não exista espaço para discussão sobre qual dos dois possuía maior talento.

Ocorre, porém, que a rivalidade tomou outros rumos além do artístico. Em agosto de 1603, Baglione iniciou uma demanda judicial contra Caravaggio, acusando-o e a outros artistas de o terem difamado por meio de sonetos. Tudo, segundo Baglione, decorria do fato de Caravaggio ter sido preterido na disputa para fazer uma pintura com o tema da ressurreição que adornaria o altar da chiesa del Gesù, templo jesuíta em Roma.

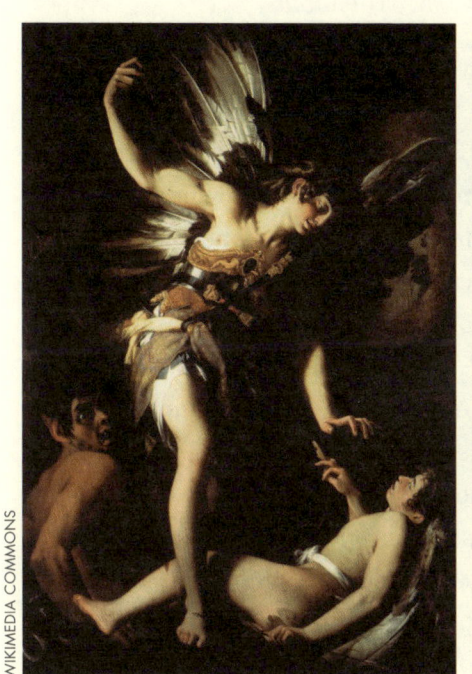

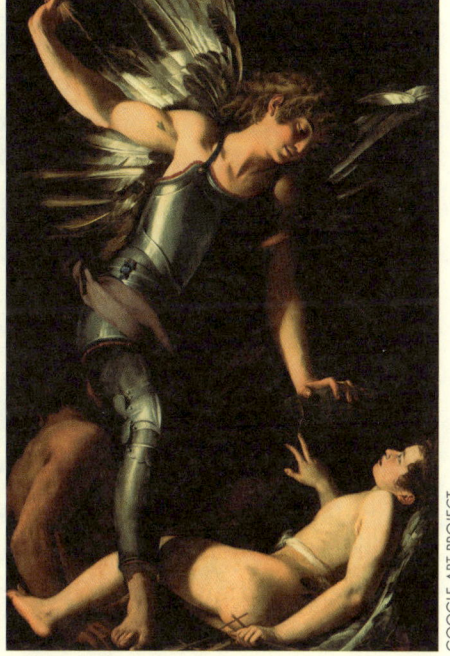

AMOR SAGRADO E O AMOR PROFANO, DE GIOVANNI BAGLIONE (1602)

AMOR VINCIT OMNIA, DE CARAVAGGIO (1601-1602)

Caravaggio foi detido na piazza Navona e levado ao tribunal. Nele, em um dos raros documentos oficiais sobre o genial pintor, o artista, conhecido por seu forte temperamento, afirmou que Baglione não possuía o apreço dos demais bons pintores em atividade. Do mesmo modo, declarou perante a corte, cruelmente, que apenas um único pintor admirava Baglione, porém isso se explicava por conta da amizade. Caravaggio, em seguida, registrou quais seriam os artistas que dominavam a arte de imitar a luz da natureza. Baglione, é claro, não estava nela.

Por conta do incidente, Caravaggio foi condenado a passar duas semanas preso. Contudo, quem sofreu a verdadeira pena foi o acusador. Isso porque o depoimento de Caravaggio, colhido no tribunal romano, ficou conhecidíssimo e tornou notório o desprezo da classe artística por Baglione.

Caravaggio morreu em 1610. Logo em seguida, Baglione passou a escrever a biografia do fenomenal artista. Foi o primeiro biógrafo daquele que, um dia, ele denunciara à Justiça. Ao menos no seu livro, Baglione elogiou Caravaggio, revelando sua admiração pelo rebelde artista.

Oscar Wilde (1854-1900) incomodava a conservadora Inglaterra de sua época. Proveniente de uma família ilustre – seu pai fora médico particular da Rainha Vitória –, Wilde formou-se em uma das mais renomadas instituições de ensino do Reino Unido: o Trinity College, da Universidade de Oxford.

Em 1891, Wilde publica seu primeiro (e único) romance: *O retrato de Dorian Gray*. De pronto, vê-se que o personagem central, Dorian Gray, apresenta um nome dúbio, pois *Dorian* se refere a algo dourado, ou mesmo "de ouro", e seu sobrenome, *Gray*, remete a algo cinzento.

O protagonista do livro, um belo e vaidoso jovem, membro da burguesia inglesa, tem sua imagem retratada em um quadro. Ao longo do tempo, o rapaz mantém-se belo, enquanto sua pintura envelhece e se degrada. É como se tivesse trocado de lugar com a obra de arte. À medida que o tempo se vai e Dorian faz escolhas morais reprováveis, sua pintura passa a demonstrar uma figura repugnante – ao contrário do personagem, sempre lindo. A partir de determinado momento, Dorian esconde a pintura de todos. O quadro, como o protagonista bem percebe, representa a prova viva de seu deficiente caráter.

Atormentado, Dorian decide destruir seu retrato. Tenta apunhalar o quadro. Gritos pavorosos vêm de seu quarto. Preocupados, os empregados conseguem arrombar a porta:

> Ao entrarem na sala viram na parede o magnífico retrato do amo, como eles o tinham conhecido em pleno apogeu da sua esplêndida mocidade e beleza. No chão jazia o cadáver de um homem em traje a rigor com uma faca cravada no peito. Ele estava lívido, enrugado e repugnante. Só pelos anéis é que os seus criados conseguiram identificá-lo.[18]

Ponto final. Assim termina o livro. *O retrato de Dorian Gray* era, claro, uma poderosa crítica à sociedade inglesa, por demais preocupada com as aparên-

---

18   Oscar Wilde, *O retrato de Dorian Gray*, 2ª ed., Rio de Janeiro, Ediouro, 2001, p. 225.

cias. O livro, contudo, foi um sucesso, embora o autor tivesse sofrido perseguição por segmentos mais conservadores da sociedade.

De fato, o excêntrico Wilde era ateu e homossexual. Na Inglaterra de então, penalizava-se a sodomia. Portanto, o escritor não externava sua preferência, embora fosse notório que tivesse um amante: Lorde Alfred Douglas, bem mais jovem. É dele a famosa frase, retirada de um poema feito para Wilde: "Eu sou o amor que não ousa dizer seu nome."

Insultado com preconceitos e exausto da hipocrisia social, Wilde iniciou um processo contra o marquês de Queensberry, que o teria difamado acusando-o de homossexualidade. Wilde queria cobrar uma indenização do nobre. O marquês respondeu à demanda, argumentando que sua imputação contra Wilde era verdadeira. Ao suscitar a denominada exceção da verdade, o marquês eximia-se da responsabilidade pela difamação. Em outras palavras, não haveria difamação se o fato alegado fosse real. De repente, Wilde, no processo, pula de autor para o banco dos réus.

O marquês trouxe para audiência testemunhas que confirmavam as escolhas sexuais do artista. Apresentou, até mesmo, o proxeneta que agenciava o encontro do escritor com jovens rapazes.[19] E, na esteira do caso, como sói acontecer, a obra de Wilde, questionadora, crítica e liberal, também acabou em julgamento.

Wilde foi condenado a dois anos de prisão por "cometer atos imorais com diversos rapazes". Como consequência, teve seus bens vendidos para pagar as custas do processo. Seus livros sofreram enorme queda de vendas. Por preconceito, minguaram seus leitores.

Libertado em 1897, Oscar Wilde mudou-se para Paris, onde morreria três anos depois. Ele nunca se recuperou do processo e do confinamento que sofreu. Acabou tornando-se um símbolo. Como registrou Carpeaux: "Wilde voltou a ser nosso companheiro na luta pela autonomia espiritual do indivíduo."[20]

---

19 Sobre o processo, ver Joseph Vebret, *Le Procès d'Oscar Wilde*, Paris, Librio, 2010.
20 *História da literatura ocidental*, vol. IV, São Paulo, Leya, 2011, p. 2106.

Antes falamos do *Ulisses* de James Joyce, obra seminal do modernismo. Nos Estados Unidos, a partir de 1918, ela passou a ser publicada em partes numa revista denominada *The Little Review*. Em 1921, contudo, o correio americano reteve o periódico e se recusou a distribuir os capítulos da história, sob o argumento de que o texto continha obscenidades. Apenas depois dessa censura é que Joyce, então vivendo em Paris, conseguiu publicar a obra inteira na Europa.

Quando do veto nos Estados Unidos, as editoras da *The Little Review*, Margaret Caroline Anderson e Jane Heap, foram julgadas e consideradas culpadas por distribuir o texto com conteúdo obsceno. Receberam uma multa. Em 1933, passada, portanto, uma década desde o banimento de *Ulisses* nos Estados Unidos, a editora Random House decidiu colocar em prova a proscrição do livro – que, em outros lugares do mundo, se transformara imediatamente em um clássico. A editora tentou importar exemplares. Com isso, instaurou-se um litígio perante a Corte de Nova York: Estados Unidos *vs.* Um livro chamado *Ulisses* (1933).

O argumento jurídico da editora para garantir a distribuição do livro dava-se, principalmente, com base na Primeira Emenda da Constituição Americana, segundo a qual:

> O congresso não deverá fazer qualquer lei a respeito de um estabelecimento de religião, ou proibir o seu livre exercício; ou restringindo a liberdade de expressão, ou da imprensa; ou o direito das pessoas de se reunirem pacificamente, e de fazerem pedidos ao governo para que sejam feitas reparações de queixas.

Fundamentalmente, discutia-se a liberdade de expressão.

Os procuradores americanos, em suma, argumentaram que havia blasfêmia na obra, pois tratava de forma degradante a Igreja Católica. Sobretudo, defendiam que o trabalho era obsceno e estimulava desejos sexuais. Com efeito, grande parte da discussão travada na corte almejava identificar se *Ulisses* fora escrito com propósito pornográfico.

Os advogados da editora, por sua vez, sustentavam que a linguagem usada por James Joyce, direta e recorrentemente chula, era um recurso literário para demostrar a naturalidade do pensamento dos personagens.

A editora se saiu vitoriosa (embora não por unanimidade) e – ainda bem – o livro foi finalmente publicado nos Estados Unidos. A decisão estabeleceu um precedente importante, no sentido de que, na avaliação de conteúdos pornográficos, deve-se apreciar a totalidade da obra, e não apenas excertos. Também ficou estabelecido que, na aferição de atentado ao pudor, cumpre examinar o conceito de decoro compartilhado pela média das pessoas, e não de um grupo isolado, por vezes mais sensível.

O padre dominicano Girolamo Savonarola (1452-1498) foi um dos precursores do puritanismo. Autodenominando-se profeta, Savonarola, que alegava ter visões divinas, agitou a vida de Florença, denunciando o clero e buscando afastar dali os Médici, família que comandava a cidade.

Ganhou enorme popularidade a sua "Fogueira das vaidades" – *Falò delle Vanità* –, evento ocorrido em 7 de fevereiro de 1497, no qual se promoveu a queima pública de objetos que de alguma forma pudessem levar uma pessoa a pecar. Espelhos, livros, instrumentos musicais e obras de arte arderam no fogo. Até mesmo Sandro Botticelli, o fenomenal artista, impressionado com as pregações de Savonarola, destruiu algumas de suas pinturas que considerava fúteis. Por sorte, *A primavera* (1482) e *O Nascimento de Vênus* (1484) estavam guardadas na Villa di Castelo, residência dos Médici fora da cidade, e escaparam do fogo.

Esse movimento puritano foi responsável pela perda de obras de arte e de importantes livros. E, lamentavelmente, não foi a última vez que isso ocorreu.

Em abril de 1933, o Sindicato dos Estudantes Alemães, vinculado ao Partido Nazista, iniciou uma campanha contra a literatura que não estivesse em harmonia com o espírito germânico. Todas as obras cujos autores tinham tendências comunistas, abertamente democráticas ou origem judaica foram condenadas. Desse modo, autores como Kafka, Freud, Brecht, Zweig, Thomas Mann, Tolstói, Victor Hugo, Aldous Huxley, Hemingway, entre muitos outros, foram de uma hora para outra banidos.

Pouco depois, em Berlim, Joseph Goebbels, chefe da propaganda nazista, profere um inflamado discurso para 40 mil pessoas no qual concita a massa a se afastar da corrupção moral e decadente, com o que se referia à literatura destoante dos ideais do partido nazista.

Grandes fogueiras são acesas. Nelas, ardem muitos milhares de livros. Freud, jocosamente, teria dito na ocasião: "Que progresso estamos fazendo; na Idade Média, eu seria queimado vivo, mas hoje se contentam em queimar meus livros."

O holocausto foi muito mais do que um ato de pilhagem e genocídio. Buscava-se também eliminar a cultura. Os nazistas, de forma deliberada, destruíram livros e registros históricos do povo judeu. Muitos foram salvos por atos heroicos, com grupos de pessoas que arriscavam suas vidas para esconder livros.[21] Outros, infelizmente, se perderam.

Heinrich Heine (1797-1856), um dos maiores escritores da língua alemã, havia, na sua peça *Almansor*, de 1821, previsto que: *Dort, wo man Bücher verbrennt, verbrennt man am Ende auch Menschen*, isto é, "Onde eles queimam livros, logo estarão queimando pessoas também".

O movimento tem continuidade quando começa a Segunda Grande Guerra. Promove-se uma cruzada contra o que se chama de "arte degenerada". Ali, como em outros momentos da história, a censura e a destruição da arte funcionam como marca da intolerância. Trata-se de um poderoso sinal de que as coisas não vão bem.

Anna Andreevna Gorenko (1889-1966), natural de Odessa, Ucrânia, então parte da União Soviética, teve seu talento para poesia logo reconhecido. Graduou-se em direito em 1907, mas sua vocação era a literatura. Adotou o pseudônimo de Anna Akhmátova, com o qual viria a se consagrar. Seus versos a tornaram famosa. Ela integrava a sofisticada elite intelectual de São Petersburgo antes da Revolução Russa.

Com a chegada ao poder dos bolcheviques, Akhmátova reagiu, denunciando o caos:

---

21 Ver David E. Fishman, *Os homens que salvaram livros*, São Paulo, Vestígio, 2018.

> Quando a capital do Neva,
> Esquecendo a sua majestade,
> Como um marinheiro bêbado,
> Não sabe o que a está conduzindo...

Durante a ditadura de Stalin, seu marido, Nikolai Gumilev, foi preso e executado por supostamente participar de atividades contrárias ao interesse do partido. Seu filho também foi preso e, enviado para um campo de trabalho forçado na Sibéria, por diversas vezes torturado. Naquela época, um verso mal interpretado era o bastante para colocar seu autor diante do pelotão de fuzilamento. Constantemente, o apartamento da poeta era invadido pela polícia. Queriam encontrar alguma prova de sua oposição ao sistema.

O governo soviético passou a fazer uma severa campanha contra Anna. As publicações oficiais do Partido a criticavam abertamente, qualificando-a de ultrapassada. Ela foi excluída do sindicato dos escritores e proscrita da vida pública, condenada a fazer traduções de textos criteriosamente escolhidos pelo governo. Ainda pior, via-se por vezes forçada a escrever textos de bajulação ao ditador.

Sem poder deixar registrados seus poemas, ela decidiu apenas memorizá-los. Inicialmente, a poeta escrevia seus versos; depois de guardá-los na memória, queimava o original. Akhmátova sabia, porém, que, se morresse, o poema morreria junto consigo. Era preciso compartilhá-lo. Assim, decidiu dividir suas composições com as amigas mais próximas, que também as memorizavam.

É interessante notar que essa dinâmica não impedia que a poeta revisasse seus textos. Ela os corrigia a partir da lembrança de suas amigas. Então, uma nova versão, atualizada, era gravada na cabeça dessas colaboradoras.

Em pequenos grupos, os poemas de Anna Akhmátova eram recitados. Assim a obra sobreviveu à ditadura stalinista. Não havia registro escrito. Nos dias atuais, ela é considerada a maior das poetas de língua russa.

Enquanto isso acontecia na União Soviética, o escritor Ray Bradbury lançava, em 1953, *Fahrenheit 451*. O romance conta a história de um mundo futuro no qual o protagonista, Guy Montag, trabalha como "bombeiro" – na realidade, sua função é a de queimar livros: 451 graus Fahrenheit, equivalentes a 233 graus Celsius, é a temperatura da combustão do papel. Na sociedade no romance, os livros são queimados. O conteúdo das obras permanece com um grupo de resistência, que memoriza os livros e guardam, assim, a cultura.

A memória era a última trincheira da arte contra o Estado autoritário. A arte e a vida caminhavam juntas.

O poeta russo Vladimir Maiakóvski se suicidou com um tiro no peito em 1930. Era conhecido como o "poeta da revolução", mas não conseguiu conviver com sua implementação. Angustiado, o poeta, na época de sua morte, vivia pressionado pelos programas oficiais a abandonar seu estilo, a fim de seguir uma literatura fiel ao modelo do Estado.

Líder de sua criativa geração, sua morte foi um choque para a vanguarda literária soviética. Um dos expoentes desse grupo, e amigo pessoal de Maiakóvski, era Mikhail Bulgákov (1891-1940). Embora formado em medicina, Bulgákov se entregara à literatura. Lançou, em 1925, a obra *A guarda branca*, publicada em jornal literário. A trama fala de como uma família, os Turbin, atravessa a Revolução de 1917. Os Turbin não eram comunistas e não foram tratados no romance como tolos ou desumanos – portanto, a obra era uma antipropaganda política. O livro foi adaptado para o teatro sob o nome de *Os dias dos Turbin*. A peça, que falava dos conflitos internos do país, acabou aclamada pelo público.

Entretanto, apesar do sucesso, Mikhail Bulgákov passou, como quase todos os escritores que buscavam se manifestar livremente naquela União Soviética, a sofrer a perseguição do regime. Seus trabalhos foram censurados. Não o autorizaram a encenar sua peça. Em 1929, tudo o que ele havia publicado fora retirado de circulação. Pior: ele era repetidamente caluniado de forma agressiva pela imprensa oficial.

Foi nesse contexto que Mikhail Bulgákov escreveu uma longa carta para Josef Stálin (1878-1953), o homem mais poderoso da União Soviética. Nela, depois de mencionar de forma educada que não conseguia publicar suas obras, pois fora "condenado ao silêncio", dizia que "a impossibilidade de escrever equivale a ser enterrado vivo". Ao fim, explicitando sua situação de miséria, solicitava que lhe fosse permitido deixar a União Soviética ou, ao menos, que recebesse trabalho em algum teatro do Estado.

Stálin assistira por diversas vezes a peça de Bulgákov. Dizia-se fã do escritor e dramaturgo. Essa era a esperança: sensibilizar seu admirador.

Em 18 de abril de 1930, apenas quatro dias depois do suicídio de Maiakóvski e três semanas após o envio da carta, o telefone tocou na casa do escritor. Era Stálin.

— Boa tarde, camarada Bulgákov.

— Boa tarde, Ióssif Vissarionóvitch [este era o nome de Stálin].

— Nós recebemos sua carta. Eu a li com os camaradas. O senhor vai obter uma resposta favorável... Será que realmente devemos deixá-lo partir para o estrangeiro? Nós o aborrecemos tanto assim?

Bulgákov mal conseguia acreditar que o poderoso Stálin, o homem de aço, estava do outro lado da linha. A voz do líder soviético, contudo, era inconfundível. Pego de surpresa, o escritor respondeu:

— Pensei muito, nos últimos tempos, se um escritor russo poderia viver fora de sua terra. E me parece que não.

— O senhor tem razão – concordou o ditador, – Também penso assim. Onde quer trabalhar? No Teatro de Arte?

— Sim, eu gostaria. Mas falei sobre isso e me recusaram.

— Entre com um requerimento. Acho que vão concordar. Precisamos nos encontrar para uma conversa...

— Sim, sim, Ióssif Vissarionóvitch, preciso muito conversar com o senhor!

— É preciso arranjar tempo e teremos um encontro, sem falta. E, agora, desejo-lhe felicidades.

Bulgákov, tempos depois, conseguiu um emprego secundário no Teatro de Arte de Moscou, mas não a liberdade de expressão. De muito pouco adiantara a admiração de Stálin. Jamais se encontraram. O escritor nunca mais, em vida, conseguiu publicar algum trabalho. Morreu em 1940, sofrendo havia tempos com uma saúde debilitada.

A vingança, entretanto, chegara. Nos últimos anos de sua vida, Bulgákov finalizara o seu mais importante e conhecido romance, *O mestre e a margarida*. Nele, contava-se a história, cheia de referências literárias e com críticas aos abusos do governo sociético, da visita do diabo à Moscou dos anos 1930. O livro, denso e complexo, não permite uma interpretação singela. Numa síntese muito deficiente, o Mestre escreve um romance sobre o encontro de Pôncio Pilatos com Jesus de Nazaré, mas seu livro é rejeitado pelas autoridades soviéticas. Isso destrói sua carreira literária e sua sanidade mental.

Uma das mais conhecidas citações da obra é exatamente: "manuscritos não se queimam", frase dita pelo próprio diabo. Profeticamente, foi num manuscrito que esse trabalho sobreviveu, para ser publicado apenas muitos anos depois da morte de seu autor, em 1966 – embora a versão sem qualquer censura tenha aparecido somente em 1973. O romance foi um estrondoso sucesso, a ponto de o grupo de rock Rolling Stones pagar a ele um tributo na famosa canção "Simpathy for the Devil".

A censura não foi eterna. O "preferido" de Stálin conseguiu que sua mensagem de horror à ditadura e a opressão da liberdade atingisse milhões.

Giuseppe Fortunino Francesco Verdi (1813-1901) foi um dos mais aclamados compositores de ópera da história. Quando, em 1839, escrevia seu segundo trabalho no gênero, ele experimentou um drama: sua mulher e seus dois filhos morreram num curto espaço de tempo. Com isso, o compositor entrou em depressão. Desistiu de compor. Entretanto, Verdi estava vinculado a um contrato que o obrigava a entregar óperas.

Para cumprir seu dever contratual, Verdi compôs *Nabucco*. É nela que se encontra o famoso coro *Va, pensiero*, antes referido. Dizem que, por conta do sucesso de *Nabucco*, Verdi decidiu seguir seu mister. Graças a um contrato, a humanidade não perdeu um gênio. Verdi ainda comporia *Rigoletto*, *La traviata* e *Aída*, entre outras joias.

Georgios Kyriacos Panayiotou estourou, no começo dos anos 1980, cantando no duo Wham! Ele tinha apenas 18 anos quando suas músicas pas-

"LISTEN WITHOUT PREJUDICE VOL. 1", DE GEORGE MICHAEL (1990)

saram a ser tocadas em todos os lugares. Filho de pai cipriota grego e mãe inglesa, adotou um nome artístico inglês: George Michael.

Rapidamente, George Michael tornou-se símbolo sexual. Em 1988, abandonou definitivamente seu parceiro no Wham! para iniciar uma carreira solo. Celebrou um grande contrato com a Sony Music, gigante da indústria fonográfica, pelo qual teria que produzir, ao longo do tempo, oito álbuns.

No fim dos anos 1980, George Michael lançou o álbum *Faith*, que imediatamente se transformou em um fenômeno de vendas. Em 1990, apresentou seu segundo trabalho solo: *Listen Without Prejudice Vol. 1*. No entanto, embora o disco tenha vendido cinco milhões de cópias, ficou bem aquém das expectativas da gravadora e do astro.

Segundo George Michael, a Sony teria deixado de promover adequadamente o álbum porque o artista tomara a decisão de abandonar sua imagem de símbolo sexual – na verdade, George Michael era homossexual, embora apenas tenha assumido sua sexualidade publicamente em 1998. Por decisão do cantor, a capa de *Listen Without Prejudice Vol. 1* sequer reproduzia sua imagem.

Insatisfeito com o tratamento recebido da gravadora e infeliz por não poder ditar os caminhos de sua carreira, George Michael se recusou a compor. Em 1992, ajuizou uma ação contra a Sony Music a fim de obter, pelo judiciário, a alforria dos contratos com a gravadora. Segundo o cantor, ele estava submetido a uma escravidão artística.

Dois anos depois, saiu o resultado da demanda: todos os pedidos de George Michael foram negados. O tribunal inglês entendeu que os acordos feitos entre o artista e a gravadora refletiam conceitos razoáveis e comuns no mercado – mormente porque o artista teve, na elaboração dos documentos, a ajuda de advogados.

Derrotado no tribunal, George Michael seguiu sem cantar. A Sony havia saído vitoriosa na corte, mas o direito não era suficientemente forte para obrigar um artista a dar materialidade à sua arte. Diante dessa situação, em 1995 a Sony vendeu o contrato de George Michael para a gravadora rival Virgin.

O artista britânico Chris Ofili, de ascendência africana e caribenha, apresentou, em 1996, uma Nossa Senhora negra, em grandes proporções. Para elaborar a obra, valera-se de fezes de elefante e recortes com cenas de pornografia.

A Santa Virgem Maria causou, de pronto, protestos. Ela foi exposta em Londres no ano de 1997 e em Berlim no ano de 1998, trazendo sempre controvérsias. Para muitos, tratava-se de uma forma desrespeitosa de abordar a santa, numa afronta à fé de milhões de pessoas.

Quando a obra foi exposta em Nova York, no museu do Brooklyn, em outubro de 1999, o então prefeito da cidade, Rudolph Giuliani, ameaçou retirar o suporte financeiro à instituição, em protesto por expor um quadro que ele considerava uma arte "doente".

O diretor do museu ajuizou uma ação contra o prefeito com base na Constituição americana, a fim de evitar que a prefeitura de Nova York deixasse de transferir recursos na forma como se havia comprometido. O prefeito Giuliani, em entrevista, se disse ofendido com a pintura e que a Constituição jamais poderia amparar um projeto "horrível" como a obra de Ofili.

O tribunal americano – pela juíza federal Nina Gershon – julgou favoravelmente ao museu. Reconheceu que o governo não poderia suspender o patrocínio porque se trataria, nesse caso, de uma censura, contrariando o princípio da liberdade de expressão. Entendeu-se que o patrocínio dado pelo Estado aos museus não era uma obrigação, porém, depois de ter sido concedido, seria inadmissível sua retirada apenas porque alguém discordara do que havia sido exposto.

A Santa Virgem Maria de Chris Ofili foi vendida, em 2015, por quase cinco milhões de dólares e hoje se encontra no museu de Arte Moderna de Nova York.

A Convenção de Haia de 1954 criminalizou a destruição de qualquer edifício histórico ou monumento religioso. A Unesco, em 1970, editou regra semelhante, condenando inclusive o saque e a pilhagem realizados após qualquer guerra ou conflito.

Na trilha da Rota da Seda, possivelmente o caminho comercial mais relevante da Antiguidade, encontra-se o remoto vale do Bamiyan, hoje no Afeganistão. Ali havia um importante centro budista que viu seu apogeu entre os séculos II e VII, quando a região foi conquistada pelos árabes. Os monges budistas viviam como eremitas e, por volta do século V, talharam, na pedra, duas gigantescas estátuas de Buda, uma com 55 e outra com 38 metros de altura. Tratava-se da maior representação de Buda em pé em todo o mundo.

O governo fundamentalista talibã destruiu aquelas estátuas colossais. Esse era o destino de qualquer obra de arte que antecedesse o advento do islamismo. As peças foram dinamitadas após ficarem três dias sendo cobertas com os explosivos. Desses patrimônios históricos e culturais da humanidade, sobraram apenas pedaços de pedra.

BUDA DO VALE DO BAMIYAN ANTES DA EXPLOSÃO

Comemorando a implosão, os talibãs deram salvas de tiros. Segundo testemunhas, foram sacrificadas nove vacas na ocasião. O acontecimento se deu em março de 2001.

BUDA DO VALE DO BAMIYAN APÓS EXPLOSÃO

O ILUMINISMO, AS REVOLUÇÕES, O JUSRACIONALISMO, OS CÓDIGOS CIVIS E O NEOCLÁSSICO

No direito, em época que se pode delinear aproximadamente entre 1600 e 1800, viu-se o apogeu do jusracionalismo. Trata-se de importante capítulo da história da evolução do pensamento jurídico. Dava-se ênfase ao antigo conceito de direito natural, o qual proclamava a existência de leis humanas antigas e imutáveis. Esse direito partia de uma filosofia moral fundada na razão. Com efeito, Samuel Puffendorf (1632--1694), jurista alemão, defendia que "a lei natural se fundamenta nas máximas da reta razão". Soavam, nisso, os ecos do Renascimento e do humanismo. O direito, assim, se desvinculava por completo da religião. É nesse movimento que se ancora a construção teórica dos direitos fundamentais do homem.

De iure belli ac pacis, obra de Hugo Grócio (1583-1645) datada de 1625, examina a guerra e a paz a fim de entronizar a natureza racional do homem como a mais fundamental explicação do direito natural. Grócio apresentava a razão como proeminente, a despeito e acima até mesmo de Deus. Grócio antecipa Hobbes e Locke na ênfase à razão no pensamento jurídico-político. Muito justamente, considera-se Grócio o fundador do jusnaturalismo moderno – defendendo o conceito de que, acima do direito positivado pelos homens, paira um direito natural superior, relacionado aos grandes valores éticos e morais.

Nesse mesmo período tem início a Revolução Científica, com figuras extraordinárias como Galileu Galilei (1564-1642), René Descartes (1596-1650) e Isaac Newton (1643-1727) – o primeiro italiano, o segundo francês e o último inglês. Isso demonstra que o fenômeno foi europeu, e não circunscrito a determinada região ou país. Com ele, a ciência ganhava plena autonomia. Desenvolveu-se um método científico. Assim como no mundo jurídico, a razão era cultuada.

Quando surge o iluminismo, conserva-se a supremacia da razão e ganham destaque ideais como o da liberdade, da tolerância e da participação do cidadão no governo. Juristas de peso tomaram parte no iluminismo, como David Hume (1711-1776), Immanuel Kant (1724-1804), Cesare Beccaria (1738-1794) e Montesquieu (1689-1755). Foi Kant quem possivelmente ofereceu o melhor lema para o que se pretendia com o movimento: "Atreva-se a conhecer." Todos esses fortes conceitos embalaram as Revoluções Americana e Francesa, dando início à Era Moderna.

As Revoluções Americana e, principalmente, a Francesa sugeriam uma nova forma de ver a arte. Evidentemente, buscava-se o oposto do gosto da nobreza. O rococó deu lugar a um movimento de temas austeros, menos rebuscados, reconhecido como neoclássico. Os pintores Jacques-Louis David (1748-1825) e Jean-Auguste-Dominique Ingres (1780-1867) se destacaram naquele momento.

Nos Estados Unidos, Thomas Jefferson (1743-1826), advogado do estado da Virgínia e um dos idealizadores da Revolução Americana, planejou a

PALÁCIO DE MONTICELLO, NOS ESTADOS UNIDOS

construção de sua casa, nos arredores da pequena cidade de Charlottesville, segundo os modelos clássicos, em especial o da Villa Rotonda, do arquiteto renascentista Andrea Palladio (1508-1580). A propriedade, erigida em 1772, recebeu o nome de Monticello, ou seja, pequena montanha. Sua imagem adorna a moeda de *five cents* americana.

A escolha de Jefferson, além de denunciar seu gosto arquitetônico, demonstrava uma postura característica.

No final do século XVIII e início do século XIX, a arte clássica voltava à moda. As manifestações artísticas deveriam ser feitas de forma clara, bem identificada, normalmente em sintonia com as linhas horizontais e verticais. Isso se deu também em função da descoberta das ruínas de Herculano, em 1738, e Pompeia, em 1748, que maravilharam os europeus.

Com efeito, o alemão Johann Winckelmann (1717-1768) publicou, em 1764, *A história da arte na Antiguidade*, primeiro trabalho a tratar a arte como parte de um movimento histórico. Entusiasta da arte grega, Winckelmann sugeria que os pintores deveriam "mergulhar seus pincéis no intelecto". Segundo Edgar Allan Poe, o neoclassicismo almejava precisamente isto: reviver "a glória que foi a Grécia, a grandeza que foi Roma".

Hoje, as artes clássicas – notadamente as gregas e as romanas – são menos valorizadas do que outros estilos. As alas dos museus destinadas aos impressionistas, por exemplo, encontram-se quase sempre abarrotadas, enquanto aquelas com esculturas gregas tendem a ficar bem mais vazias. Isso talvez seja explicado pelo fato de que os governantes totalitários mais recentes tiveram especial apreço pelo clássico. A estética dos nazistas e dos fascistas era predominantemente clássica.

A partir do século XVIII, os primeiros museus nacionais começaram a surgir. O Museu Britânico data de 1753. O Belvedere, em Viena, foi fundado em 1781. O Louvre, em Paris, em 1793, enquanto o Rijksmuseum, em Amsterdã, em 1808, e o Museu do Prado, em Madri, em 1819. A National Gallery abriu, em Londres, no ano de 1824, e o Altes Museum, em Berlim, no de 1830.

No final do século XVIII, a burguesia exibia sua importância e buscava segurança social e jurídica para consolidar as suas conquistas. Isso ficou claro na elaboração da Constituição americana, em 1787, e na edição de códigos civis por toda a Europa, como o código prussiano, o austríaco e, principalmente, o francês de 1804, nos quais o direito vigente era consolidado, exposto de forma organizada e sistêmica. Essa fase da codificação refletia a força do jusnaturalismo.

Pincipalmente após o código francês, proliferaram na Europa, e também nas Américas, as edições de compilações semelhantes, com o mesmo propósito iluminista. A Bolívia, por exemplo, praticamente copia o código francês.

Portanto, a Revolução Francesa – o grande movimento burguês – também representou um momento fundamental na história do direito. Por meio dela, cristalizaram-se todas as ideias filosóficas na esfera jurídica.

O DIREITO PROTEGENDO A ARTE E O DIREITO DE SE PROTEGER NA ARTE

Neil MacGregor, em seu instigante livro sobre a Alemanha, fala de algumas logomarcas alemãs famosas, como a da Volkswagen, a da Adidas e a da Mercedes. Ali, ele anota que possivelmente a primeira "logo" da história também foi criado por um artista alemão, Albrecht Dürer,[22] que assinava suas obras da seguinte forma: uma letra A grande e uma letra D menor, encaixada dentro do A. Tratava-se de um símbolo que expressava uma pessoa. De uma forma extraordinária de comunicação.

LOGO DE ALBRECHT DÜRER

---

22 Neil MacGregor, *Germany: Memories of a Nation*, London, Penguin, 2016, p. 304.

BACHUS ET ARIANE.

PINTURA DE BACO E ARIADNE, POR MARCANTONIO RAIMONDI

Dürer fez alguns autorretratos – há pelo menos 12 conhecidos –, dos quais o mais famoso é possivelmente aquele, antes referido, quando o artista tinha 29 anos. Nessa obra, ele busca uma rígida simetria e se coloca como um Cristo. No quadro, escreve: "Eu, Albrecht Dürer de Nuremberg, recriei-me a mim próprio com tintas duradouras no meu 29º ano de vida". O artista usa o verbo "criar" em vez de pintar, certamente para, nesse particular, demonstrar sua força criativa e a importância do autor.

Além de excepcional pintor, Dürer foi um bem-sucedido homem de negócios. Sabia vender seu trabalho ao melhor preço. Além disso, foi possivelmente o primeiro grande artista a se valer da imprensa, invenção do século anterior que se desenvolvia aceleradamente. Seu avô, Anton Koberger, ganhara fama como impressor em Nuremberg. Em 1511, lançou uma edição de impressões de uma xilografia de sua autoria: *Apocalipse*, que logo se popularizou.

Com capacidade de imprimir as obras, Dürer passa a vender suas xilografias em escalas muito maiores, auferindo grandes lucros. Diz-se que os trabalhos de Dürer foram os primeiros a receber venda em massa.

Aqui, entra em cena outro personagem, menos incensado: Marcantonio Raimondi (1480-1534). Nascido nas cercanias de Bolonha, Marcantonio se especializou em elaborar gravuras e xilogravuras, o que fazia com enorme talento. Chegou a ganhar fama fazendo trabalhos eróticos, mostrando diversas posições sexuais. Por esse trabalho, Marcantonio chegou a ser encarcerado, por ordem do papa Clemente VII.

Talvez por falta de inspiração ou talento, Marcantonio se dedicava a copiar obras de outros artistas. Eram reproduções fiéis, quase perfeitas. Devemos a ele até um encarecido agradecimento, pois, não fosse uma reprodução que fez de uma pintura perdida de Rafael – *O julgamento de Páris* –, jamais saberíamos como era esse quadro.

A fama das impressões de Dürer logo atraiu imitações, e Marcantonio era o mais qualificado desses falsários, chegando a imprimir em suas obras o monograma "AD". Com efeito, Marcantonio havia adquirido originais do trabalho do alemão, mais especificamente uma série denominada *A vida da Virgem*, e passou a copiá-los com extremo refinamento. Era difícil distinguir a cópia do original.

Em 1506, Dürer se socorreu de uma ação judicial, reclamando, perante as autoridades de Veneza, do uso desautorizado de sua obra. Buscava, assim, garantir seus direitos de autor, evitando reproduções não autorizadas de seu trabalho. Tratava-se de um precedente extraordinário, pois o conceito de propriedade intelectual ainda não se encontrava delineado. Aquela, portanto, era a primeira disputa judicial do gênero.

Como não havia regra tratando do tema, muito menos limitando a atividade dos copiadores, Dürer perdeu boa parte da causa, pois se admitiu a reprodução dos seus trabalhos. A corte de Veneza, contudo, determinou que Marcantonio retirasse o monograma de Dürer de suas reproduções e que informasse que seu trabalho era apenas uma cópia. A decisão ainda mencionou que Dürer deveria ficar orgulhoso, porque o fato de ser copiado decorria da excelência da sua obra.

Os problemas de Dürer com os falsários, porém, não terminaram nesse incidente. Em 1511, ao lançar um livro com suas gravuras, o artista incluiu o seguinte alerta:

> Atenção! Vós sois astutos, alheios ao trabalho e saqueadores dos cérebros de outros homens! Não cogiteis precipitadamente pôr as mãos truculentas nas minhas obras. Cuidado! Não sabeis que tenho concessão do gloriosíssimo Imperador Maximiliano para que ninguém em todo o domínio imperial possa imprimir ou vender imitações fictícias dessas gravuras? Ouvi! E tendes em mente que, se fizerdes isso, por despeito ou por cobiça, não somente vossos bens serão confiscados, mas também vossos corpos correrão risco mortal.

Não se sabe se, de fato, Dürer tinha proteção do imperador nesse embate contra os falsários, nem como se protegeu de outros aproveitadores.

Apenas em 1735, mais precisamente em 25 de junho daquele ano, o Parlamento Britânico passou a regulamentar a proteção intelectual sobre gravuras que poderiam ser facilmente reproduzidas. A norma ficou conhecida como a Lei de Hogarth, uma vez que o artista William Hogarth havia obtido, em 1732, grande sucesso com uma série de gravuras denominadas *Progresso de uma prostituta*. Trata-se da triste história, em seis cenas, da vida de uma moça, Moll Hackabout, que chega a Londres e, ali, se prostitui. Depois de uma série de infortúnios, Moll acaba morrendo vitimada por uma doença venérea.

Embora haja um evidente cunho moralista no grupo de gravuras, a cena que apresenta Moll na prisão de Bridewell não serve apenas para demonstrar a moça sofrendo uma punição, mas também – e talvez principalmente – para expor a crueldade humana.

Progresso de uma prostituta foi um sucesso retumbante, a ponto de haver uma proliferação de reproduções feitas sem qualquer aprovação do seu autor. Hogarth reclamou com as autoridades, e a procedência de seu pleito acabou por ser reconhecida pelo Parlamento. Editou-se, portanto, uma lei que garantia

PROGRESSO DE UMA PROSTITUTA, DE WILLIAM HOGARTH (1732)

proteção ao autor de gravuras copiadas sem autorização pelo prazo de 14 anos, contados a partir da primeira publicação da obra. Nascia o direito autoral.

Na época de Shakespeare, considerava-se normal que um autor se valesse de temas antes já explorados, ou mesmo que reescrevesse outras peças de seu jeito. Havia outras versões de *Hamlet* e de *Rei Lear* quando Shakespeare apresentou as suas. Partes de *Antônio e Cleópatra* são reproduções da tradução de 1579 de Sir Thomas North, para o inglês, das *Vidas dos nobres gregos e romanos*, de Plutarco. Com enredo idêntico ou muito semelhante, cabia ao dramaturgo dar novas cores e sentido à peça. Como se sabe, em Shakespeare, normalmente o mais extraordinário fica por conta de como a história é contada.

No entanto, a liberdade de se valer de outras obras na elaboração de novas não significava o poder absoluto de usar do nome de outras pessoas, mormente de ridicularizá-las.

Na versão original da peça *Henrique VI*, de Shakespeare, havia um personagem caricatural, mas que não perdia a humanidade: John Oldcastle. Tratava-se de um velho gordo e beberrão, com péssimos hábitos, que desencaminhava o príncipe, Hal, futuro Henrique V.

John Oldcastle realmente existiu. Foi inclusive mencionado, sem grande destaque, nas *Crônicas* de Raphael Holinshed, nas quais tratava da vida dos reis ingleses e constituía a principal fonte de Shakespeare para embasar suas peças históricas. Shakespeare transformou por completo o original Oldcastle e lhe deu uma cor própria. Sempre com muita ironia, esse personagem shakespeariano não serve de bom exemplo, embora proporcione muitas gargalhadas.

Os herdeiros de Oldcastle, pessoas então influentes, não gostaram da referência ao antepassado. Formularam um pedido para que a peça fosse censurada. Shakespeare foi forçado a alterar o nome, usando outro, que acabou imortalizado: Falstaff. Dizem até que Falstaff é uma brincadeira com o nome do próprio dramaturgo. Afinal, *shake* e *spear* podem significar algo como "balança lança", enquanto *fall* e *staff*, juntos, significariam "bastão caído".

Com a alteração do nome, o caso foi encerrado e a memória do verdadeiro Oldcastle, preservada. Em contrapartida, ele foi esquecido — enquanto Falstaff se imortalizou.

Os Estados católicos do Mediterrâneo se uniram, na Santa Liga, para levar quase 70 mil homens para enfrentar os turcos otomanos na Batalha de Lepanto (1571), na costa da Grécia. Entre esses combatentes estava Miguel de Cervantes Saavedra (1547-1616), que tinha 29 anos e integrava as tropas espanholas. Cervantes quase morreu no combate. Teve seu braço esquerdo mutilado. Tempos depois, diria que perdeu a mão esquerda para maior glória da direita.

Apenas quatro anos após a famosa batalha, Cervantes conseguiu preparar sua volta à Espanha. A caminho de Barcelona, o navio que o transportava foi atacado por piratas do norte da África. Parte da tripulação foi morta no combate com os corsários. Os sobreviventes, entre eles Cervantes, foram levados como escravos para Argel.

Os piratas encontraram, com Cervantes, uma carta de recomendação, feita por um dos líderes da Santa Liga. Passaram a acreditar que Cervantes era um homem importante e decidiram cobrar um alto resgate para sua libertação. Estavam enganados. Cervantes não era rico e muito menos, naquela época, alguém com fama ou poder. Com o tempo, os piratas perceberam que o refém não era merecedor de um alto resgate e acabaram aceitando por ele o valor oferecido por uma ordem religiosa. Assim, por pouco, o futuro escritor não foi vendido como escravo.

Enfim, depois de cinco anos como soldado e outros cinco como cativo, Cervantes volta para casa. No período em que esteve longe de sua terra, acumulara uma vastidão de histórias. Decidiu então lançar-se como autor, mais especificamente como dramaturgo, pois o teatro era muito popular na Espanha de então. Suas peças, entretanto, não foram bem recebidas pelo público.

Para piorar, a vicissitude o rondava. Após ter assumido o cargo de coletor de impostos para a Marinha espanhola, Cervantes, por conta de denúncias de conduta irregular no ofício, vai parar pela segunda vez na prisão. Diz a lenda que na cadeia Cervantes concebeu a história que o tornaria famoso para sempre. Talvez ele tenha percebido o anacronismo em que vivia a nação. De grande império, a Espanha, com sua "invencível" armada em grande parte posta a pique em 1588, assistia paralisada ao próprio declínio. Não havia mais espaço para o romantismo cavaleiresco: a realidade decadente gritava.

Em 1605, pois, Cervantes lança, em Madri, *El ingenioso hidalgo Don Quijote de la Mancha*. No livro, um pequeno fidalgo provincial, leitor voraz de romances de cavalaria, perde o juízo e passa a acreditar que seu destino é o de ser um cavaleiro andante. Passa a se denominar Dom Quixote, "o cavaleiro da triste figura". Escolhe uma humilde serviçal a quem elege como dama – a mui formosa senhora Dulcineia de Toboso. Tudo invencionice. Dom Quixote coopta um escudeiro, Sancho Pança, crédulo e sincero – um símbolo da ingenuidade com os pés no chão. Dom Quixote e Sancho Pança passam por várias aventuras nas quais o mundo imaginário do cavaleiro enfrenta a realidade, sempre menos fantástica, menos lírica e menos interessante. Entre outros aspectos, *Dom Quixote* trata do ocaso da Idade Média e do papel do homem da modernidade. Por meio da loucura, Dom Quixote acaba encontrando a mais dura verdade: ele não é um herói – até mesmo porque heróis não existem.

Cervantes parte da visão crítica a um gênero de grande popularidade na época, os contos de cavalaria – com evocações a um idealizado mundo medieval –, para falar de forma realista sobre a natureza humana.

O livro foi um sucesso imediato. Tanto que passaram a circular, na época, diversas falsificações de *Dom Quixote*. Valendo-se dos mesmos personagens, surgiram outras histórias do cavaleiro e de seu fiel escudeiro.

A mais conhecida dessas falsificações foi levada adiante por um suposto Alonso Fernández de Avellaneda, que produz, sem autorização de Cervantes, mas com licença real, uma sequência para *Dom Quixote* em 1614. O trabalho de Avellaneda tornou-se também popular, o que, supõe-se, forçou Cervantes a escrever, em 1615, a segunda parte de *Dom Quixote*.

Nessa segunda parte, Cervantes desanca a falsificação. Na dedicatória, registra que se apressou em terminar a segunda parte "para tirar a revolta e a náusea causada por um outro Dom Quixote, que com o nome de 'segunda parte' se disfarçou e correu pelo orbe".[23] Em seguida, no prólogo ao leitor, com ironia, fala do falsário: "Quererias que o chamasse de asno, mentecapto e atrevido, mas não me passa tal coisa pelo pensamento; castigue-o seu pecado, com seu pão o coma e por lá se avenha."[24] Ao fim da segunda parte, narra-se a morte de Quixote, para evitar que "outro autor [...] o ressuscitasse falsamente e inventasse intermináveis histórias de suas façanhas".[25]

O talento de Cervantes e as "sensatas loucuras" do seu Quixote transformaram as falsificações em meras curiosidades. O talento provara sua força, pois o original era extraordinariamente mais interessante do que a imitação. O gênio prevaleceu.

Vincent van Gogh, uma das mais fulgurantes figuras da história da arte, era mentalmente perturbado. Por conta de seu descontrole emocional, o ruivo e sardento artista não se ajustou em nenhuma profissão, embora tenha

---

23 Miguel de Cervantes, *O Engenhoso Fidalgo Dom Quixote de La Mancha*, vol. II, Belo Horizonte, Itatiaia, 1984, p. 10.

24 Ibidem, p. 11.

25 Ibidem, p. 530.

tentado várias: professor, missionário evangelista, vendedor de quadros... Sua paixão era a pintura. Ele então deixou a casa dos pais na Holanda, seu país natal, e, em 1886, seguiu para Paris, onde teve acesso a diversos artistas, como Cézanne, Seurat e Gauguin. Com efeito, os especialistas dividem as pinturas de Van Gogh em dois ciclos: antes (1880-1886) e depois de Paris (1886-1890), isto é, nas chamadas fases holandesa e francesa.

Em 1888, Van Gogh abandonou Paris para se estabelecer na pequena cidade de Arles, no sul da França. Ele sofria sérios reveses decorrentes do excesso de bebida e tabaco. Sem conseguir vender seus quadros, sobreviveu com a pequena mesada que recebia de Theo, seu irmão mais novo, com quem vivera na capital.

Àquela altura, Van Gogh convidava insistentemente seu amigo Paul Gauguin a passar uma temporada com ele em Arles. Acabou por convencê-lo. No início, os dois artistas se dão bem, mas logo o atormentado Van Gogh passa a hostilizar Gauguin, que então faz planos para deixar Arles.

Na véspera de Natal, Gauguin prepara as malas para partir. Van Gogh se desespera. Joga um copo d'água em Gauguin. Depois, persegue o pintor pelas ruas com uma navalha, como relatou Gauguin no seu livro de memórias. Por pouco não o ataca. Van Gogh estava descontrolado. Gauguin sequer teve coragem de pegar suas malas, que deixara na casa dividida pelos pintores. Naquela noite, Van Gogh, com a mesma navalha que pretendera avançar sobre o amigo, decepou parte da orelha esquerda. Em seguida, colocou o pedaço de sua orelha em um envelope e o enviou a Raquel, moradora de um bordel do qual ele era eventual frequentador. Seguiu-se uma crise de loucura furiosa. O pintor foi levado para um hospital, onde ficou por duas semanas, até se acalmar. Ele próprio se retrata com uma faixa enrolada no rosto, protegendo o ferimento da orelha mutilada.

Pouco depois, os moradores de Arles, preocupados, prepararam um abaixo-assinado em que chamavam o pintor de *le fou roux*, "o maluco ruivo", e solicitavam que o artista fosse internado em um hospício. Ele era considerado um perigo para a comunidade.

Van Gogh foi levado a um asilo de loucos em Saint-Paul-de-Mausole, nas cercanias de Saint-Rémy-de-Provence. O manicômio, de certa forma,

A NOITE ESTRELADA, DE VINCENT VAN GOGH (1889)

é uma prisão. Felizmente, permitiu-se que Van Gogh deixasse a instituição, em horas marcadas, com o propósito de pintar. No entanto, ele só poderia sair se acompanhado por um vigia.

Esse guarda de Van Gogh, portanto, era a primeira testemunha de muitos quadros do gênio. Não fosse a oportunidade dada ao artista de continuar a pintar, muitas obras-primas de sua extraordinária lavra sequer existiriam. Foi nesse período que Van Gogh pintou *A noite estrelada*, uma de suas mais celebradas telas.

No hospício, Van Gogh se detinha, além da pintura, lendo as peças históricas de Shakespeare, onde parecia encontrar paz para seus distúrbios.

Melhorada a saúde do pintor, seu irmão Theo consegue retirá-lo do hospício e o leva para Auvers-sur-Oise, mais perto de Paris, onde é tratado pelo dr. Paul Gachet, a quem o artista homenageia com um hoje famoso retrato, e onde passa a morar no pequeno cômodo de uma pensão modesta. Nesse quarto, em 1890, Van Gogh se suicida com um tiro de revólver. Ele tinha apenas 37 anos. Ao ser informado do suicídio por Theo, Gauguin respondeu que o seguiria vendo em sua obra, "com meus olhos e com meu coração".

Em vida, como se sabe, Van Gogh não gozou de qualquer sucesso ou reconhecimento. Morreu pobre. Ao seu irmão, contudo, vaticinou acerca de seus quadros: "Com o tempo, eles ficarão muito bonitos."

Apesar das obras do holandês, naquele momento, não despertarem qualquer interesse – a bem da verdade, eram desprezadas –, os responsáveis pelo hospício em Saint-Paul-de-Mausolée compreenderam a importância da arte. Admitiram uma exceção à regra que não permitia aos ali internos deixar o recinto do manicômio. A norma cedeu em proveito da arte. Vendo hoje o que se produziu, o proveito foi de toda a civilização.

Friedrich Wilhelm Murnau (1888-1931) lutou pela Alemanha, seu país de origem, na Primeira Grande Guerra. Sobreviveu milagrosamente a diversos incidentes e passou, durante o conflito internacional, boa parte de seu tempo de serviço hospitalizado. Com o fim da conflagração, Murnau, talvez traumatizado pelas experiências vividas, decidiu dedicar-se a filmes de terror, gênero inovador numa indústria cinematográfica ainda incipiente.

Logo no começo dos anos 1920, ele passa a trabalhar em uma adaptação do sucesso literário *Drácula*, do irlandês Bram Stoker (1847-1912), lançado em 1897. Murnau desejava levar o vampiro para as telas. O problema foi que não conseguia autorização para tanto da viúva de Stoker, Florence Balcombe, herdeira dos direitos autorais da obra. Murnau decidiu, então, promover alterações na história original. Deslocou os acontecimentos para a cidade portuária de Wisborg. Retirou o herói Van Helsing do enredo. O sugador de sangue que não resistia à exposição ao sol se chamaria, na versão de Murnau, conde Orlok ou, simplesmente, Nosferatu – que poderia significar "vampiro" em romeno arcaico ou, em grego, *nosophoros*, isto é, "portador de doença". No filme, o conde Orlok possuía uma aparência repugnante e monstruosa, ao contrário do conde Drácula original, que era charmoso e refinado. Por outro lado, o anti-herói de Murnau apresentava sinais de humanidade.

Apesar do esforço de Murnau em se afastar da história de Stoker, assim que lançou, em 1922, seu *Nosferatu* – um filme mudo e em preto e branco –, o diretor alemão foi processado pela viúva de Stoker, que reclamou do uso não

NOSFERATU, DIRIGIDO POR F. W. MURNAU (1922)

autorizado da obra. No pôster publicitário havia a referência de que o filme consistia numa reprodução livre do livro *Drácula*. Era a confissão.

A justiça entendeu que, apesar da mudança dos nomes, as narrativas eram muito similares. Murnau, claramente, havia tomado o livro de Stoker como base sem qualquer contraprestação. Na Alemanha, a novela de Bram Stoker apenas cairia em domínio público cinquenta anos após a morte de seu autor, o que se daria em 1962. Assim, a corte alemã determinou, em julho de 1925, que todas as cópias de *Nosferatu* fossem apreendidas e destruídas – mais precisamente, queimadas.

O estúdio de Murnau, o Prana-Film, foi à bancarrota. A viúva de Stoker chegou, também por meio de uma decisão judicial, a impedir a estreia do filme em Londres, que se daria em 1925. Outro grande revés para o diretor.

Felizmente, uma cópia do filme escapou. Ela havia, não se sabe explicar como, cruzado o Atlântico para chegar aos Estados Unidos, onde o livro de Bram Stoker já estava em domínio público. *Nosferatu*, então, foi exibido em 1929 nas Américas. A incansável viúva de Stoker, Florence Balcombe, tentou, até a sua morte em 1937, destruir as cópias, ajuizando também ações nos Estados Unidos. Embora ela tivesse outrora algum sucesso, o vampiro, aqui também, não morreria.

Apenas na década de 1960, quando a obra caiu em domínio público na Alemanha, o longa-metragem do morto-vivo retornou a seu país de origem. A ordem judicial de destruição não foi suficiente para impedir que o filme se transformasse num clássico.

Erich Lüth (1902-1989) foi crítico de cinema e diretor do Clube de Imprensa de Hamburgo, na Alemanha. No início da década de 1950, iniciou uma campanha visando a boicotar o filme do cineasta Veit Harlan (1899-1964) chamado *Amada imortal*. A conclamação de Lüth, de origem judaica, não se relacionava ao objeto do filme – aliás, um romance sem maior expressão –, porém à história real do cineasta Harlan. Este fora, na época do nazismo, responsável por filmes de divulgação e propaganda do partido de Hitler, notadamente em temas antissemitas.

O movimento de Lüth funcionou. O filme de Harlan foi um fiasco. Diante disso, o cineasta e sua produtora ingressaram com uma ação contra o crítico, com base no conceito de difamação. Queriam uma indenização, pois, como resultado da campanha de Lüth, amargaram enorme prejuízo.

Segundo Harlan, a liberdade de expressão era protegida pela lei alemã. Portanto, ele não poderia ser punido por ter, no passado, externado sua opinião.

Inicialmente, Harlan e a produtora receberam um julgamento positivo da corte de Hamburgo, que condenou o crítico de cinema a reparar os danos que causara. A corte entendeu que a convocação ao boicote era contrária aos bons costumes e poderia ser considerada uma forma de censura.

Lüth, porém, recorreu, e o Tribunal Constitucional da Alemanha reverteu a decisão inicial. Ficou reconhecido que a campanha de Lüth era a manifestação do direito fundamental de expressar uma opinião. A decisão de 1958 deu à liberdade de opinião uma força brutal. Garantiu-se que essa liberdade também valia para quem tentasse influenciar outras pessoas.

"Esta é uma obra de ficção, qualquer semelhança com nomes, pessoas, fatos ou situações da vida real terá sido mera coincidência."

Essa conhecida frase foi concebida para evitar problemas legais. Surge depois que, em 1933, o poderoso estúdio hollywoodiano Metro, Goldwyn & Mayer lançou *Rasputin e a imperatriz*. No filme, ainda em preto e branco, contava-se a história do obscuro e misterioso Gregório Rasputin, monge que gozou de enorme influência sobre a czarina Alexandrina, da Rússia. Rasputin era odiado pela aristocracia local, que via com enorme receio sua proximidade com a família real.

Na história verdadeira, um nobre, Felix Yusupov, decidiu pôr fim àquela situação e assassinar o sombrio Rasputin – que, ademais, tinha proporções físicas gigantescas. Para tanto, ofereceu ao sinistro monge bolinhos com cianureto. Apesar do veneno e da grande quantidade de álcool ingerida pela vítima, porém, ela nem tropeçou. O homem era resistente. Foi, então, necessário que Yusupov usasse um revólver. Apenas depois de vários tiros, Rasputin finalmente caiu – mas não definitivamente. O monge ainda conseguiu fugir da emboscada. Seu corpo foi encontrado sob o gelo de um rio no dia 1º de janeiro de 1917, poucos meses antes da Revolução.

No filme de Hollywood, contudo, foi dado outro nome a Yusupov: Paul Chegodieff. O resto da história, por sua vez, seguia quase idêntica.

Todavia, o nobre russo Yusupov não gostou de ter sua vida exposta em um filme, ainda que com nomes trocados. Afinal, na trama, ele cometia um covarde assassinato. Além disso, a película possuía uma cena na qual a mulher do nobre, com o nome fictício de Natasha, era violentada por Rasputin (por quem a nobre também fora, na ficção, magnetizada). Para o príncipe russo e a mulher dele, Irina, o longa-metragem lhes era altamente ofensivo.

Irina Yusupov ajuizou uma ação contra o estúdio, portanto. Conseguiu obter uma decisão que impedia a circulação do filme e condenava a Metro, Goldwyn & Mayer a arcar com uma polpuda indenização. A partir de então, os produtores de filmes decidiram, por cautela, esclarecer que suas obras eram ficcionais: se houvesse alguma semelhança com fatos reais, tudo não passava de mera coincidência.

A afirmação colou. Passou a ser mecanicamente repetida em outras obras, embora sua eficácia fosse limitada.

O escritor alemão Klaus Mann (1906-1949) – filho de Thomas Mann – fugiu da Alemanha em 1933 para escapar do regime nazista. Antes, trabalhara na adaptação de uma de suas obras para o teatro ao lado do ator Gustaf Gründgens (1899-1963), que, nesse período, se casou com a irmã de Klaus, Erika Mann (a relação, contudo, durou pouco tempo).

Klaus e Gustaf integravam um grupo de pessoas ligadas ao teatro com posição muito crítica aos nazistas. No entanto, Gründgens, logo após Mann ter deixado a Alemanha, acabou por se filiar ao partido de Hitler. Com isso, começou a dirigir filmes e peças com o auxílio do regime que, pouco antes, não apenas desprezava, mas também denunciava.

Da Holanda, em 1936, Klaus Mann escreve um romance chamado *Mephisto*, no qual relatava a história de um ator, Hendrik Höfgen, que, abandonando sua integridade, incorporava-se, para seguir atuando e garantir sua escalada social, ao partido nazista. Assim como fizera Fausto com Mefistófeles, o ator Höfgen vendia a sua alma em troca de seu êxito. A história de Klaus Mann poderia ser vista, sem esforço, como uma alusão a Gustaf Gründgens.

Nos anos 1960, o filho de Gründgens, com o pai morto, inicia uma ação na Alemanha Ocidental a fim de censurar *Mephisto*, sob o fundamento de que denegria a imagem e a memória de seu pai. Klaus Mann, por outro lado, buscou proteger-se, registrando nos exemplares da sua obra que "todas as pessoas deste livro são personagens, não retratos de personalidade". Não adiantou. O tribunal alemão, em 1968, proibiu a circulação do trabalho.

O caso acabou discutido pela mais alta corte constitucional alemã, que, em 1971, confirmou a decisão dos tribunais inferiores, porém com votos divergentes, que consideravam ilegal a censura. Por maioria, a corte alemã entendeu que a dignidade de uma pessoa, mesmo morta, justificaria a proibição de uma publicação.

Segundo T.S. Eliot, "poetas imaturos imitam; poetas maduros se apropriam". "Um bom compositor não imita, ele rouba", pontuou, por sua vez, Stravinsky. E, segundo Picasso, "bons artistas copiam, grandes artistas roubam".

No final de 1978, Rod Stewart lançou um petardo: a canção "Do Ya Think I'm Sexy?" faz um estrondoso e imediato sucesso, chegando, na época, ao topo das paradas nos Estados Unidos e na Inglaterra.

O cantor e compositor Jorge Ben, depois Jorge Benjor, denunciou que o refrão da música de Rod Stewart era uma reprodução evidente da melodia de "Taj Mahal", canção sua que estourara no Brasil. Em 1979, o brasileiro iniciou um processo, nos Estados Unidos, reclamando o reconhecimento da autoria.

Rod Stewart estivera no carnaval do Rio de Janeiro em 1978, numa comitiva com Freddie Mercury e Elton John. Ali, como ele mesmo confessou, escutava "Taj Mahal", de Benjor, incessantemente. A melodia, segundo Stewart, teria ficado em sua mente.

Para evitar a condenação, Stewart, que jamais reconheceu o plágio como intencional, doou todos os ganhos obtidos com a comercialização da música para a Unicef, o Fundo das Nações Unidas para a Infância. A doação humanitária deixou Jorge Benjor em situação constrangedora, pois teria que discutir a titularidade de uma canção cujos frutos foram destinados a causas beneficentes. Benjor acabou desistindo da demanda.

O código da Vinci, romance policial do escritor norte-americano Dan Brown, foi um fenômeno mundial de vendas. Foram distribuídos mais de 100 milhões de cópias do livro, traduzido para algumas dezenas de idiomas.

Em resumo, a obra apresenta a ideia de que a dinastia merovíngia de reis franceses secretamente descendia da filha de Jesus e Maria Madalena. A partir disso, o romance fala de uma ordem secreta, supostamente guardiã desse segredo, que velaria pela descendência de Jesus ao longo dos séculos. O próprio Leonardo da Vinci teria sido membro dessa irmandade oculta.

Em 1982, anos antes do absoluto sucesso do livro de Dan Brown, Michael Baigent, Richard Leigh e Henry Lincoln lançaram *O Santo Graal e a linhagem sagrada*, cujo título original era *The Holy Blood and the Holy Grail*. Nesse trabalho, que se dizia jornalístico, seus autores apresentaram a tese de que Jesus se casara com Maria Madalena. Com a morte do nazareno na cruz, Maria Madalena teria fugido, grávida, para a França. Seus descendentes formaram a dinastia merovíngia e acabaram por reinar em terreno francês. Esse segredo fora guardado por uma ordem secreta chamada Priorado de Sião, e várias figuras ilustres, ao longo do tempo, teriam feito parte desse grupo. O cálice sagrado seria apenas figurativo: na realidade, ele se referia ao sangue de Jesus, que seguia correndo nas veias de seus herdeiros.

Quando *O Santo Graal e a linhagem sagrada* foi lançado, despertou alguma curiosidade, mas não se levou a sério a tese herética especulativa. *O código da Vinci*, então, decidiu claramente partir da mesma ideia. Mais do que isso, o livro de Dan Brown fazia uma homenagem ao trabalho de Michael Baigent, Richard Leigh e Henry Lincoln. Um dos personagens, Sir Leigh Teabing – aliás, o vilão do enredo –, fora batizado a partir do uso do sobrenome de dois dos autores: o sobrenome de Leigh virou prenome, enquanto um anagrama de Baigent cunhou o sobrenome do vilão.

Michael Baigent e Richard Leigh, dois dos três autores de *O Santo Graal e a linhagem sagrada*, ingressaram com uma ação, na Inglaterra, contra Dan Brown e sua editora, reclamando o uso indevido e não autorizado de sua obra.

É interessante que, ao propor a ação, Leigh e Baigent tiveram de reconhecer que sua obra, apresentada como um trabalho jornalístico, não passava de fantasia. Se de fato fosse um fato histórico, não haveria por que se falar em direito autoral. Segundo Umberto Eco, que comentou exatamente esse suposto plágio de *O código da Vinci*, caso se acredite que César recebeu 23 punhaladas no Senado Romano e isso passa a ser admitido como verdade histórica, já não se pode mais ser acusado de plágio por se adotar a informação.[26]

A defesa de Brown argumentou que a proteção autoral se relacionava a expressões, a cópias materiais de textos, não a ideias.

O tribunal inglês entendeu, em 2006, que, embora Brown tenha usado *O Santo Graal e a linhagem sagrada*, entre outros livros, como fonte de pesqui-

---

26 Umberto Eco, *Nos ombros de gigantes*, Rio de Janeiro, Record, 2018, p. 387.

sa, não houve violação nenhuma ao direito autoral. Uma ideia abstrata não poderia ser apropriada dessa forma, até mesmo porque *O código da Vinci* era um romance policial que narrava o mistério de um assassinato, com diversos outros temas adotados como pano de fundo. Além disso, Dan Brown não copiara literalmente nenhuma parte da obra de Baigent, Leigh e Lincoln.

Curiosamente, o juiz da causa, Peter Smith, passou, cifrada em sua sentença, uma mensagem que apenas poderia ser percebida se adotada a sequência Fibonacci – uma sucessão matemática de números – referida em *O código da Vinci*. Em sua mensagem, o juiz fazia referência a um almirante inglês, herói da Primeira Guerra Mundial, que gozava da admiração do magistrado.

A interpretação da corte inglesa, nesse caso, foi bastante restritiva.

Um ano após a morte de Balzac, em 1850, Alexandre Dumas tentou homenagear o grande escritor. Idealizou uma grande estátua. A viúva de Balzac, a condessa Hanska, entretanto, foi contrária ao tributo, o que acabou por impedir que se levantasse a escultura.

Apenas algum tempo depois, já morta a viúva, em 1898, Rodin produziu um monumento a Balzac, que hoje embeleza Paris.

Essas referências, visuais ou escritas, a outras pessoas podem gerar conflitos. Afinal, a verdade nem sempre é conveniente. Muitos prefeririam ser esquecidos ou que apenas se lembrassem deles pelo bem que fizeram, ignorando todos os seus desvios.

Para piorar, a mesma verdade pode ser vista sob diferentes ângulos, uns menos nobres do que outros. Por fim, a forma de se contar a mesma história varia: um só caso pode conter diferentes versões, ainda que todas não se distanciem da realidade. Cada variável dessa vem à tona de forma explícita quando se discute o direito de uma pessoa ou de seus herdeiros impedirem que seja feita alguma referência sobre sua vida.

A lição mais eficaz se colhe dos exemplos. Discursos, parábolas, frases de efeito, entre outros recursos, têm enorme força, mas nada supera o exemplo. Jesus nos oferece diversas lições por meio de narrativas alegóricas, porém o seu mais potente ensinamento se colhe de sua vida terrena, que culmina em seu sacrifício.

Em 1863, um professor francês de línguas semíticas, Ernest Renan (1823-1892), lançou uma versão da vida de Jesus. Renan, que estudara para ser padre, mas acabara seguindo o magistério, escreveu, sempre baseado nas Escrituras (em seu idioma original), sobre um Jesus mais humano do que divino. Os Evangelhos não deixam de ser uma biografia, porém Renan contava a história da sua forma. O livro do professor (extremamente devoto) resgatava a simplicidade original do cristianismo e ampliava a importância das mulheres nos acontecimentos da vida de Cristo, numa época em que se dizia que a Igreja desprezava a participação feminina e precisava se aproximar mais da gente simples.

O livro foi combatido e discriminado por muitos. Apesar da resistência de grupos mais conservadores, a *Vie de Jésus* tornou-se um best-seller e fomentou profícua discussão.

Ao conhecer a vida de outras pessoas, aprendemos muito mais do que apenas história: somos convidados a entender as fraquezas e as virtudes de outro ser humano. Colhemos exemplos, bons e ruins, que passam a formar nossa massa crítica. Aguçamos nossa sensibilidade. Ganhamos, enfim, elementos, verdadeiras bússolas, que servem de guia para as decisões que determinarão nossos caminhos.

Uma das mais famosas biografias da história foi escrita por Suetônio por volta do ano 121 da nossa era: *A vida dos doze Césares*. Nela, o autor relata a vida de importantes personagens políticos de Roma, de Júlio César até Domiciano. Em certas passagens, a exposição se torna exageradamente elogiosa. Eram os tempos. Muito já se passou. Hoje, as biografias, para se firmarem, devem procurar algum distanciamento crítico de seu autor em relação ao biografado.

No Brasil, os tribunais entendiam, num primeiro momento, que se deveria proteger a privacidade e a intimidade, valores de extrema relevância. Portanto, as biografias deveriam conter a autorização (ainda que tácita) do biografado. Isso, na prática, acabava por impedir que se divulgassem informações isentas. Importantes trabalhos jornalísticos foram censurados, entre eles a biografia de Garrincha, *Estrela solitária: um brasileiro chamado Garrincha*, de Ruy Castro, que, apesar de ter ganho o Prêmio Jabuti de 1996 como melhor livro brasileiro de não ficção do ano, teve sua distribuição proibida por ordem da Justiça, atendendo a pedido das filhas do jogador, então já falecido. O mesmo destino sofreram as biografias de Noel Rosa, em 2001, escrita por João Máximo e Carlos Didier, e de Roberto Carlos, feita por Paulo César Araújo, em 2007.

Em 2015, deu-se, perante o Supremo Tribunal Federal, a mais alta corte do Judiciário brasileiro, o julgamento da Ação Direta de Inconstitucionalidade nº 4.815/DF, iniciada pela Associação Nacional dos Editores de Livros – ANEL, para o fim de decidir se essa prévia autorização era necessária. Por unanimidade, entendeu-se que as biografias são um registro da história. A censura prévia, segundo o Supremo Tribunal Federal, representa uma afronta ao direito de toda a coletividade a ter acesso a essa informação, numa derrota para a sociedade e para a cultura brasileira.

A partir de então, no Brasil, a publicação das biografias não depende da autorização do biografado.

Robin Thicke e Pharrell Williams, dois renomados músicos da atualidade, lançaram em março de 2013 um hit: "Blurred Lines". Pouco tempo depois, a família do falecido e lendário artista Marvin Gaye iniciou um processo, na Califórnia, alegando que havia na música da dupla um plágio da canção "Got to Give it Up", de 1977.

O caso chamava a atenção porque não se tratava da cópia de uma sequência de notas musicais, de ritmos, de palavras, de melodias ou de um tema. A acusação era a de que "Blurred Lines" copiava a "vibração" de "Got to Give it Up".

MARVIN GAYE

Evidentemente, a "vibração" de uma música e o "clima" que ela evoca não têm tangibilidade. Trata-se de percepções subjetivas. Assim, um precedente judicial nesse sentido foi motivo de muita preocupação na indústria fonográfica, na medida em que gerava grande e indesejável incerteza.

O processo foi iniciado em 2013 e só terminou no final de 2018, com um acordo pelo qual Robin Thicke e Pharrell Williams se comprometeram a pagar pouco mais de cinco milhões de dólares aos herdeiros de Gaye. Antes, as decisões tinham sido todas favoráveis à família do falecido artista, apesar das críticas de muitos especialistas.

A semelhança entre as duas composições – "Blurred Lines" e "Got to Give it Up" – é discutível. Entretanto, não é possível sequer questionar que todas as pessoas, inclusive artistas, são influenciadas pelo que ouvem, leem, veem, cheiram, captam, sentem – por tudo, enfim, que nos cerca. A distinção entre copiar e receber uma influência pode ser gigantesca ou sutil.

Carl Jung, um dos pais da psicologia, conta que, ao ler *Assim falou Zaratustra*, de Nietzsche, deparou-se com uma passagem em que se reproduzia, quase literalmente, um trecho de outro livro (*Um diário de bordo*, publicado em 1835). Nietzsche não fazia qualquer referência ao original. Na prática, havia copiado de outra fonte. Jung, então, entrou em contato com a irmã do filósofo, que já havia falecido, para falar de sua descoberta. A irmã de Nietzsche contou que seu irmão lera aquele diário de bordo quando tinha cerca de 11 anos de idade. Segundo Jung, Nietzsche não havia plagiado a obra, mas a guardara num desvão da memória. Em algum momento, segundo o psiquiatra, de forma involuntária, "uma ideia ou imagem pode deslocar-se do inconsciente para o consciente".[27] O mesmo, diz Jung, é passível de acontecer com uma música.

André Gide (1869-1951), escritor francês e vencedor do Prêmio Nobel de Literatura, contava, ironicamente, a história do aspirante a escritor que lhe dizia que não lia nada para não perder sua originalidade... Ora, Elvis Presley ouviu Chuck Berry e Little Richards. Os Beatles ouviram Elvis. Michael Jackson escutou os Beatles – e o próprio Marvin Gaye. Esses grandes artis-

---

27 Carl G. Jung, *O homem e seus símbolos*, 14ª ed., Rio de Janeiro, Nova Fronteira, 1996, p. 37.

tas, sem exceção, receberam influências, da mesma forma como Leonardo da Vinci, para citar um gênio absoluto, fora influenciado, entre outros, pelo pintor Verrocchio, com quem estagiou. Michelangelo teve sua iniciação com Ghirlandaio. Van Gogh, no começo de sua carreira, copiava descaradamente Millet. Picasso, por sua vez, imitou sem pudor, nos primórdios, Toulouse-Lautrec, El Greco e Gauguin. Em outras palavras, parece impossível estar privado de referências, mormente no mundo atual, em que recebemos incessantemente todo tipo de informação. Como ensina o Eclesiastes, escrito há mais de dois mil anos, "não há nada de novo debaixo do sol".

Em 1989, o rapper Vanilla Ice, então um completo desconhecido, lança uma música, "Ice Ice Baby", na qual escancaradamente copia o baixo do famoso hit "Under Pressure", gravado pelo grupo Queen e por David Bowie em 1981. A "versão" de Vanilla Ice transformou-se num absoluto sucesso. Foi o primeiro hip hop da história a figurar no topo dos discos mais vendidos da Billboard, a publicação mais importante no setor.

Conta-se que Freddie Mercury estava tomando café quando escutou "Ice Ice Baby". Inicialmente, acreditou que ouvia sua música. Em seguida, é claro, verificou que estava diante de uma clara apropriação. Pouco depois, recebe a ligação de seu empresário, que perguntava o que deveriam fazer com aquilo. Freddie Mercury teria dito: "Não faça nada, deixe do jeito que está. Sempre se lembre de que a imitação é a forma mais sincera de demonstrar admiração."

Os artistas contemporâneos discutem o limite da arte em relação à autenticidade e ao ineditismo como tema corriqueiro.

OS VERDADEIROS ROMÂNTICOS

O neoclassicismo, nas artes, é, de certa forma, suplantado pelo movimento romântico, com Francisco de Goya (1746-1828) e Eugène Delacroix (1798-1863). A realidade passa a ser vista por meio de um sentimento.

Diferentemente de outros estilos, o movimento romântico abrange um campo muito mais amplo do que apenas a arte ou uma certa linguagem. Trata-se de uma concepção de vida. Ele defende uma visão subjetiva, não necessariamente escrava da razão.

Na música, Ludwig van Beethoven (1770-1827) cruza do clássico para o romântico. Ele transporta a ideia de liberdade para a arte sonora. Diferentemente do compositor clássico, o romântico usa deliberadamente a música para extravasar sentimentos pessoais. Em seguida, o movimento musical romântico se aprofunda com Franz Schubert (1797-1828), Frédéric Chopin (1810-1849), Robert Schumann (1810-1856) – que cursou faculdade de direito –, Richard Wagner (1813-1883), Piotr Tchaikovsky (1840-1893), entre outros. Ao ouvi-los, talvez se concorde com Schopenhauer, para quem o ápice da arte se revela na música.

Beethoven, além de marcar a história da música com o início do romantismo, estabelece um novo padrão profissional para os compositores, que deixam de ser empregados de algum mecenas (com obrigações e restrições de toda sorte) e passam a ganhar a vida compondo, com liberdade obras, que seriam vendidas no mercado musical.

Na literatura, a transição do clássico para o romântico fica com Goethe. Foi ele o responsável pelo primeiro fenômeno literário de sucesso em escala global – embora, é claro, nada se compare ao que vemos hoje.

Johann Wolfgang von Goethe (1749-1832), formado em direito e funcionário de uma corte de Justiça, lança, em 1774, *Os sofrimentos do jovem Werther*. O autor tinha então apenas 25 anos. Trata-se da história de um amor não concretizado. Baseada numa experiência pessoal do autor, ela termina, diante da rejeição sofrida, com o suicídio do protagonista que dá nome ao livro. A obra impactou sua geração. Jovens em toda a Europa passaram a se vestir como Werther, e muitos cometeram suicídio com um tiro na cabeça, da mesma forma como o herói. Estavam contaminados pela *Weltschmerz*, isto é, pelo "cansaço do mundo" – uma crise de inadequação, ansiedade e melancolia que afetava parte da juventude de então.

Como fuga de sua desilusão amorosa, Goethe parte para uma longa viagem à Itália, a fim de se abeberar nos clássicos – especialmente as esculturas e construções arquitetônicas. Segundo o poeta, depois de vinte meses percorrendo as ruínas romanas na Itália, "meus olhos receberam a mais absoluta educação". Ele disse ainda que, "em decorrência das extraordinárias obras de arte que admirei, sinto minha mente aberta e pronta para andar em nova direção".

Durante sua estadia na Itália, Goethe foi modelo para seu mais conhecido retrato, da lavra de seu conterrâneo, e então amigo, Johann Heinrich Wilhelm Tischbein (1751-1829).

GOETHE NA CAMPAGNA, DE JOHANN HEINRICH WILHELM TISCHBEIN (1787)

O quadro, de 1787, transformou-se em clichê da imagem de Goethe, herói nacional alemão. O poeta à vontade, como se estivesse flutuando no meio das ruínas clássicas, funciona como prova de integração da cultura ocidental.

A ideia romântica, em grande parte, se abeberou em obras de filósofos alemães como Georg Wilhelm Friedrich Hegel (1770-1831), segundo quem "nada de grande acontece no mundo sem paixão".[28] Do ponto de vista jurídico, o romantismo se espelhou na escola histórica de jurisprudência. Friedrich Karl von Savigny (1779-1861) liderou esse grupo, que pregava uma apreciação histórica do direito na qual se levavam em conta a cultura e o espírito de um povo – a *Volksgeist*. Buscava desse modo identificar o melhor ordenamento jurídico, o que era feito a partir de um sólido conhecimento do direito romano.

---

28 Georg Wilhelm Friedrich Hegel, *Filosofia da história*, 2ª ed., Brasília, UNB, 2018, p. 28.

CAPA ANTIGA DO LIVRO *CONTOS DE GRIMM*, DOS IRMÃOS GRIMM (1812)

Não por acaso, Savigny teve por alunos os irmãos Jacob (1785-1863) e Wilhelm Grimm (1786-1859), e a análise histórica do direito fez com que ambos aguçassem seu interesse pela cultura alemã. Os irmãos Grimm, então, passaram a colher contos populares, que foram compilados e publicados em conjunto no ano de 1802, após o que se tornaram um grande clássico da literatura mundial.

Os relatos incluem, entre outros, *João e Maria*, *Rapunzel*, *Chapeuzinho vermelho*, *O pequeno polegar*, *Branca de neve*, *A bela adormecida* e *Cinderela*. Além disso, havia *Os músicos de Bremen*, no qual se narra a história de quatro animais domésticos – um burro, um cão, um gato e um galo – que, depois de enorme dedicação aos seus donos, encontravam-se já velhos. Por conta disso, sofriam maus-tratos e possivelmente seriam sacrificados. Diante da situação, os quatro decidem fugir, seguindo para a cidade de Bremen, onde, acreditavam, desfrutariam da liberdade vivendo como músicos de rua.

No caminho, já perto da noite e atraídos pelas luzes de uma construção, encontraram um esconderijo de ladrões. Pela janela, viram que os bandidos se alimentavam regiamente. Os animais, portanto, decidiram fazer o maior barulho possível – o burro zurrando, o cachorro latindo, o gato miando e o galo cantando. Os ladrões ficaram assustados, achando tratar-se de alguma assombração, e fugiram correndo. Com isso, o burro, o cão, o gato e o galo tomam posse da casa. Não tardou, entretanto, para que os malfeitores retornassem. Ao chegarem eles, os animais colocaram os salteadores para correr. Como estava escuro, ninguém viu de onde saíram os golpes, e todos passaram a crer que o local era mal-assombrado. Os animais, assim, tomaram conta da casa e lá viveram felizes para sempre.

O conto, evidentemente, está cheio de simbolismos. O mais óbvio deles é o confronto de classes. Os donos dos animais são os senhores das terras, que exploram seus servos até que já não tenham valia. Esses "animais", quando inúteis, desejam partir para as cidades grandes, como era o caso de Bremen, onde tentam ganhar a vida de alguma forma. *Os músicos de Bremen* prenuncia o tema da luta de classes e expõe a lastimável relação de vassalagem.

Muito tempo depois, a fábula recebeu uma conhecida versão musicada italiana: *Os saltimbancos*, de Sergio Bardotti e Luis Enríquez Bacalov. Nela, para ficar ainda mais claro o tema social, o inimigo, expulso da propriedade, é um barão, o mesmo que explorara os animais. Em 1976, em plena ditadura militar no Brasil, Chico Buarque verteu o musical infantil para o português, com enorme sucesso.

Além do alemão Goethe, a literatura romântica se manifesta com o escocês Walter Scott (1771-1832) – que desenvolve o romance histórico –, o inglês Percy Shelley (1792-1822) e o francês Victor Hugo (1802-1885). Trata-se, visivelmente, de um fenômeno ocidental.

Victor Hugo desde cedo revelou incomum talento para as letras. Era oriundo de uma família ilustre – seu pai fora um servidor próximo a Napoleão – e, muito jovem, ainda com 29 anos, lançou *O corcunda de Notre-Dame*. Datada de 1831, trata-se da história do sineiro da catedral parisiense de Notre-Dame, Quasímodo. Corcunda e deformado, Quasímodo é um excluído da sociedade, embora seja um homem extremamente bondoso. O livro alcançou enorme sucesso e foi traduzido para diversos idiomas. Isso levou Victor Hugo precocemente para a Academia Francesa.

O autor, além da literatura, também passou a se dedicar à política. Começou a defender a república e a democracia numa França ainda monárquica. Em seguida, em 1851, decidiu exilar-se: foi para a Inglaterra. Lá, escreveu seu mais famoso trabalho: *Os miseráveis*, de 1862. O livro, lançado simultaneamente em diversos países, inclusive no Brasil, fala das injustiças sociais, notadamente da crítica à exploração do trabalho humano existente na França. *Os miseráveis* recebeu um sem-fim de adaptações e segue como símbolo da luta por condições e oportunidades mais justas.

Victor Hugo, com o fim do Segundo Império, voltou a Paris. Foi eleito para a Assembleia Francesa e, depois, para o Senado.

Assim como Goethe caminhara do clássico ao romântico, Victor Hugo levou o romantismo ao realismo.

A PROPRIEDADE DA ARTE

Nefertiti significa "a mais bela mulher chegou". Rainha egípcia, viveu entre 1370 a 1330 a.C.. Foi mulher do revolucionário Amenófis, faraó que assumiria o nome de Aquenáton. Nefertiti assistiu a um momento de prosperidade e de radical mudança de conceitos no Egito, sobretudo no que se refere à religião e à arte. Trata-se do chamado Período de Amarna.

Em dezembro de 1912, em Tell-el-Amarna, uma equipe de arqueólogos alemães descobriu uma estátua de seu busto com cinquenta centímetros de altura.

De pronto, a estátua chama a atenção por sua beleza e realismo. Escapa, por completo, do modelo idealizado que dominava a arte egípcia na época. Para nossa admiração e espanto, a obra ainda mantém, mesmo após mais de 3.300 anos, suas cores originais.

O olho esquerdo da estátua não tem a córnea incrustada, ao contrário do que ocorre com o direito. Acredita-se que o defeito fora deixado de propósito, a fim de não incutir inveja nas deusas.

Na época de sua descoberta, era costume dividir os objetos encontrados entre o governo do Egito e a equipe que financiou a pesquisa e escavação. Segundo alegam os egípcios, os arqueólogos alemães omitiram as características da obra. Diz-se que se referiram à estátua como uma peça de gesso, quando, na realidade, era feita de calcário – havia apenas uma fina camada de gesso por fora. Ademais, nos documentos da época, mencionava-se apenas que se tratava do busto de uma princesa, e não que era de Nefertiti, uma das mais famosas rainhas egípcias. Sem que as autoridades egípcias soubessem com precisão do que se tratava, o busto foi enviado em 1913 para a Alemanha. Hoje, a estátua se encontra em Berlim.

BUSTO DE NEFERTITI (1345 A.C), ATUALMENTE EXPOSTO NO MUSEU NEUES, NA ALEMANHA

Desde 1930, os egípcios postulam a devolução da peça. Durante o regime nazista, correram rumores a respeito da devolução da obra ao Egito, como demonstração política de boa vontade. O próprio Hitler, porém, refutou a ideia, prometendo que construiria um museu no qual o busto de Nefertiti ocuparia posição central. Para o Führer, Nefertiti era hitita e, logo, representante da beleza ariana.

Nos primeiros anos deste milênio, a discussão acerca da propriedade de Nefertiti voltou à cena. Uma conhecida figura da arqueologia egípcia, Zahi Hawass, iniciou uma campanha visando à restituição do famoso busto. O tema chegou, com o apoio do governo do Egito, até a Unesco, braço cultural das Nações Unidas.

Rapidamente, a discussão ganhou feições jurídicas. Os alemães apresentaram documentos relacionados à descoberta da escultura. Alegaram que a obra fora muito bem descrita às autoridades egípcias, que na ocasião aceitaram que ela ficasse com os exploradores. Advogaram, ainda, que a peça, pela sua idade, era frágil, o que não recomendava que deixasse o protegido local onde se encontrava. Mesmo oferecendo muitas garantias de que Nefertiti retornaria depois de uma exibição no Egito, o porta-voz dos museus nacionais de Berlim rejeitou a pretensão, limitando-se a dizer: "A dama não está preparada para viajar depois de três mil anos."

São conhecidas as lendas de maldições que recaem sobre quem viola as tumbas dos faraós. No caso de Nefertiti, se tivesse retornado ao Cairo, teria sofrido com a invasão popular ao Museu Egípcio ocorrida em 2011. No saque ao museu, muitas peças foram destruídas. Nefertiti, muito longe daquela confusão, permaneceu com sua beleza incólume.

A discussão acerca da restituição de antiguidades colhidas em seus locais de origem e levadas para outros países é tema pulsante.

Na arquitetura, os gregos abraçaram o conceito que o historiador da arte Johann Winckelmann (1717-1768) chamou de "serena grandeza e nobre simplicidade". Segundo Winckelmann, o desenvolvimento da arte grega, para ele a mais apurada de todos os tempos, ocorreu como consequência da liberdade desfrutada por aquele povo.

Os templos gregos expressam simetria e proporcionalidade. O Partenon, principal templo de Atenas, construído sobre a Acrópole, foi iniciado em 447 a.C. e erigido sobre outro templo, possivelmente arrasado pelos persas quando da invasão de Atenas em 480 a.C. O plano do edifício é singelo: oito colunas na frente e atrás, e 17 de cada lado. O objetivo dessas construções era abrigar a estátua de alguma divindade, que poderia ser vista pelas suas portas abertas ou pela visitação de seu interior. Assim como nas construções egípcias, preocupava-se mais com o exterior do que com o lado de dentro.

Uma parte desse monumento foi danificada, séculos depois, em setembro de 1687, por um disparo da artilharia veneziana que cercava a cidade. Naquela época, os turcos, que dominavam Atenas, usavam o Partenon como paiol de pólvora. Felizmente, a maior parte do templo ainda se mantém de pé, assim como foi salva parcela substancial de suas frisas. Nessas frisas e esculturas arquitetônicas, que adornavam, em 160 longos metros, toda a extensão do prédio, foram esculpidas representações de passagens mitológicas. São 378 figuras e 245 animais no mármore. Quando de sua construção, eram todos coloridos.

Parte considerável das frisas – algo em torno de 30% delas – se encontra hoje no Museu Britânico, em Londres. Elas chegaram lá porque, no começo do século XIX, o embaixador inglês em Constantinopla, Lorde Thomas Bruce, conde de Elgin, obteve autorização dos turcos, na época controladores da Grécia, para levar os mármores. De fato, em 1799, Lorde Elgin, a caminho de Constantinopla, passara por Atenas e encontrara o Partenon destruído e sem cuidado. Nessas condições, conseguiu um excelente negócio.

Até hoje existe uma viva discussão jurídica acerca da propriedade dessas obras de arte. O governo da Grécia postula a devolução das frisas do Partenon, alegando tratar-se de uma obra única, cuja integridade fora quebrada. Segundo os gregos, o fato de elas pertencerem a um conjunto resulta em uma importante diferença em relação a outras obras-primas originárias da Grécia clássica espalhadas pelo mundo. A Vênus de Milo, que se encontra no Museu do Louvre, em Paris, é uma peça isolada, e por isso não se reclama sua restituição.

O governo britânico apresenta uma série de argumentos para manter as obras consigo. Primeiro, alega que a devolução das peças representaria um precedente para que outros países ou museus reclamassem a restituição de outras obras antigas, o que geraria caos e uma enorme incerteza. Os ingleses dizem também que as obras foram compradas legitimamente por Lorde Elgin, e por substancial valor. De fato, o lorde inglês salvou muitas peças que poderiam ter sido destruídas na época. Além disso, as esculturas do Partenon pertencem ao mundo, e não somente à Grécia. No Museu Britânico, milhões de pessoas por ano têm acesso gratuito às obras, conferindo maior benefício ao público em geral. Além disso, sustenta-se ser comum a fragmentação de grandes obras, e não haveria como recompor o Partenon inteiro, tendo em vista que cerca de 40% das frisas já foram destruídas. Assim, mesmo que as peças que se encontram em Londres fossem devolvidas, seria impossível a reinstalação delas no monumento. Para piorar, o caso não poderia ser levado às cortes, pois o direito de a Grécia reclamar a devolução das obras encontra-se prescrito.

Em contrapartida, o principal argumento em favor dos gregos consiste, em suma, no seguinte: as frisas formam uma única obra de arte, de modo que não faz sentido que suas partes permaneçam fragmentadas ao redor do mundo. Portanto, a reunião de todas as suas esculturas permitiria que os visitantes apreciassem as obras como um todo, trazendo maior coesão e sentido histórico à compreensão e interpretação do monumento.

De fato, com a devolução das peças que se encontram no Museu Britânico (30% das frisas), agregadas às obras que se encontram em Atenas (outros 30%), a quase totalidade das peças remanescentes do Partenon estaria reunida em um só lugar. Advogam os gregos que, como as peças fazem parte de um monumento nacional, de "valor universal", o caso é único e, portanto, não servirá como precedente para as outras obras. Além disso, Suécia, Alemanha, o Museu Getty, em Los Angeles, e o Vaticano já devolveram partes do monumento. A retirada das obras por Lorde Elgin, que posteriormente as vendeu para o governo britânico, é, segundo os gregos, considerada ilegal. Reportam, para eles, um "ato de vandalismo". O governo grego jamais reconheceu a propriedade legal do Museu Britânico sobre as obras, pois, quando as peças foram retiradas da Grécia, o país ainda não era independente. Tão logo os gregos conquistaram sua independência do império otomano, em 1832, passaram, de pronto, a reclamar a devolução dos objetos, símbolo daquela nação.

Além disso, os gregos sustentam que o título que embasou o acesso de lorde Elgin às obras é supostamente falso. Mesmo que fosse possível reconhecer a validade do documento, pode-se dizer que Elgin excedera os limites da autorização conferida pelos turcos, na medida em que o título supostamente daria direito à retirada apenas dos objetos encontrados no solo, e não de partes do monumento em si. Por fim, há o argumento de que o Museu da Acrópole está equipado com a mais alta tecnologia de conservação de obras de arte. Foi construído para sediar as obras da mesma forma como ficariam no Partenon, conferindo maior sentido cultural ao público.

E quanto à opinião pública? Mesmo entre os ingleses, ela é predominantemente a favor da devolução das obras à Grécia.

Os "mármores de Elgin", como os ingleses denominam as frisas do Partenon, são, até hoje, motivo de conflito. Talvez esse antagonismo seja da natureza da obra. Um dos mais famosos grupos de esculturas arquitetônicas dessas frisas apresenta a batalha travada entre os homens e os centauros, com a vitória dos primeiros. Os centauros, seres metade homem e metade cavalo, serviam de metáfora para o lado animal, irracional e descontrolado do ser humano. As esculturas simbolizavam o domínio da razão sobre a emoção, pois o homem, ao controlar seu lado animal, prevaleceu sobre todas as outras espécies. Como ensina a mensagem contida na obra, a disputa tem fim.

Em dezembro de 2008, o governo do Peru ajuizou ação numa corte de justiça em Washington, nos Estados Unidos, contra a Universidade de Yale, a fim de obter a restituição de centenas de objetos de arte encontrados em locais históricos no Peru.

Os artefatos haviam sido levados para os Estados Unidos por Hiram Bingham (1875-1956), explorador americano que, em 1911, descobrira as ruínas de Machu Picchu. O arqueólogo fizera duas viagens ao local, em 1911 e 1913, nas quais coletou um sem-fim de objetos.

Segundo as autoridades peruanas, a propriedade daqueles bens jamais fora transferida licitamente para os Estados Unidos ou para a Universidade de Yale, onde os bens se encontravam expostos. Para os peruanos, tratava-se de um ato de pilhagem.

Finalmente, em 2011, a Universidade e o governo do Peru celebraram um acordo, por meio do qual se estabeleceu que os objetos retornariam ao país de origem. As partes desse processo, em conjunto, manteriam um centro de estudo da cultura inca, garantindo-se, assim, a disponibilidade das obras para exame e apreciação.

O magnata do ramo açucareiro Ferdinand Bloch-Bauer, de origem tcheca, e sua mulher, Adele, viviam cercados de artistas na Viena do começo do século XX. Gustav Mahler, Johannes Brahms e Richard Strauss eram alguns dos grandes nomes que frequentavam o lar do casal. Foi nesse contexto que Gustav Klimt pintou Adele, na época com 26 anos. Houve rumores de que o pintor teve um caso amoroso com sua modelo – a conclusão da obra, em 1907, demorou três anos. Klimt ainda pintou outro quadro dela em 1912. Adele foi a única pessoa retratada duas vezes pelo genial pintor vienense.

O primeiro retrato de Adele ganhou fama instantânea, tornando a modelo uma celebridade. Muitos denominavam o quadro de *La belle juive*, ou seja, "A bela judia". A obra revela o apreço do artista pela arte bizantina – Klimt ficara impressionado com os murais da basílica de São Vital, em Ravena, e com a representação da imperatriz Teodora.

Klimt faleceu em fevereiro de 1918, vítima da gripe espanhola, aos 55 anos. Adele, por sua vez, morreu prematuramente de meningite, aos 44 anos, em 1925. Foi, assim, poupada de ver a tragédia que se abateu sobre a maior parte de seus parentes. Com a tomada de poder da Áustria pelos nazistas, em 1938, muitos membros de sua família pereceram em campos de concentração. Os bens do antes rico casal foram confiscados. As joias da família passaram a compor a coleção de Hermann Göring, o segundo maior líder do movimento alemão, abaixo apenas do Führer. Os dois famosos retratos de Adele, que adornavam o quarto do viúvo, fazendo do local um pequeno santuário da falecida, foram confiscados e levados pelos nazistas.

A frágil Adele, antes de morrer, registrou o desejo, direcionado ao marido, de que suas obras de Klimt – os dois retratos e outros quatro quadros – fossem doadas para a Galeria Belvedere, na Áustria. Seja pelo desejo de Adele, seja pelo confisco, o *Retrato de Adele Bloch-Bauer* esteve durante décadas no museu vienense.

Klimt não era judeu. Portanto, sua obra não estivera necessariamente banida pelos nazistas. Entretanto, o pintor manteve relações muito próximas com a comunidade judaica. O quadro de Adele retratava uma mulher judia. Além disso, sua arte não seguia um modelo clássico, mas se relacionava a um movimento de vanguarda, divergindo dos padrões nazistas, conservadores em termos de arte. Ainda assim, a beleza da pintura de Adele seduziu o próprio Führer. Quando os nazistas confiscaram os bens que pertenciam aos judeus, Hitler assegurou que o quadro fosse tratado de forma especial. A peça ficou aos cuidados dos curadores da galeria austríaca.

Sempre muito atentos aos símbolos, os nazistas trataram de rebatizar a obra, buscando apagar qualquer referência ao judaísmo. Inicialmente, chamaram-na de *Retrato de ouro*. Depois, de *A dama dourada*, pelo qual acabou ficando mais conhecido.

Ferdinand, marido de Adele, conseguiu escapar da Áustria. Morreu em 1945, em um hotel em Zurique, na Suíça, aos 82 anos. No seu testamento, firmado pouco antes de falecer, externou a vontade de que toda a sua coleção de arte, empalmada pelo governo na guerra, fosse restituída à sua família: cinco sobrinhos sobreviventes do Holocausto. O testamento mencionava que Ferdinand havia encomendado e pago pelos quadros, sendo dele, portanto, a propriedade das obras – e, logo, o poder para dispor acerca do destino delas.

Uma dessas sobrinhas de Ferdinand, Maria Altmann – nascida Maria Victoria Bloch em Viena, no ano de 1916 –, que emigrara para os Estados Unidos, iniciou, nos anos 1990, um movimento visando à restituição das peças. Na época, Maria já tinha mais de oitenta anos.

A reclamação de Maria só foi possível porque, naquela década, passara a vigorar na Áustria uma nova lei que garantia transparência e publicidade aos documentos relacionados às obras confiscadas pelos nazistas. Com base nessa lei, foram abertos os arquivos da Galeria Belvedere, em Viena. Pôde-se, então, verificar que Ferdinand, o verdadeiro dono dos quadros, jamais doara suas obras ao governo, embora essa tenha sido a intenção de sua mulher.

O governo da Áustria inicialmente desconsiderou o pleito, mas Maria foi insistente. O principal argumento dos austríacos se relacionava à vontade externada por Adele, que, como se disse, gostaria de deixar as obras para museus de Viena. Entretanto, argumentava-se que ela, ao morrer, não sabia o que viria a acontecer, por obra do próprio governo da Áustria, contra a família dela e o povo judeu. Ferdinand, ademais, jamais seguira a orientação da esposa. Diferentemente, ele, o verdadeiro proprietário das obras em disputa, doara apenas um outro quadro à nação austríaca, o que ocorreu, é claro, antes da ascensão do nazismo.

Os custos de levar o tema para uma corte na Áustria eram exorbitantes. Na prática, isso impedia a discussão na Áustria. Maria, em função disso, levou a questão para os Estados Unidos, onde residia. Os Estados Unidos, por meio do *Foreign Sovereign Immunities Act*, o "Ato de Imunidade das Soberanias Estrangeiras", de 1976, admitia examinar atos de outros Estados soberanos em caso de expropriações, mesmo que tivessem ocorrido no passado. O resultado da expropriação feita pelo governo da Áustria, de fato, tinha repercussão nos Estados Unidos, uma vez que a Galeria Belvedere vendia nos Estados Unidos publicações nas quais expunha A *dama dourada* e, portanto, colhia proveito econômico naquele país.

A Áustria perdeu a discussão acerca de sua imunidade e da falta de jurisdição, dado que sustentava que o tema não poderia ser julgado pelos americanos. Por conseguinte, levou o tema para a Suprema Corte americana, no caso Republic of Austria vs. Altmann.

A Suprema Corte não julgou de quem seria a propriedade do quadro de Klimt. Todavia, estabeleceu que aquela norma específica, o Ato de Imunidade das Soberanias Estrangeiras, poderia ter efeito retroativo. Com isso, ao menos em tese, alcançaria um fato ocorrido durante a Segunda Guerra Mundial.

A Suprema Corte também registrou que, embora a Áustria tenha criado uma lei, em 1946, declarando nulos os atos motivados pela ideologia nazista, entre eles os confiscos, não houve a pronta restituição das obras de arte porque a mesma regra dizia que peças importantes para a história cultural do país não poderiam ser exportadas. A autorização para que uma obra de arte importante deixasse o país dependeria da Agência Federal Austríaca de Monumentos. Com isso, na prática, os antigos proprietários de obras, injustamente desapossados de seus bens, eram forçados a doar ou negociar as peças para que ficassem na Áustria. Com esses aspectos desnudados pela Suprema Corte americana, o governo da Áustria viu-se acuado, impelido a se defender em uma causa antipática perante a corte de outro país.

Em 2005, as partes acordaram em solucionar o impasse por meio de uma arbitragem não vinculante. Tratava-se de uma forma de a Áustria escapar da juris-

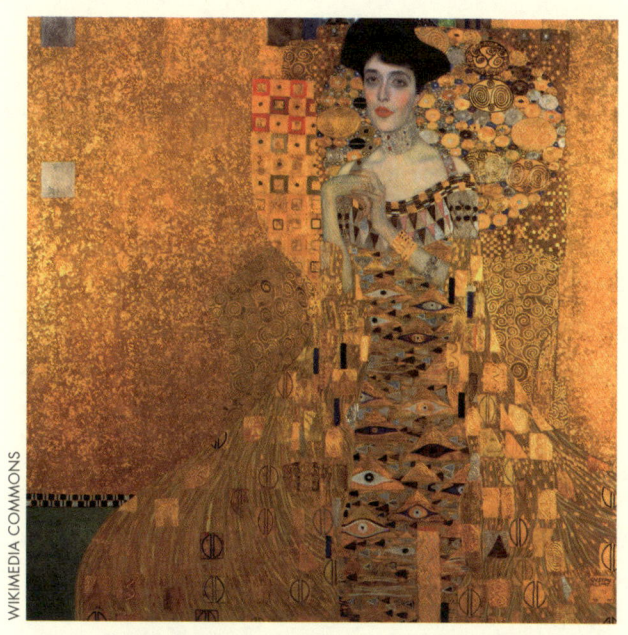

RETRATO DE ADELE BLOCH-BAUER I, DE GUSTAV KLIMT (1907)

dição americana. Por outro lado, ao admitir a discussão por um tribunal arbitral, os austríacos reconheciam que a disputa era séria – e a tornava bem mais célere.

Restou claro, durante o processo, que, na época do confisco, Ferdinand era o legítimo proprietário das obras de Klimt. O testamento de Adele, que solicitava a entrega dos quadros aos museus de Viena, era um simples pedido, sem força jurídica para transferir a propriedade. Por razões evidentes, os austríacos sempre preferiram defender que sua propriedade sobre os quadros em nada se relacionava à atividade dos nazistas, e sim ao testamento de Adele. Quando essa tese se revelou frágil, a possibilidade de o quadro retornar aos seus antigos donos tornou-se concreta.

Em 2006, os árbitros deram ganho de causa para Maria, e o quadro foi devolvido à família. Maria morreu em 2011, não sem antes vender as obras que recuperou por US$ 325 milhões. O segundo retrato, intitulado *Retrato de Adele Bloch Bauer II*, foi arrematado em 2006 por Oprah Winfrey, por 88 milhões de dólares. Além da divisão entre os herdeiros, boa parte do dinheiro foi revertido para fundações filantrópicas relacionadas à causa judaica.

A dama dourada pode hoje ser vista em Nova York, na Neue Galerie.

Nikolai Gogol queimou parte considerável de seu imenso trabalho intitulado *Almas mortas*. Tempos depois, reconheceu o quão errado fora sua atitude. O compositor clássico Brahms, por perfeccionismo, destruiu muitas de suas peças também. Talvez o caso mais famoso, no entanto, tenha ocorrido com o poeta romano Virgílio, que determinou a destruição de sua obra-prima, a *Eneida*. Porém, com a morte de Virgílio em 19 a.C., o próprio imperador Augusto não deixou que a ordem do poeta fosse cumprida, salvando o épico, em proveito de toda a humanidade. Situação semelhante à *Eneida* vai acontecer com outra obra literária icônica do século XX.

Judeu nascido em Praga, Franz Kafka (1883-1924) falava alemão em casa, e nessa língua produziu toda a sua obra literária. Na faculdade de direito, conheceu Max Brod (1884-1968), que se tornaria a partir de então seu melhor amigo e confidente.

Pouco antes de morrer de tuberculose, em 1924, um mês antes de completar 41 anos, Kafka escreveu uma detalhada carta ao seu amigo Brod, na qual indica alguns de seus escritos que poderiam ser aproveitados, entre eles *O processo*, *O castelo* e *A metamorfose*. O resto, segundo ele, deveria ser imediatamente queimado. Ao menos era isso o que o autor "implorava".

Mais especificamente, Brod recebeu duas notas de Kafka. Na primeira, lia-se:

> Querido Max,
> Meu último pedido: tudo que deixei, como manuscritos, textos, cartas minhas ou de outras pessoas, inclusive meros rabiscos, não devem ser lidos, porém queimados até a última página, assim como qualquer escrito meu ou notas minhas que outras pessoas possuam, os quais lhe imploro que recolha em meu nome. As cartas que não lhe forem entregues devem ser queimadas por quem as possua.
>
> Seu, Franz Kafka.

O segundo bilhete de Kafka a Brod era ligeiramente distinto:

Querido Max,
Talvez eu não consiga me recuperar. A pneumonia depois de um mês inteiro de febre pulmonar é pesada, nem mesmo escrever suprime a dor, embora haja nisso algum poder de atenuá-la. Se a eventualidade ocorrer, eis meu último pedido relacionado a tudo que escrevi. De tudo o que produzi, os únicos livros que devem permanecer são *O processo*, *O desaparecido*, *Metamorfose*, *A colônia penal*, *O médico rural* e o conto *Um artista da fome*. Tudo o mais, sem exceção, deve ser queimado, e lhe imploro que isso seja feito o mais rápido possível.

Franz

Com a morte de Kafka, Brod não cumpriu fielmente o pedido. Em vez de destruir os manuscritos como solicitado, o amigo os guardou. Na verdade, Brod sempre foi um grande entusiasta do talento de Kafka, a quem estimulara a escrever. Ele ajudou a divulgar a obra do falecido amigo, publicando grandes clássicos que imortalizaram o escritor.

Com a ascensão do nazismo, Brod, também judeu, fugiu de Praga. Em 1939, escapou para a Palestina, levando consigo os manuscritos do amigo. Ali, já concluída a Segunda Guerra, aproximou-se de Esther Hoffe, sua secretária, com quem possivelmente manteve um caso amoroso. Quando morreu, em Tel Aviv, no ano de 1968, deixou para Esther os manuscritos de Kafka.

No começo dos anos 1970, Esther vendeu para o Arquivo Alemão de Literatura (Deutsches Literaturarchiv), sediado em Marbach, os originais de *O processo*, uma das obras-primas da literatura mundial, escrita em alemão. Na época, porém, o Estado de Israel buscou judicialmente evitar a transferência dos documentos para a Alemanha. O tribunal se manifestou no sentido de que Esther era, por força do testamento de Brod, a legítima herdeira dos manuscritos e, portanto, autorizada a dispor da sua propriedade.

Esther faleceu em 2007, aos 101 anos, quando negociava com a mesma instituição alemã a venda do restante dos manuscritos. Eva e Ruth, suas filhas e herdeiras, seguiram a negociação, quando se iniciou uma nova batalha judicial pela disponibilidade dos originais de Kafka.

Israel voltou a defender que os manuscritos do autor, pela sua importância histórica, deveriam permanecer naquele país, sobretudo porque Kafka era um grande exemplo da literatura judaica. Era compreensível o interesse de Israel nos manuscritos. Segundo o crítico literário Harold Bloom, Kafka está para a literatura judaica assim como Milton para o protestantismo.

Os alemães, por sua vez, argumentavam que Kafka escrevera em alemão, sendo, portanto, um ícone da língua. Por si só, esse fato legitimava o Arquivo Alemão a receber os originais. As herdeiras de Esther Hoffe advogavam que os manuscritos eram propriedade delas, herdadas de sua mãe – sendo certo que o Estado de Israel havia, inclusive, já perdido uma demanda no passado, com o mesmo objeto.

Noventa e dois anos depois da morte de Kafka, a propriedade de seus manuscritos estava sendo disputada judicialmente – por ironia, em um enredo kafkiano. O juiz de primeira instância, no arrazoado de sua decisão, em 2005, ponderou:

> Kafka não conheceu Esther Hoffe. Nunca conversou com ela. Jamais a encontrou. Ela não era querida para ele. Não havia qualquer relação familiar. Ele tampouco conheceu as filhas de Hoffe. Kafka e Hoffe viveram em países distintos. [...] Considero o tema pela perspectiva de Kafka: a venda de seus manuscritos – documentos pessoais que ele expressamente solicitou que fossem destruídos – em um leilão público pelas filhas da secretária de seu amigo. Isso está de acordo com a justiça?

Eva Hoffe, por sua vez, replicou:

> Se alguém recebe um quadro de Picasso por herança e deseja vendê-lo, será correto proibir essa venda porque o vendedor não conheceu Picasso?

Ao fim, a Suprema Corte de Israel entendeu que Eva deveria entregar os manuscritos para a Biblioteca Nacional de Israel, sem nada receber em troca. Considerou-se que, da mesma forma como Max Brod havia desrespeitado o desejo de seu amigo, recusando-se a destruir os manuscritos, era dever do Estado de Israel proteger esses documentos preciosos. Afinal, o valor histórico e cultural desse bem sempre deve preponderar. Sendo Kafka um escritor judeu, seu legado possui um interesse nacional para Israel.[29]

Eva faleceu em agosto de 2018.

Situação distinta ocorreu com Harper Lee, escritora que se tornou famosa ao lançar, em 1960, seu primeiro romance: *To Kill a Mockinbird*, que no Brasil recebeu o nome *O sol é para todos*. Nele, narra-se a história de um advogado viúvo e idealista, Atticus Finch, que admite defender, na sua pequena e conservadora cidade do sul dos Estados Unidos, um réu negro, em um processo viciado, tomado por preconceitos. O livro, ganhador do prêmio Pulitzer, foi um sucesso retumbante. Logo tornou-se filme, em 1963, com Gregory Peck no papel principal. Outro sucesso. Em 1957, Harper Lee escreveu uma sequência da obra, porém decidiu jamais publicá-la. Nesse novo livro, o herói Atticus Finch defende uma postura menos nobre, revelando preconceitos raciais. Essa faceta do advogado ficcional jamais seria conhecida não fosse o advogado da autora ter encontrado, em 2011, os originais dessa segunda novela. Cinquenta e cinco anos após o lançamento do primeiro livro, portanto, foi publicada a sequência *Vá, coloque um vigia*: no original, *Go Set a Watchman* (discute-se se a autora concluiu essa obra antes mesmo de escrever *O sol é para todos*). Na ocasião, Harper Lee, segundo muitos, já estaria senil – ela veio a falecer em 2016. Sem pleno discernimento, não teve sequer como corrigir adequadamente eventuais falhas no romance, muito menos fazer valer, de forma absoluta, sua vontade de não publicar o trabalho.

No caso de Harper Lee, a publicação de seu "novo" romance, publicado a partir de manuscritos perdidos, gerou enorme controvérsia.

---

29 Ver Benjamin Balint, *Kafka's Last Trial*, New York, W.W. Norton & Company, 2018.

A PROPRIEDADE E A ARTE

"A gente não quer só comida. A gente quer comida, diversão e arte", diz a letra da música dos Titãs, de 1987. A arte também serve de alimento. Para suprir sua necessidade de arte, o homem quer possuí-la – por prazer, por vaidade, por capricho, como uma demonstração de poder. O homem quer ter para si a obra de arte. Na Renascença, os mecenas disputavam os trabalhos dos melhores artistas. Existe uma carta do rei francês Francisco I, endereçada a artistas italianos como Rafael, Michelangelo e Leonardo da Vinci, na qual o monarca se propõe a "comprar qualquer coisa" deles.

Com a demanda e o reconhecimento da importância da arte, os preços disparam.

O fenômeno do aumento do preço das obras na arte contemporânea é conhecido. Jeff Koons, no começo dos anos 1990, produzia objetos de alumínio, em formato de balões, para vendê-los a pouco mais de mil dólares. Em 2010, os mesmos objetos valiam milhões. O que ocorreu? Evidentemente, o aumento vertiginoso do preço em nada se relaciona ao custo do material com que se produziu o objeto, pois esse custo seguiu parelho.

Em vinte anos, as peças de Koons ganharam enorme notoriedade. Seu estilo passou a ser identificável. As pessoas conseguiam dizer: essa obra é de Jeff Koons. Suas peças se transformaram em objeto de desejo, em *status*. Os preços dispararam. A arte tinha cotação no mercado. Tornou-se uma moeda.

A propriedade e a arte estabeleceram uma relação próxima.

Em meio a um período turbulento, Eugène Delacroix completou, em 1827, *A morte de Sardanapalo*. Inspirado em uma peça de Lorde Byron (1788-1824), a pintura cuida de um momento crítico da vida do último rei da Assíria. Depois, essa obra de Delacroix viria a ser referida em um poema de Baudelaire. O pintor havia passado um período no Marrocos e tomado gosto pelo exótico.

Após resistir a um sítio de três anos, os muros da cidade do rei Sardanapalo vêm abaixo. Os inimigos avançam, e já não há como detê-los. Em breve, invadirão o palácio. O monarca, então, ordena aos seus oficiais que destruam, de imediato, tudo o que ele possui, o que deve ser feito na sua frente: suas mulheres, suas joias, seus cavalos, todos os seus bens. "Nada daquilo que contribuiu para o seu prazer deve sobreviver a ele", registrou Delacroix.

Sardanapalo assiste com indiferença, esparramado em sua cama, à destruição de seus bens mais preciosos. A vida do rei era cercada de excessos. Com seu fim, com o ocaso de seu império, tudo o mais deve fenecer.

A propriedade serve para atender aos desejos pessoais de seu titular? Sem os bens, que Sardanapalo estava prestes a perder, havia sentido em sua vida? O rei era um materialista. E o espectador? Os bens existem para nos servir. E quando não estivermos mais aqui, para que servirão? A propriedade existe somente para afagar nosso egoísmo?

A MORTE DE SARDANAPALO, DE EUGÈNE DELACROIX (1827)

Artisticamente, a obra revelava excessos. A cama enviesada fugia do tradicional. As cores fortes registravam o momento caótico. Tratava-se de uma orgia da morte, da decadência. *A morte de Sardanapalo*, quando apresentada, foi um escândalo. Delacroix se tornou um pintor maldito. Diz-se que o artista ficou, então, cinco anos sem conseguir vender uma única peça. O prestígio só foi – e apenas parcialmente – recuperado aquando ele produziu *A Liberdade guiando o povo*, em 1830.

Em 1990, Ryoei Saito (1916-1996), magnata japonês da indústria do papel, adquiriu, em leilão promovido pela renomada Christie's, a obra *Retrato do Dr. Gachet*, de Van Gogh, por 82,5 milhões de dólares. Tratava-se do maior valor pago por uma obra de arte até então.

Para consumar a aquisição, o milionário teve de arcar com outra fortuna em impostos. Ele teria dito, ademais, que gostaria de que a obra fosse cremada com ele quando de sua morte, inclusive para evitar que seus herdeiros arcassem com os altíssimos impostos de sucessão.

AS DUAS VERSÕES DA OBRA *RETRATO DO DR. GACHET*, DE VICENT VAN GOGH (1890)

Após o falecimento do magnata, não se obtinha qualquer informação sobre o quadro. Sequer uma instituição tão renomada como o Metropolitan Museum of Art, de Nova York, obteve êxito na pesquisa do paradeiro do *Retrato do Dr. Gachet*. Iniciaram-se, assim, as especulações: havia Ryoei Saito destruído o Van Gogh? O direito de propriedade seria forte o suficiente para justificar o fim de uma obra como aquela?

Felizmente, em 2007, sobreveio a notícia de que o quadro fora vendido para um fundo de investimento austríaco. A obra ainda não foi exposta ao público, mas acredita-se que não tenha sido incinerada nem que se encontre no túmulo do multimilionário.

O artista chinês Ai Weiwei trouxe a público, em 1995, um tríptico que continha três fotos em preto e branco. Na primeira, ele segura um vaso de dois mil anos de idade: uma urna original da dinastia Han – logo, um tesouro histórico da China. Na segunda foto, o artista deliberadamente deixa a antiga urna cair de suas mãos: o vaso aparece suspenso no ar, prestes a atingir o solo. Finalmente, a terceira foto revela a urna despedaçada, fragmentada

IMAGENS DA PERFORMANCE *DERRUBANDO A URNA DA DINASTIA HAN*, DE AI WEIWEI (1995)

no chão. O objeto histórico é intencionalmente destruído pelo artista, que registra o ato.

Weiwei deixara a China em 1981 para ir morar em Nova York. Segundo ele próprio, chegara ali com apenas trinta dólares no bolso. Quando voltou para seu país natal, em 1993, já se consagrara como grande artista contemporâneo.

Derrubando a urna da dinastia Han, evidentemente, causa de pronto um estarrecimento: como se pode destruir algo tão valioso? Qual o propósito de quebrar o vaso? A discussão que se seguiu – e ainda se segue – gravita em torno desse tema: para que serve a propriedade? O artista tinha direito de destruir o histórico vaso, independentemente de ser ele seu proprietário?

A obra performática pode ser vista como um desafio às tradições, como uma crítica ao próprio conceito de propriedade, como uma busca da definição de arte – a qual passa pela transformação e pela destruição.

No começo de 2014, o artista Maximo Caminero ingressou no Pérez Art Museum, em Miami, para uma exibição de Weiwei. Nela, havia vasos chineses antigos que Weiwei pintara de cores vibrantes. Ao lado da exposição, uma placa solicitava aos visitantes que não encostassem nas peças. Caminero, entretanto, pegou um dos vasos e, da mesma forma como fizera o artista chinês em *Derrubando a urna da dinastia Han*, largou a urna no ar. A urna, é claro, se espatifou no chão. Caminero foi preso e condenado a arcar com a indenização, embora tenha declarado que destruíra a urna pela arte, num ato de solidariedade a Weiwei.

A importância das grandes obras de arte, referências da civilização, permite a discussão: seria absoluta a propriedade desses objetos? Existe propriedade "absoluta"? A arte, não há dúvida, transforma a propriedade. Isso valeria até mesmo para justificar sua destruição, como ocorreu com o jarro de Weiwei?

A BELEZA ROUBADA

Estima-se que, no mercado negro, a arte roubada atinja apenas 10% do seu real valor. Lamentavelmente, esse pequeno percentual parece ser suficiente para que, durante toda a história, se registrem incontáveis casos de roubos e furtos de obras. Com efeito, entre os possíveis crimes relacionados à arte, como a falsificação, a destruição e a pilhagem, o roubo ocupa local de destaque. Basta ver que, em 2019, cerca de 170 mil obras roubadas aguardavam restituição aos seus verdadeiros donos.

Muitos são os dados coletados e analisados sobre esses delitos. Grande parte deles diz respeito a obras de pequeno tamanho. As razões são óbvias: a facilidade de transporte e ocultação. Além disso, normalmente essas obras são menos conhecidas.

Embora seja cada vez mais difícil o roubo de peças artísticas famosas, o crime contra antiguidades revela-se ainda um desafio. Menos de 10% dos furtos são, ainda hoje, solucionados.

Há casos curiosos, como o dos garotos que, nos anos 1980, visitavam o museu Metropolitan, em Nova York. Ali, perceberam uma falha em uma gaveta que guardava certa antiguidade egípcia. Ela continha um anel do faraó Ramsés VI, da XX dinastia, que viveu no século XII a.C. Os meninos surrupiaram a antiguidade. Para escapar do museu, um deles colocou o anel dentro da boca. Imediatamente, os garotos procuraram um joalheiro, que aceitou receptar a raríssima joia. Felizmente, nesse caso o crime foi solucionado.

Todos os livros de história da arte prestam um merecido tributo ao *Livro de Kells*. Trata-se de um livro manuscrito com 680 páginas, feito em papel velino – couro de vitelo – e elaborado por volta do ano 800 da nossa era. Há, todavia, quem o date do final do século V. Talvez se trate do mais antigo trabalho dessa natureza de que se tem notícia, pois registra os quatro Evangelhos em latim. Foi elaborado por monges irlandeses na ilha de Iona, na costa da Escócia.

Além da idade, o *Livro de Kells* se notabiliza pelos desenhos – iluminuras – que o decoram. É tamanha a sua importância que se tornou um símbolo da Irlanda. Um de seus desenhos estampava a moeda de um centavo (equivalente ao *penny*) do país. Até a Unesco o arrola entre os documentos mais relevantes da história.

Tão grande importância não impediu que o *Livro de Kells* fosse furtado – e não uma, porém duas vezes. Na primeira, em 1007, o livro foi levado da sacristia: já era objeto de devoção. Foi encontrado quase três meses depois. Os ricos ornamentos da sua capa haviam sido arrancados. O segundo furto foi mais recente – em 1874. Um especialista do Museu Britânico, ao ter acesso à

O LIVRO DE KELLS (800)

relíquia, que ficava na biblioteca do Trinity College, em Dublin, afanou sorrateiramente o livro, levando-o para a Inglaterra. O episódio se transformou em um problema político. O *Livro de Kells* foi afinal restituído, em um clima de desconforto entre os países.

O retábulo de Ghent, também conhecido como *A adoração do cordeiro místico*, obra dos irmãos Hubert e Jan van Eyck, deve necessariamente ser incluída no rol das obras de arte mais importantes da história. Afinal, ela influenciou imensamente a pintura. Diz-se que, depois da *Mona Lisa*, essa é uma das obras que mais atraem visitantes em todo o mundo.

Trata-se de um políptico enorme e ricamente elaborado, finalizado em 1432, para adornar o altar da catedral de São Bavão, em Ghent – hoje Bélgica. Consiste em 12 painéis de diferentes tamanhos, oito dos quais pintados em frente e verso, perfazendo 24 cenas. No lado interior, o maior dos painéis retrata a adoração do cordeiro místico, razão pela qual o trabalho muitas vezes é assim referido.

O quadro começa com Hubert, que morre durante sua feitura, embora o trabalho ainda não estivesse muito avançado. Ao seu irmão, Jan — que se dizia, em relação ao falecido irmão, *arte secondus* (ou seja, o segundo melhor nas artes) –, coube fazer a maior parte e finalizar o colossal trabalho. Consta do políptico a seguinte inscrição: "O pintor Hubert van Eyck, de quem jamais se encontrou alguém maior, começou [este trabalho]; e seu irmão Jan, segundo nas artes, levou-o adiante." Jan talvez tenha sido o primeiro artista flamengo a assinar suas composições, sempre colocando ao lado de seu nome o seguinte: *Als ich chan*, ou seja, "o melhor que consegui".

A obra oferece um realismo até então desconhecido – inclusive porque se vale (e desenvolve) a técnica da pintura a óleo, com seus detalhes e cores mais vivas. Encontram-se nela Adão e Eva, Nossa Senhora, são João Batista, coros de anjos e diversos símbolos espalhados. Ao centro do quadro, a adoração do cordeiro místico.

Além da beleza e apuro técnico, a obra revela a enorme cultura dos artistas. Todos os painéis fazem referência a passagens bíblicas, com complexas e elaboradas interpretações teológicas.

RETÁBULO DE GHENT, DE JAN VAN EYCK E HUBERT VAN EYCK (1432)

O quadro conseguiu, por milagre, escapar da onda iconoclasta que varreu os Países Baixos no século XVI. Na época, grupos radicais de calvinistas queimavam obras de arte religiosas em autos da fé, por entenderem que não se tratava de manifestações puras de religiosidade. Esse movimento, chamado *Beeldenstorm* – em holandês, "Tempestade das Estátuas" –, teve nefasta repercussão e foi responsável pela destruição de muitas obras de arte. Por duas vezes, em 1566 e 1576, o *Retábulo de Ghent* foi seriamente ameaçado, salvando-se por um grupo destacado de militares, cujo trabalho consistia em proteger a peça.

Adiante, em 1781, o imperador do Sacro Império Romano-Germânico, José II, visitou São Bavão. Na ocasião, reclamou da falta de pudor das imagens de Adão e Eva, desnudos em dois dos painéis. Rapidamente, ambos foram retirados e armazenados. O retábulo passou a ser apresentado sem essas partes.

Em 1794, o exército republicano francês levou os painéis centrais para Paris. A obra só retornou a Ghent após a derrota de Napoleão, em 1815.

No começo do século XIX, a fim de remediar problemas financeiros, a catedral de São Bavão entregou partes laterais do Retábulo para garantir um penhor. Como não conseguiu quitar a dívida, as partes da obra foram vendidas para Edward Solly, um colecionador inglês. Depois de passar uma temporada em Londres, a peça foi vendida, em 1816, ao rei da Prússia, Frederico Guilherme III, que a desejava compondo o acervo da Gemaldegalerie, em Berlim. O resto da obra, que permaneceu em Ghent, sofreu com um incêndio – e as partes com Adão e Eva foram direcionadas a um museu em Bruxelas.

Com a Primeira Guerra, os alemães levaram todo o altar para Berlim. Ao fim do conflito, em 1919, ele foi devolvido à Bélgica. Ela foi nominalmente mencionada no Tratado de Versalhes:

> Artigo 247 (parte)
> A Alemanha compromete-se a devolver à Bélgica, por intermédio da comissão de reparações, no prazo de seis meses a contar da entrada em vigor do presente Tratado, e a fim de permitir-lhe reconstruir duas grandes obras de arte:
> 1. Os painéis laterais do tríptico *Adoração do cordeiro místico*, pintado pelos irmãos Van Eyck, anteriormente na igreja de São Bavão em Ghent e atualmente no museu de Berlim;
> 2. Os painéis do tríptico *A última ceia*, pintado por Dierik Bouts, anteriormente na igreja de São Pedro em Leuven, dois dos quais estão agora no museu de Berlim e dois na Old Pinakothek, em Munique.

O retábulo foi, então, reunido de novo.

Infelizmente, em 1934, os painéis laterais dos juízes justos e de são João Batista acabaram por ser roubados. Os ladrões exigiram um resgate. Como sinal de boa-fé, devolveram o painel de são João Batista, mantendo apenas o dos juízes. O resgate não foi pago.

Conta-se que um dos suspeitos do roubo, Arsène Goedertier, ao sofrer um repentino ataque cardíaco, tentou sussurrar ao seu advogado a localização da obra. Infelizmente, não conseguiu. Morreu sendo talvez o único a saber o paradeiro da obra-prima, que nunca mais foi vista. Na casa desse suspeito, foi encontrada uma carta jamais enviada, na qual se lia: "Os juízes justos se encontram em local que nem eu nem ninguém pode retirar sem chamar atenção." Esse mistério segue sem solução.

Como a Alemanha jamais esqueceu o retábulo, havia o receio de que, com o início da Segunda Grande Guerra, a peça fosse mais uma vez levada para Berlim. Decidiu-se enviar a obra para o Vaticano, onde teria, imaginava-se, segurança. Em 1940, porém, com o retábulo no meio da viagem, a Itália declarou guerra aos Aliados, unindo-se à Alemanha. Com isso, a ideia de levar o quadro para o Vaticano foi descartada. Ele acabou depositado em Pau, na França. Representantes da Alemanha, da Bélgica e da França se comprometeram a não mover a obra, salvo com o consenso dos três países. Hitler, contudo, não respeitou o acordo. Em 1942, apoderou-se e levou o retábulo para o castelo de Neuschwanstein, na Baviera. Em seguida, a obra foi encaminhada para a mina de sal de Altaussee.

Apenas com o fim da guerra a obra finalmente volta para a Bélgica. É possível que nenhuma outra grande obra tenha sofrido tantos reveses.

Com relação ao painel sumido, decidiu-se por fazer uma cópia a partir dos registros do original. Há apenas três diferenças: um dos juízes foi retratado como o rei belga Leopoldo III, retirou-se o anel do dedo de um dos juízes e deixou-se mais visível a face de um deles, que antes se encontrava parcialmente escondida por um chapéu. As modificações tinham um propósito: não parecia correto que um juiz tivesse apego por bens materiais, nem que pretendesse esconder o próprio rosto. O trabalho de reconstrução acabou em 1945, e desde então a obra é apresentada ao público dessa forma: os 11 painéis originais e a cópia dos juízes justos feita com as modificações mencionadas.

Segundo uma estimativa conservadora feita no começo deste século XXI, o mercado de arte ilegal, aqui incluída a venda de falsificações e as cópias desautorizadas, gira em torno de seis bilhões de dólares por ano. Trata-se de um número surpreendente. É cada vez mais difícil a venda de obras de arte furtadas no mercado negro. Os incidentes são imediatamente reportados.

Hoje em dia, a transmissão da informação dos roubos se dá de forma ampla e rápida. Ainda assim, o comércio ilegal segue corrente.

O crime mais comum é o golpe da falsificação completa, quando se vende uma obra de um artista que faz se passar por outro mais valioso. Outra forma é a falsificação parcial, no qual, embora a obra seja autêntica, a ela se acrescenta alguma coisa com o objetivo de aumentar seu valor. É o que ocorre quando se insere fraudulentamente a assinatura do artista em trabalho originalmente não assinado. Isso acrescenta valor às peças, que, como regra, valem mais quando assinadas. Existe também a falsificação da procedência da obra. Nesses casos, a obra pode até ser verdadeira, mas, para lhe aumentar o valor, forja-se uma procedência que não possuía. Esse tipo de fraude também é utilizado para "limpar" um quadro roubado. Situações como essa ocorreram com frequência para "sanitizar" obras de arte confiscadas pelos nazistas. Por fim, a própria autenticação pode ser falsa, fruto de um erro do especialista que analisou a obra ou, até mesmo, de sua má-fé.

Na maior parte dos casos, o furto de obras de arte teve por móvel o lucro fácil, a cobiça ou a ambição. Os ladrões pretendiam repassar as obras, vendendo o objeto do ilícito. Em outras ocasiões, porém, o roubo de arte serviu para financiar movimentos políticos.

Em 1974, membros armados do Exército Republicano Irlandês – I.R.A., em inglês –, roubaram a *Mulher escrevendo uma carta com sua servente*, de Vermeer. O quadro fazia parte do acervo da Russborough House, mansão no interior da Irlanda. A quadrilha era comandada por Rose Dugdale, uma rica herdeira, militante na política inglesa. O quadro acabou por ser recuperado oito dias depois.

Em 1986, Martin Cahill, um gângster com ligações no I.R.A., roubou, com a colaboração desses paramilitares, 19 quadros de incalculável valor da mesma mansão. O lote incluía o mesmo Vermeer anteriormente roubado. Tratava-se do maior furto de obras de arte de propriedade particular na história. Cahill desejava vender as obras no mercado negro. Contudo, como todos os objetos estavam catalogados, encontrar um comprador não se revelou tarefa fácil.

Precisando de dinheiro, em 1993 Cahill aceitou transferir o Vermeer para um suposto traficante de drogas na Bélgica. A obra foi dada em garantia de uma dívida. Na realidade, quem estava do outro lado na negociação era um policial disfarçado. Com isso, a polícia recuperou algumas das peças. Ao fim, todos os originalmente furtados voltaram ao seu dono original.

Em 1974, outro Vermeer, *A tocadora de violão*, fora furtado da Kenwood House, em Londres. Mais uma vez, os membros do I.R.A. eram os responsáveis. Pretendiam chantagear o governo inglês. Informaram que devolveriam o quadro desde que um resgate fosse pago e que certos presos – terroristas que haviam detonado bombas em Londres – fossem enviados para uma prisão irlandesa. Os ingleses não cederam, e o quadro acabou encontrado no cemitério de São Bartolomeu, o Grande, em Londres, meses depois de seu desaparecimento.

Talvez o roubo de arte que mais causou comoção seja o da *Mona Lisa*, icônico quadro de Leonardo da Vinci. Há, aliás, uma série de mistérios relacionados à obra, desde o enigmático sorriso até o fato de que a modelo não tem sobrancelhas ou cílios. Há quem diga que se trata de um autorretrato. A verdade é que da Vinci mantinha um vínculo emocional com a obra, pois dela jamais se separou.

Vincenzo Peruggia, italiano que trabalhava no Louvre, furtou a *Mona Lisa* em 21 de agosto de 1911. O sumiço do quadro causou um alvoroço. Procurava-se a *Mona Lisa* por toda parte. Triplicaram-se os cuidados nas fronteiras francesas, a fim de evitar que a obra deixasse o país. O governo gaulês sofreu uma dura crítica pelo descaso, até porque houve demora de mais de um dia para se dar publicidade ao desaparecimento da *Gioconda*. Meses antes do furto, um repórter, a fim de demonstrar a falta de cuidado das autoridades com o acervo do Louvre, dormira, sem autorização, em um sarcófago naquele museu. Tudo para comprovar a precariedade da segurança existente.

As autoridades francesas mobilizaram dezenas de detetives para cuidar do caso. A imprensa fez alarde do evento. Réplicas das obras foram estampadas em diversos lugares, o que certamente contribuiu para a fama da *Giocon-*

da. Um periódico, o *Paris-Journal*, chegou a oferecer, na época, 50 mil francos pela restituição da obra, sem necessidade de qualquer explicação.

O mesmo jornal publicou uma carta anônima de alguém que alegava estar furtando, desde 1907 até aquele ano de 1911, estatuetas do departamento de antiguidades orientais do Louvre. O museu, confrontado com a denúncia, confirmou o desaparecimento das obras.

O autor anônimo seguiu contando que vendera duas obras furtadas a um artista em Paris. As autoridades conseguiram chegar ao suposto receptador: o poeta *avant-garde* Guillaume Apollinaire. Este, por sua vez, era amigo íntimo de Pablo Picasso, compondo seu ciclo conhecido como "a turma do Picasso" (*la bande de Picasso*) ou, ainda, "os selvagens de Paris".

Apollinaire foi preso em setembro de 1911, acusado de colaborar com o furto das estátuas e, também, com o desaparecimento da *Mona Lisa*. O poeta se declarou inocente, porém reconheceu conhecer o verdadeiro ladrão: seu ex-funcionário Honoré-Joseph Géry Pieret, autor das cartas anônimas e responsável pelo sumiço das estatuetas.

Pieret não havia furtado o famoso quadro de Da Vinci. Porém, aproveitando-se da negligência do Louvre, ao longo do tempo de fato cometera diversos furtos pequenos do gigantesco acervo do museu – notadamente, de antigas estatuetas ibéricas –, os quais, durante muito tempo, passaram despercebidos. Segundo Pieret, ele realizava os furtos por hobby, na medida em que tinha fascinação por aquelas estatuetas e pelas máscaras do período pré-cristão.

Picasso havia adquirido duas estatuetas ibéricas de Pieret, pagando 50 francos por cada uma. Embora o pintor tenha, depois, alegado inocência, dizendo desconhecer a origem ilícita das obras, constava, na base delas, um grande selo no qual se lia: "Propriedade do Museu do Louvre".

Antes que a polícia apreendesse as obras roubadas, Picasso e Apollinaire pensaram em sumir com as estatuetas, jogando-as no rio Sena. Seria uma forma de acabar com a evidência da participação deles no crime. O amor à arte, contudo, falou mais alto. Os dois artistas acabaram por devolver as peças, pedindo anonimato ao *Paris-Journal*, o mesmo que publicara a carta anônima de Pieret. Não conseguiram, contudo, escapar da justiça. Apollinaire,

LES DEMOISELLES D'AVIGNON, DE PABLO PICASSO (1907)

preso, confessou ter sido sozinho o autor da receptação, afastando qualquer responsabilidade de seu amigo Picasso. Este, no entanto, teve uma aparição confusa diante do magistrado que examinava a causa. Chegou a dizer, ao juiz, que sequer conhecia Apollinaire, o que era um rematado absurdo, pois ambos eram notórios companheiros. Provavelmente porque o foco do assunto era o sumiço da *Mona Lisa*, e talvez porque Picasso já fosse conhecido como um genial artista rebelde, ele acabou recebendo apenas uma admoestação. Apollinaire passou uma semana preso.

Poucos anos depois, em carta de 1915, Apollinaire contou que Picasso ficara siderado pelas estatuetas ibéricas. Passou a estudá-las furiosamente. Segundo o mesmo Apollinaire, o movimento cubista nasceu dessa paixão de Picasso pelas obras furtadas.

Picasso, morador de Paris desde 1904, foi, nesse período, um visitante assíduo do Louvre. Ele havia visto as esculturas pré-cristãs, de origem espanhola, expostas no museu. No mesmo ano de 1904, o Louvre inaugurara uma pequena sala especialmente dedicada à coleção de antiguidades espanholas, com obras originais da região da Andaluzia, da qual Picasso era nativo. A orelha de uma dessas estátuas, que ficaram na posse de Picasso, é reproduzida em um famosíssimo quadro do artista: *Les Demoiselles d'Avignon*, de 1907. Nele, Picasso retrata mulheres de uma casa de prostituição na rua Avinyó, em Barcelona.

Les demoiselles d'Avignon é, para muitos críticos, a "pintura isolada mais influente já criada".[30] E talvez essa obra-prima não tivesse sido feita não fosse pelo furto das estatuetas ibéricas...

O furto da arte, como se vê, também pode ter como causa o amor pela própria arte.

A *Mona Lisa*, de toda forma, continuava desaparecida. Vincenzo, inicialmente, levara o quadro para uma esquálida pensão onde morava, guardando-o debaixo de sua cama. Lá, a obra permaneceu por um ano. Dificilmente alguém a procuraria naquele local decrépito. Depois, a tela foi levada de volta para a Itália, onde a famosa pintura acabou sendo recuperada: o acontecimento deu-se em Florença, no final de 1913. O ingênuo Vincenzo tentara negociar a obra com a Galleria degli Uffizi – propôs até mesmo deixar a pintura com o diretor do museu para o reconhecimento de sua autenticidade –, quando então foi pego.

Vincenzo defendeu que seu furto se dera por motivos patrióticos. Para ele, a *Mona Lisa*, orgulho de sua nação, jamais poderia ter deixado a Itália. Seu único desejo, alegava ele, era que o famoso quadro retornasse ao seu país de origem.

Na verdade, *Mona Lisa* deixara a Itália carregada pelo próprio Da Vinci, que a levou para a França guardada em uma bolsa de couro quando foi trabalhar para o rei Francisco I. Muitos anos antes, em 1503, Francesco Giocondo contratara o artista para pintar o retrato de sua mulher, 14 anos mais nova do que ele: Lisa Gherardini – a Madonna Lisa ou, simplesmente, Mona Lisa. Em Florença, na época, as mulheres casadas eram chamadas de Mona ou Monna. Havia pouco, em 1499, o casal tinha perdido e enterrado um filho, o que talvez

---

30   Will Gompertz, *Isso é arte?* Rio de Janeiro, Zahar, 2013.

possa explicar o sorriso enigmático da Gioconda. Como era costume, Da Vinci perdeu o prazo da entrega da encomenda, dedicando-lhe três anos. Talvez isso tenha se dado por excesso de perfeccionismo, talvez pela notória desorganização do gênio... O resultado é que ele acabou ficando com o quadro para si.

Com a morte de Da Vinci, o rei Francisco I se assenhorou do quadro. Diz a lenda que a *Mona Lisa* guarnecia o banheiro do monarca no imponente castelo de Chambord, no vale do Loire. De Chambord, foi levada em 1690 para Versalhes. Lá, adornou a galeria pessoal do rei. Com a revolução de 1789, a *Mona Lisa* foi encaminhada de volta para o Louvre e pendurada no quarto de Josephine, mulher do imperador Napoleão.

MONA LISA, DE LEONARDO DA VINCI (1503)

De toda forma, na Itália Vincenzo foi considerado um herói. Réu confesso, sua condenação foi simbólica: couberam-lhe poucos meses de detenção. A *Mona Lisa*, por sua vez, foi devolvida ao Louvre. O então presidente da França, Raymond Poincaré, foi pessoalmente receber o quadro, que voltou a ser exibido no dia 4 de janeiro de 1914.

As andanças da *Mona Lisa* não se limitaram a essa viagem para Florença. Na Segunda Grande Guerra, com a iminente invasão alemã a Paris, a *Gioconda* foi novamente colocada num caixote. Para despistar, foi escrito em cima da caixa: "Nova York". Juntamente com muitas obras do Louvre, ela foi levada para esconderijos: em 1939, voltou para o castelo de Chambord, onde havia ficado no reinado de Francisco I. Chambord, nesse período, era o maior depósito de obras de arte oriundas do Louvre. Depois, a *Mona Lisa* foi levada para o castelo de Montal.

Leonardo da Vinci é um dos mais conhecidos artistas da história. Seu nome é usado como sinônimo de genialidade. Ele, porém, pintou pouco. Há apenas 22 pinturas atribuídas a ele, além de outras oito registradas, cujo paradeiro se desconhece. Esse fato torna suas obras ainda mais especiais. Além disso, o artista deixou um tratado sobre pintura, adotado como padrão.

Essa mesma escassez de obras também faz de outro artista um objeto de culto.

Johannes Vermeer é também chamado de "esfinge de Delft", graças a um elemento misterioso que distingue suas pinturas. Quanto a elas, é tristemente conhecido o roubo de seu quadro *Moça escrevendo uma carta com sua servente* de uma mansão na Irlanda. Até então, esse tinha sido o maior dos roubos envolvendo peças artísticas. Talvez só tenha sido superado em março de 1990, quando dois assaltantes, disfarçados de guardas, levaram 13 obras do Museu Isabella Stewart Gardner, em Boston. Essas obras foram avaliadas em 600 milhões de dólares (em valores atuais). Entre as valiosas peças estava *O concerto*, de... Vermeer.

Roubar um Vermeer é um feito extraordinário porque também ele pintou poucos quadros. Embora haja alguma discussão acerca da autenticidade de suas obras, elas possivelmente não passam de 35. Assim, o roubo em Boston, que ainda levou três Rembrandt, um Manet e alguns Degas, pode ser apontado, em valores, como o maior da história.

Infelizmente, essas obras ainda não foram recuperadas. O Vermeer perdido é considerado a mais valiosa obra de arte roubada e ainda não restituída.

(Por outro lado, Picasso, por conta de sua pequena incursão no reino do crime, talvez também tenha recebido uma maldição: atualmente, ele é o campeão absoluto de peças furtadas ou roubadas. No registro mundial de obras de arte desaparecidas, encontram-se 572 obras do artista. O segundo colocado é Miró, com 364, seguido de Chagall, com 317.[31]

---

31 Dorit Straus, "Implication of Art Theft in the Fine Art Insurance Industry", em Noah Charney, *Art and Crime – Exploring the Dark Side of the Art World*, Santa Barbara, ABC, 2009, p. 104.

Entre os Picassos roubados e ainda não encontrados, há dois afanados, em 2006, no meio do Carnaval do Rio de Janeiro, do Museu da Chácara do Céu. Junto com os Picassos, sumiram também obras de Claude Monet, Henri Matisse e Salvador Dali. Até hoje, o crime não foi resolvido e as peças seguem desaparecidas).

Embora os números exatos sejam objeto de debate, algo em torno de um terço das telas de Leonardo da Vinci de que se tem registro se encontram perdidas: possivelmente oito peças, o que é muito para um artista que pintou pouco. O mesmo se pode dizer de Caravaggio. Há dele quase quarenta quadros cujo destino se desconhece.

Esse rol de obras desaparecidas é enorme. Fossem essas peças reunidas, poderia haver um extraordinário museu da arte perdida.[32]

No entanto, possivelmente a maior causa da destruição de obras de arte é a guerra.

Napoleão, ao conquistar um país, aumentava sua coleção de arte. Enviava para Paris as obras que lhe interessavam. O Museu do Louvre, de certa forma, funcionava como uma demonstração de potência e de domínio. Afinal, as obras de arte dos países subjugados eram confiscadas e enviadas para a dominadora França. Tratava-se de mais uma forma de submissão.

Em 1815, com a derrota definitiva em Waterloo, mais de quatro mil objetos de arte, todos oriundos das pilhagens de Napoleão, foram restituídos a seus locais de origem. Poucos ficaram, como *As bodas de Caná*, de Veronese, considerada frágil demais para viajar.

Na Segunda Conferência de Haia, de 1907, se estabeleceram regras internacionais para a conduta de guerra. Na Convenção IV se proíbe qualquer confisco de obras de arte:

---

32 O termo é título do livro de Noah Charney, *The Museum of Lost Art*, London, Phaidon, 2018. Ver p. 7.

As propriedades das municipalidades, aquelas de instituições dedicadas à religião, à caridade, à educação, às artes e às ciências, ainda que propriedades dos Estados, devem ser tratadas como propriedade privada.

Toda apreensão, destruição ou intencional danificação de instituições deste tipo, de monumentos históricos, de obras de arte e da ciência, deve ser sujeita aos procedimentos legais.

Infelizmente, a experiência mostra que o que se convenciona na paz vale pouco na guerra.

As leis nazistas permitiam que o governo expropriasse obras de arte de propriedade de colecionadores judeus. Essa regra contrariava frontalmente a mencionada Conferência de Haia. No entanto, seria apenas mais uma afronta nazista às regras internacionais.

Menos de 24 horas após a anexação alemã da Áustria, grandes coleções de famílias judaicas, como os Rothschild e os Ephrussi, começaram a ser confiscadas pelos nazistas. O mesmo se deu na Polônia, que, ocupada, perdeu a maior parte de seus tesouros artísticos para os invasores.

Einsatzstab Reichsleiter Rosenberg, ou ERR, era o nome da organização, criada no âmbito do partido nazista e liderada por Alfred Rosenberg, com o propósito de recolher obras de famílias judias e de museus localizados em territórios conquistados pelos alemães. Embora a ERR tenha coletado muitos livros, sua obsessão era com as chamadas *masterpieces*, ou seja, obras da lavra de autores consagrados. Hitler adorava arte e chegara a tentar a carreira de pintor. Na juventude, tivera seu ingresso na escola da Academia de Arte de Viena recusado duas vezes.

Com sede principal em Paris, no meio de uma França sitiada, a ERR lançou seus tentáculos por toda a Europa. Países como Bélgica, Holanda, Itália, Grécia, Polônia, União Soviética, Noruega, entre outros, foram saqueados. As principais obras de inestimável valor histórico e econômico encontradas nesses países dominados foram confiscadas e levadas para a Alemanha.

O Louvre e o Jeu de Paume – prédio construído no Jardim das Tulherias – se tornaram os principais depósitos, na época da ocupação alemã de Paris, das obras de arte confiscadas. Ficavam ao lado do Hôtel de Crillon, ocupado pelos nazistas. Tornou-se famosa a visita feita por Göring, a segunda maior autoridade do governo alemão, ao Jeu de Paume, a fim de escolher as peças que deveriam ser enviadas para as coleções particulares dele e de Hitler. Foram 19 caixotes para o Führer e 23 para o próprio Göring. Entre as preciosas obras de arte enviadas estava *O astrônomo*, de Vermeer.

Além das telas empalmadas, Hitler ainda determinou a criação de um grupo de pessoas com a missão de adquirir obras de arte no mercado. Possivelmente o mais conhecido dos comissários de Hitler para a aquisição desses objetos seja Hildebrand Gurlitt (1895-1956).

Gurlitt, em 1943 e 1944, cruzou a Europa atrás de obras artísticas. Nesse período, adquiriu mais de duzentos quadros de pintores famosos e outras centenas, talvez milhares, produzidas por artistas menos conhecidos. Muitas vezes, a compra era feita de proprietários judeus, que na prática eram forçados a vender as mercadorias. O Führer tinha planos de inaugurar um gigantesco museu, com sede em Linz, na Áustria, com o mais extraordinário acervo até então conhecido.

Hildebrand Gurlitt, logo após o fim da Segunda Grande Guerra, fora interrogado pelos americanos, que buscavam o paradeiro de inúmeras obras de arte. Conhecido comissário de Hitler, esperava-se que indicasse o destino de muitos quadros pilhados. Gurlitt, entretanto, alegou ser apenas um mensageiro, um mero cumpridor de ordens que buscava as pinturas para atender ordens superiores. Gurlitt explicou ainda aos inquisidores que jamais portava dinheiro. O comissário reconheceu que possuía algumas obras e as devolveu. Contou que a maior parte de seu acervo fora queimado nos bombardeios. Era tudo mentira. Entretanto, Gurlitt, por meio desse embuste, conseguiu manter sua gigantesca coleção – grande parte dela escondida em um insuspeito apartamento em Munique.

Heinz Ludwig Chaim Ettlinger, conhecido como "Harry", nasceu em Karlsruhe, na Alemanha, no começo de 1926. Vivia em uma comunidade judaica bem fechada. Quando tinha apenas 7 anos, foi forçado a deixar o colégio por conta das leis nazistas, que restringiam a participação de crianças judias nas escolas. Seu pai, dono de um pequeno negócio, foi à falência em virtude do boicote aos judeus.

O avô de Harry, Otto Oppenheimer, costumava contar entusiasmado ao seu neto acerca da coleção de arte do museu da cidade. O museu ficava a quatro quadras da casa dos Ettlinger. Entre outras obras, o avô descrevia um lindo quadro de Rembrandt – um autorretrato do qual o avô possuía uma cópia em gravura. Infelizmente, Harry não poderia ver o original, embora morasse nas vizinhanças de onde o quadro estava exposto, pois passara a vigorar uma lei que proibia os judeus de frequentarem o museu público. Harry conhecia apenas a reprodução da famosa pintura.

Aos poucos, a família de Harry perdeu tudo. Harry comemorou seu Bar Mitzvah no mesmo dia em que, por muita sorte, ele e sua família conseguiram salvar a própria vida. De fato, ocorrera que, logo após a cerimônia, o rabino avisou aos pais de Harry que deveriam fugir naquele mesmo dia. Tratava-se, porém, de um Shabbat, o dia do descanso. O pai de Harry ainda questionou o rabino, perguntando se, para respeitar o dia santo, poderiam ir na manhã seguinte. Não: a família deveria deixar Karlsruhe imediatamente. Era isso mesmo – o rabino sabia ser aquela a última chance de fugir.

O Bar Mitzvah de Harry foi a última cerimônia realizada na velha sinagoga de Karlsruhe. Logo após deixarem tudo para trás, a família seguiu para a América. Em 1938, chegou a Nova York, nos Estados Unidos.

Aos 18 anos, Harry, que se naturalizara cidadão americano, se alistou no exército. O país estava ingressando na Segunda Guerra Mundial. Harry lutaria contra sua antiga pátria.

Ainda com o conflito em curso, em 1943, o exército dos Estados Unidos criou o programa Monuments, Fine and Archive – MFAA. As pessoas que ali trabalhavam eram conhecidas como Monuments Men. Tratava-se de um grupo reunido com o propósito de proteger e salvar obras de arte em risco durante a guerra. Também buscavam restituir as obras aos seus legítimos proprietários, pois eram públicos e notórios os confiscos e expropriações promovidas pelos nazistas.

Em 19 de março de 1945, Hitler sancionou um decreto que passou a ser conhecido como *Nerobefehl*, o "Decreto de Nero". O nome fazia referência ao imperador romano que supostamente teria mandado atear fogo em Roma.

Todos os bens de valor, toda a infraestrutura da economia alemã e tudo o que pudesse cair nas mãos dos inimigos do Reich deveriam, antes, ser destruídos. Dizia a norma:

> O inimigo em seu retiro só deixará terra arrasada e nenhuma consideração pela população. Portanto, ordeno:
> 1. Todas as instalações militares, industriais, de transporte, comunicações e fornecimento, bem como quaisquer outros bens tangíveis localizados no território do Reich que possam ser de alguma utilidade para o inimigo, imediatamente ou num futuro próximo, para a continuação da guerra, devem ser destruídos.

Isso se aplicava ao grande número de obras de arte armazenadas, fruto de confiscos. Infelizmente, muito se perdeu. Propaga-se que, em 7 de maio de 1945, a SS nazista, o grupo militar de elite, teria incendiado o castelo Immendorf, onde estavam guardadas muitas obras – entre elas, pelo menos 15 telas de Klimt. O castelo de fato ardeu em chamas. Nunca mais se ouviu falar desses quadros.

Em 29 de abril de 1945, horas antes de cometer suicídio, Hitler escreveu seu pequeno testamento. São poucos parágrafos. A maior parte deles dedica-se ao destino da sua coleção de obras de arte.

> O que possuo pertence – desde que tenha algum valor – ao Partido. Se este não mais existir, ao Estado. Se o Estado também for destruído, nenhuma outra decisão minha é necessária.
> Meus quadros, nas coleções que comprei ao longo dos anos, jamais foram colecionados com propósitos particulares, mas apenas para a criação de uma galeria em minha cidade natal, Linz.
> É meu sincero desejo que esse meu legado seja devidamente executado.

Os russos, por sua vez, adotaram a política, no final da Segunda Guerra, de que os objetos de arte poderiam ser tomados como uma forma de reparação pelos danos decorrentes do conflito. A campanha foi chancelada pelo próprio Stalin. Com o fim da guerra, várias obras de enorme importância histórica seguiram de Berlim e Dresden para Moscou.

Apenas nos anos 1950 é que peças relevantes, como a *Madona Sistina*, de Rafael, e as frisas de Pérgamo, retornaram para a Alemanha, embora outras tenham permanecido em museus russos.

Como falava alemão fluentemente, Harry foi designado para acompanhar os Monuments Men na sua investida. Harry chegou a Karlsruhe, sua cidade natal, em 1945. Encontrou-a destruída. Não havia nenhum sinal da bela coleção do museu ou do Rembrandt. Tudo havia desaparecido.

Os nazistas haviam escondido inúmeras obras de arte em minas de sal. Os Monuments Men tiveram papel fundamental em encontrar essas obras e evitar sua destruição. Só na mina de sal de Altaussee foram descobertos, em maio de 1945, 6.577 quadros, 137 esculturas, 122 tapeçarias, além de centenas de outros artefatos.

Harry Ettlinger estava no grupo de homens que invadiu as minas de sal de Heilbronn. Foi necessário descer 213 metros na escuridão para chegar ao depósito. As obras se encontravam em caixotes. Havia cerca de 40 mil deles. Felizmente, o registro da ERR era meticuloso. O conteúdo das caixas se encontrava descrito em detalhes. Ao abrir um dos primeiros caixotes, Harry, com 19 anos, não conteve sua emoção: estava, finalmente, diante do autorretrato de Rembrandt de Karlsruhe.

Em 2010, Cornelius Gurlitt, um senhor solitário e de hábitos simples aos seus 77 anos, foi detido em um trem de Zurique para Munique portando grande quantia em euros. Ele era filho de Hildebrand Gurlitt, o comissário de arte dos nazistas. O montante era superior ao que se permitia levar de um país a outro. Ao se explicar, Cornelius alegou que o dinheiro provinha da venda de obras de arte. A polícia acabou descobrindo que o homem guardava em seu apartamento mais de 1.500 peças artísticas importantes. Seu acervo contava com Delacroix, Manet, Monet, Renoir, Matisse, Gauguin,

AUTORRETRATO, DE REMBRANDT (1652)

Rodin, Cézanne, Toulouse-Lautrec, Courbet, Munch, Chagall, Klee, entre muitos outros.

Segundo Cornelius, todas as obras foram recebidas por herança do pai. Nada jamais fora declarado às autoridades da Alemanha, onde morava.

Algumas das obras foram restituídas aos seus donos, nos poucos casos em que se conseguiu demonstrar o confisco. A maioria, contudo, permaneceu com o filho do nazista.

Cornelius morreu em 2014. Curiosamente, foi encontrado um quadro de Monet na mala que ele levou para o hospital. Em testamento, deixou toda a sua coleção ao Museu de Artes de Bern.

Nem tudo estava perdido. Durante a Segunda Guerra Mundial, parte importante do acervo do Museu do Louvre foi levada para o castelo de Sourches, perto de Le Mans. Para evitar que o edifício fosse bombardeado, os curadores escreveram em letras gigantescas no chão: "Musée du Louvre". Esperava-se que os pilotos alemães, mesmo na guerra, não destruíssem obras de arte.

A "FALSA VERDADEIRA" E A "VERDADEIRA FALSA" ARTE

Alguns fatores tornam o objeto de arte especial, o que costuma se refletir diretamente no seu valor. Na aferição da característica de uma obra, consideram-se normalmente cinco atributos: a) qualidade, b) condição (estado de deterioração), c) proveniência (o caminho percorrido desde que a obra deixou o artista), d) exposição (onde a obra já foi ou se encontra exposta) e, finalmente, e) autenticidade.

De todos, sem sombra de dúvidas, a autenticidade se revela como o fator mais relevante. Também é onde se concentra o maior número de fraudes. Há todo um mercado de falsificações. Michael Findlay, renomado negociante de arte, conta que já ouviu muitas vezes a mesma história da boca de diferentes pessoas que desejavam contar como adquiriram a peça que queriam vender:

"Meu tataravô conheceu Picasso em 1898, quando ele ganhou do próprio pintor este quadro..."[33]

Tome-se o mestre Rembrandt. Há cerca de seis mil obras a ele atribuídas. Para alguns especialistas, apenas 2.300 delas foram de fato executadas pelo mestre flamengo. Para outros, os verdadeiros Rembrandts são ainda em número menor: pouco mais de mil obras. Isso se explica, em parte, por que ele foi um dos artistas mais admirados e copiados em seu próprio tempo. Além do mais, possuía um enorme ateliê, com muitos colaboradores.

Em um caso recente, o quadro *Tobias e sua mulher*, de 1659, foi apontado como um autêntico Rembrandt. Com isso, o preço da obra, que se encontra no Museu Boijmans van Beuningen, em Roterdã, subiu de pouco mais de cem mil dólares para US$ 11 milhões.

Trata-se, com efeito, de um dos pintores mais extraordinários da história, o que faz muito valioso e cobiçado seu trabalho. Só nos últimos cem anos, registrou-se o roubo de oitenta telas de sua autoria.

Um mexicano chamado Brígido Lara começou cedo sua carreira de falsificador. Ainda garoto, aprendeu a "fabricar" peças pré-colombianas de terracota. Foi preso em 1974. Por essa época, já havia produzido uma civilização inteira de vasos pré-colombianos, negociados como se fossem tesouros nacionais do século XIV. Segundo as estimativas, havia cerca de 3.500 vasos "autênticos pré-colombianos" produzidos por Brígido e seus comparsas. Grande parte dessa produção fraudulenta foi descoberta. Muitas peças, porém, acredita-se ainda estarem expostas em algum museu.

Henricus Antonius van Meegeren (1889-1947), dito "Han" van Meegeren, foi um artista medíocre. Professor assistente de desenho e história da arte em uma instituição de pouca importância, jamais obteve qualquer reconhecimento. Sabia, contudo, copiar perfeitamente os antigos mestres holandeses, seus compatriotas. Em especial, Han van Meegeren revelou-se um exímio imitador de Veermer, um dos mais celebrados pintores da Holanda.

---

33 Michael Findlay, *The Value of Art*: Money, Power, Beauty, London, Prestel, 2014, p. 42.

Vermeer havia produzido poucas telas – entre 34 e 36 –, o que tornava seus quadros ainda mais raros e preciosos.

Em 1937, Van Meegeren terminou uma obra-prima da falsificação: *A ceia de Emaús*. Nela, imitava o estilo e as cores de Veermer – seu amarelo fosco e o azul ultramarino. Também elaborou um quadro novo, no qual retratava Jesus e alguns de seus discípulos numa mesa. Ele levou seis meses para concluir a tela. Van Meegeren chegou a imaginar uma fase inicial religiosa de Veermer, dedicada a temas bíblicos, o que na realidade jamais existiu. O raciocínio do falsificador era o de que seria impossível imitar o mestre na sua maturidade, mas poderia haver uma fase inicial e desconhecida do pintor, na qual teria se dedicado dedicou a matérias da religião.

A ceia de Emaús foi autenticada por especialistas, que apontaram como genuína a obra. Van Meegeren, assim, enganou os peritos.

Em 1938, como um dos eventos de celebração do jubileu da rainha Guilhermina da Holanda, o Museu Boijmans van Beuningen, de Roterdã, abrigou uma amostra denominada "Quatro séculos de grandes obras de arte – 1400 a 1800". Contava com clássicos como Ticiano, Rubens, Rembrandt, Dürer, entre outros. Veermer era a grande estrela da exibição. O cartaz que anunciava o evento era a reprodução de um detalhe de *A ceia de Emaús*: o rosto da servente. Ocorre que, na realidade, tratava-se de um quadro de Van Meegeren, para o qual ele tomara sua mulher como modelo da personagem.

Van Meegeren pagou ingresso e foi ver sua obra exposta entre a de tantos outros gênios da pintura. *A ceia de Emaús* foi uma das peças mais elogiadas. Para piorar, naquele tempo a tela era a joia do Museu Boijmans – tratava-se do quadro mais visitado em toda Holanda.

Durante a Segunda Guerra Mundial, os nazistas revelaram especial interesse por artistas clássicos. Van Meegeren lhes vendeu algumas de suas falsificações como se fossem quadros autênticos. Alguns deles eram exibidos como tesouros – como grandes obras de arte, da lavra de artistas extraordinários. Uma das telas de Van Meegeren, supostamente um Vermeer primitivo, decorava a sala de jantar de Hermann Göring.

Com o fim da guerra, esses quadros foram apreendidos. Na Holanda, era considerado crime vender obras dos grandes mestres holandeses para os na-

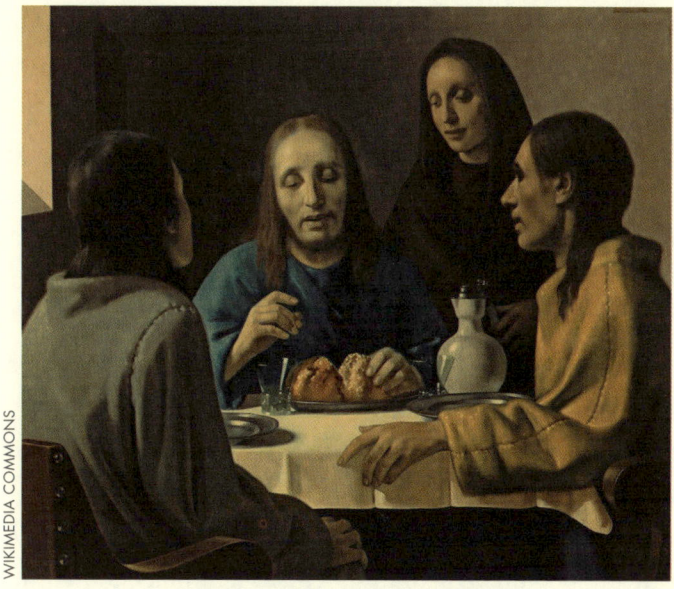

A CEIA DE EMAÚS, DE CARAVAGGIO (1601)

zistas. Afinal, era o mesmo que entregar ao inimigo o patrimônio histórico e cultural do país. Logo, portanto, chegaram a Van Meegeren. A pena para esse crime, de colaboração com os nazistas, era a mais severa: a morte.

Van Meegeren foi levado a julgamento sob a gravíssima acusação de traição. Apenas então o artista revelou que jamais vendera quadros de Veermer para os nazistas: as telas que vendera eram de sua própria criação. Ele entregara falsificações. O crime cometido, portanto, era mais brando do que o de traição. Ele confessou outro ilícito: era um falsário.

Embora Van Meegeren tenha dado informações precisas sobre a verdadeira origem dos quadros – disse que, se fizessem uma radiografia nas telas, veriam a verdadeira procedência[34] –, as autoridades holandesas inicialmente duvidaram da história.

O falsário, então, viu-se forçado a demonstrar, perante o tribunal, suas habilidades artísticas. Segundo ele mesmo explicou aos juízes, "pintar uma cópia não é sinal de talento artístico. Em toda a minha carreira, jamais pintei uma cópia. Mas pintarei, agora, um novo Vermeer. Será uma obra-prima!"

---

34 Frank Wynne, *I Was Veermer*, London, Bloomsbury, 2007, p. 197.

Em outubro de 1947, portanto, instaurou-se uma comissão internacional, composta de especialistas. Na frente de árbitros, Van Meegeren explicou suas técnicas elaboradas, inclusive indicando os componentes químicos de que se valia. O artista adotava métodos sofisticados, expondo as telas a altíssimas temperaturas para criar craquelês nelas. Isso lhes dava a aparência de séculos de idade. Van Meegeren, então, pintou outra obra-prima da imitação: *Jesus entre os doutores*. Não havia mais dúvida de que o artista era mesmo o autor das obras vendidas aos nazistas.

Durante o julgamento, Van Meegeren passou, perante a opinião pública holandesa, de vilão a herói.

O Tribunal de Amsterdã considerou Van Meegeren culpado do crime de falsificação e fraude. Ele recebeu a pena de um ano de prisão. O artista morreu antes de iniciar o cumprimento da sentença. Aguardava em liberdade a concessão de um pedido de perdão solicitado à rainha Guilhermina quando veio a falecer.

Göring soube pouco antes de morrer que fora enganado sobre a autenticidade do seu "Vermeer". Especula-se se esse fato não teria pesado ainda mais em sua decisão de cometer suicídio por ingestão de cianureto.

Durante seu julgamento, Van Meegeren comentou acerca de uma de suas obras-primas, *A ceia de Emaús*, a qual ele gastara seis meses para concluir:

> Ontem, essa pintura valia milhões de florins. Especialistas e amantes da arte vinham de todo o mundo pagar para vê-la. Hoje, não vale nada, e ninguém sequer atravessaria a rua para vê-la de graça. Mas a pintura não mudou. O que houve?

Em 1951, Jacques Van Meegeren, filho do falecido falsário, anunciou que seu pai havia pintado outras três conhecidas telas erroneamente atribuídas a Veermer: *A jovem menina com uma flauta*, exposta na National Gallery de Washington, *Rosto de uma menina*, localizada no Mauritshuis, e *A jovem com um cachimbo*, abrigada pelo Museu de Belas-Artes de Lille. Jacques não tinha provas definitivas, mas tampouco havia provas de que os quadros haviam sido mesmo pintados por Veermer.

Há um enorme interesse, notadamente financeiro, em se ter uma obra atribuída a Veermer. Isso possivelmente dificulta o reconhecimento da falsificação. Por outro lado, o tema desafia um importante questionamento: a obra emociona pelo seu autor ou pelo que ela é?

Hoje, dois dos mais populares e caros artistas em todo o mundo, Jeff Koons e Damien Hirst, vendem reproduções de seus trabalhos. É tarefa complexa mensurar o valor artístico dessas obras. Muitos as adquirem por preços exorbitantes, apenas pela fama dos dois.

No final dos anos 1980, um rico colecionador de arte, já em idade avançada, percebeu, para a sua tristeza, que seus filhos não apreciavam sua coleção de quadros. Seus herdeiros apenas se preocupavam com o valor das telas – já atentos, é claro, à venda de cada uma quando o pai morresse. Normalmente, quando visitavam o progenitor, sentavam-se de costas para as obras, sem jamais admirá-las.

O colecionador, então, pediu a um exímio artista, especialista em fazer cópias, que elaborasse reproduções de suas principais obras. Assim foi feito. Todas as mais importantes peças da coleção foram copiadas de maneira quase idêntica aos originais.

O ancião, sem que seus herdeiros soubessem, tirou de sua parede os originais, substituindo-os pelas reproduções. Em seguida, também em segredo, vendeu todos os seus quadros. Arrecadou um ótimo dinheiro, que gastou com o que quis.

Os filhos compareciam eventualmente à casa do pai, sem jamais suspeitar da troca dos quadros. A impressão do pai, de que seus herdeiros não se importavam com a arte, se confirmou.

Só depois que o patriarca faleceu, os herdeiros receberam, com enorme surpresa, a notícia de que a coleção já não existia. Estarrecidos, tomaram ciência de todas as medidas adotadas sigilosamente pelo pai. Talvez o colecionador quisesse dar exatamente esta lição: para os insensíveis que não tinham olhos para diferenciar o original de uma reprodução, a arte jamais deveria trazer qualquer proveito.

O REALISMO

O ano de 1848 foi icônico na história europeia. Ele marca o início de uma série de sublevações e distúrbios ocorridos em diversas cidades, notadamente Paris e Berlim. Todos esses eventos tinham em comum a revolta contra a fragilidade da representação política. Em outras palavras, o povo buscava participar das decisões acerca do destino do Estado. O modelo de governo aristocrático estava em xeque. Outro ponto de revolta consistia na luta contra a censura da imprensa, bem como a liberdade de associação – principalmente a possibilidade de se unir em sindicatos, tudo a fim garantir, de forma mais eficaz, melhores condições de trabalho.

AS RESPIGADORAS, DE JEAN-FRANÇOIS MILLET (1857)

Esse mesmo ano de 1848, não por acaso, viu a publicação do *Manifesto comunista* de Karl Marx e Friedrich Engels, as revoluções liberais europeias e a eclosão de diversas rebeliões visando à unificação da Itália.

Com os turbulentos movimentos sociais de 1848, a arte tomou posição. Procurava-se registrar os fatos de forma mais fidedigna. O realismo dava as caras. Jean-François Millet (1814-1875) retratou, em 1857, *As respigadoras*, peça em que apresenta em primeiro plano três camponesas simples no trabalho árduo de catar espigas de trigo.

A respiga consistia no ato de catar o que sobrara da colheita. Tratava-se de uma ocupação menos nobre dos camponeses. Buscavam-se as sobras, nada em abundância, num trabalho extenuante. Duas das camponesas retratadas têm chapéus azul e vermelho, as cores nacionais da França. Essas mesmas cores se relacionavam às lutas políticas daquele país, que desejava liberdade e igualdade. Ao fundo do quadro, consegue-se visualizar, a cavalo, o proprietário da terra (ou seu capataz), supervisionando a colheita. Fica

REBOCADORES DO VOLGA, DE ILYA REPIN (1873)

claro o contraste entre o esforço despendido pelas respigadoras e o do dono da plantação, que apenas observa a atividade.

Quando o quadro foi exibido, em 1857, transformou-se imediatamente em assunto de discussão. Alguns comemoraram a obra, elogiando o realismo. Os conservadores, por outro lado, viram o trabalho como um ato subversivo.

A obra de Millet, hoje no Museu d'Orsay, em Paris, contém, é claro, uma grande dose de crítica social. O mesmo se pode dizer dos *Rebocadores do Volga*, do russo Ilya Yefímovich Repin (1844-1930), de 1873. Denuncia-se neles a exploração de homens tratados de forma sub-humana.

Inserido nesse contexto, o alemão Karl Marx lançou *O capital* em 1867 (a versão definitiva aparece apenas em 1890). Nessa seminal obra, enuncia-se o conceito de mais-valia, isto é, a diferença entre o valor final da mercadoria e tudo o que foi gasto em sua produção, advindo daí a exploração do trabalho humano. No sistema capitalista, ela estaria na base do lucro e da acumulação de riqueza. Trata-se da mais contundente das críticas ao modelo capitalista e de um marco para o movimento socialista. As ideias de repúdio à exploração humana, como se vê em Millet e em Repin, estavam no ar.

Courbet, outro representante do realismo, advertia: "Só pinto aquilo que vejo. Não pinto anjos, pois nunca vi nenhum." Nessa toada, Courbet apresentou, em 1866, *A origem do mundo*.

Embora o título da obra possa evocar um tema religioso, seu conteúdo se afasta completamente dessa ideia: retrata-se uma mulher com as pernas escancaradamente abertas e suas partes íntimas expostas. O pintor queria expressar a realidade, mas na época foi considerada uma obra pornográfica (em 2011, o Facebook desativou a conta de um usuário que postara esse quadro. Em decorrência da censura, um grupo grande de usuários decidiu, em protesto, postar a mesma tela, feita quase 150 anos antes, como sua fotografia de perfil).

Enquanto isso, na música, Richard Wagner quis criar a *Gesamtkunstwerk*, isto é, uma obra de arte total e completa, que fosse a síntese das artes. Homem do seu tempo, ele estava impregnado da ideia de que todo conhecimento poderia ser contido, sistematizado. Foi o mesmo espírito que dominou os juristas alemães naquela época.

Na esfera jurídica, buscava-se um direito técnico, com cuidados científicos. Sonhava-se com um sistema perfeito de apaziguamento social. Denunciava-se a ingenuidade do jusnaturalismo, e muitos juristas se dedicavam a propor um modelo de ordenamento mais preciso e concreto. Nesse contexto, concebeu-se uma ciência jurídica positiva.

A lei escrita, portanto, de preferência clara e detalhada, passava a ocupar o lugar de destaque no ordenamento jurídico. O julgador transformava-se em servo cego da lei.

Visando à garantia da segurança social, passou a ser elaborado, a partir de 1881, o Código Civil alemão, cuja conclusão se deu em 1896. De forma distinta da Lei Civil francesa, editada quase cem anos antes, a lei alemã estava impregnada de muito rigor científico. Idealmente, desejava-se retirar o subjetivismo da interpretação legal.

Reagindo aos românticos, arte e direito quiseram suprimir todo e qualquer sentimentalismo de suas esferas.

A ARTE COMO CRÍTICA AO ESTADO E AO PODER

"A arte e a liberdade, como o fogo de Prometeu, são coisas que temos que roubar para usar contra a ordem estabelecida", disse Picasso. O artista funciona, às vezes, como vigia; outras vezes, como incendiário.

Há muito, o homem percebeu que, por meio da arte, poderia expressar críticas ao Estado e ao direito. A denúncia por meio da arte, durante toda a história da humanidade, sempre exerceu um papel importante, inclusive na resistência a regimes tirânicos e autoritários.

A Atenas do século V a.C. foi o berço da democracia. Não se tratava de uma democracia plena, como conhecemos hoje, na qual todas as pessoas podem eleger seus representantes. Na época, apenas poderiam votar os cidadãos atenienses do sexo masculino, e dentro de determinada faixa etária. Entretanto, mesmo com tais restrições, esse modelo de liberdade de voto era revolucionário: diferia de tudo o que existira antes. A ideia da igualdade entre os cidadãos constituía um salto civilizatório.

Nesse ambiente, vigorava uma considerável liberdade de expressão e de exposição de ideias. Como o teatro, ao lado das competições atléticas, era a grande diversão popular, as peças encenadas tratavam de temas que se relacionavam à sociedade, notadamente a questão do exercício do poder. As pessoas assistiam aos espetáculos para formar opiniões.

A trinca dos grandes dramaturgos trágicos é composta por Ésquilo, Sófocles e Eurípides – em ordem que respeita a cronologia da vida deles e de suas obras. O trabalho deles é marcado por esse tema comum: a relação do homem com o Estado.

Antígona, de Sófocles, foi encenada em 441 a.C. O enredo é conhecido: Antígona, filha do falecido rei Édipo, volta à sua cidade depois de uma batalha na qual se enfrentaram seus irmãos, Etéocles e Polinices. Os dois disputavam o trono. Na batalha, acabaram mortos um pelas mãos do outro, cumprindo uma maldição familiar.

O tio deles, Creonte, assumiu o poder. Sua primeira providência foi proibir o enterro de Polinices, seu sobrinho que tentara invadir a cidade para destronar Etéocles. A pena, para quem descumprisse sua ordem, seria a morte.

A heroína Antígona, contudo, descumpre a determinação de Creonte e enterra seu irmão. Diante de Creonte, ela reconhece que violara a ordem. Fizera isso, diz, porque nenhuma ordem emanada de um homem poderia contrariar um conceito natural e divino, como o de que todas as pessoas têm direito a receber um sepultamento digno.

O diálogo entre Creonte e Antígona é extraordinário:

Creonte: E te atreveste a desobedecer às leis?

Antígona: Mas Zeus não foi o arauto delas para mim, nem essas leis são as ditadas entre os homens pela Justiça, companheira de morada dos deuses infernais; e não me pareceu que tuas determinações tivessem força para impor aos mortais até a obrigação de transgredir normas divinas, não escritas, inevitáveis; não é de hoje, não é de ontem, é desde os tempos mais remotos que elas vigem, sem que ninguém possa dizer quando surgiram. E não seria por temer homem algum, nem o mais arrogante, que me arriscaria a ser punida pelos deuses por violá-las.

Creonte não se sensibiliza nem com sua sobrinha, nem com o forte argumento que ela apresenta. Antígona é condenada a ser emparedada – isto é, a ficar presa e fechada numa caverna até sua morte. A execução de Antígona acarreta um drama particular para Creonte, pois seu filho, Hêmon, era apaixonado pela heroína. Ele discute com o pai, que expressa sua posição, revelando, inclusive, um acentuado machismo:

> Creonte: Quem, por orgulho, menospreza as leis e pretende opor-se a quem tem o poder, esse não terá jamais o meu favor. Ao governante é devida obediência na pequena ou grande coisa, justa ou não. O homem que obedece, esse, eu tenho certeza, saberá mandar, pois sabe ser mandado, e, na confusão da peleja, estará firme em seu lugar, soldado bravo e leal. A anarquia é o pior de todos os flagelos: é ela que destrói cidades, que subverte lares, que em batalha rompe, põe em fuga, desbarata tropas; enquanto onde há ordem salva-se por certo a maior parte das vidas. Eis por que é um dever respeitar sempre as leis, e não se deixar dominar por mulheres.[35]

Hêmon, diante da morte de Antígona, se mata. O mesmo ocorre com a mulher de Creonte, ao saber da morte do filho. Creonte fica isolado.

A peça discute o exercício do poder. Creonte é claramente um tirano. Representa o Estado autoritário.

A divergência entre os discursos de Antígona e os de Creonte tem enorme relevância. Ambos defendem, de forma pertinente, diferentes pontos de vista. Antígona protege sua família com base num direito antigo, de fundamento religioso. Creonte, por sua vez, defende a cidade, a *res publica*. As visões, no caso, são incompatíveis.

Os gregos acreditavam que as diferenças entre os homens e os demais animais estavam na razão e no senso de justiça. Esses dois conceitos – justi-

---

[35] ALMEIDA, Guilherme de – *A Antígone de Sófocles* na transcrição de Guilherme de Almeida. São Paulo, Edições Alarico, 1952. / Petrópolis, Editora Vozes, 1968 (2ª ed.)

ça e razão – eram guias, inclusive, do pensamento jurídico. Quando Sófocles submete a discussão entre Antígona e Creonte ao povo ateniense, suscita um debate de alto interesse prático, uma vez que esses cidadãos administravam a cidade. "O público do teatro era aquele que se reunia regularmente na ágora em forma de assembleia popular."[36]

A peça, atual apesar de seus 2.500 anos, serve como poderoso alerta contra a arbitrariedade. Durante séculos, essa manifestação artística tem fomentado a discussão acerca do limite do direito positivo e, até mesmo, da justificativa para a insubordinação civil. Bertolt Brecht (1898-1956), por exemplo, um dos mais aclamados dramaturgos da modernidade, alertava:

Nosso teatro precisa estimular a avidez da inteligência e instruir o povo no prazer de mudar a realidade. Nossas plateias precisam não apenas saber que Prometeu foi libertado, mas também precisam familiarizar-se com o prazer de libertá-lo.[37]

Segundo a conhecida passagem bíblica, José e Maria, embora habitantes de Nazaré, foram obrigados a ir a Belém para um censo. Por esse motivo, Jesus acabou nascendo naquela cidade. Mesmo grávida, Maria viu-se compelida a deixar sua casa para uma perigosa viagem, tudo para atender, segundo o Evangelho de Lucas, a uma ordem do imperador romano que na época dominava a Palestina: "E aconteceu naqueles dias que saiu um decreto da parte de César Augusto, para que todo o mundo se alistasse" (Lucas 2: 1).

Muitos anos depois desse acontecimento, em 1566, Pieter Bruegel representou o mesmo casal, José e Maria, chegando para um censo. Porém, Bruegel os colocou na sua aldeia em Flandres, na atual Bélgica, em um dia de inverno.

Bruegel sabia que Belém era um lugar árido, muito diferente da sua gelada cidade. O que importava, contudo, não era a geografia, mas a situação.

---

36 Hans-Thies Lehmann, *Escritura política no texto teatral*, São Paulo, Perspectiva, 2009, p. 16.

37 Bertolt Brecht. *Teatro Dialético*. Rio de Janeiro, Civilização Brasileira, 1967.

O CENSO DE BELÉM, DE PIETER BRUEGEL (1566)

No quadro, observa-se a vida cotidiana da aldeia, com inúmeros figurantes, cada um com os seus afazeres. A pintura revela detalhes e simbolismos – inclusive um castelo em ruínas. No ano anterior à elaboração da obra, a Europa sofrera um inverno rigoroso. Na tela, as pessoas buscam aquecer-se em uma construção humilde, onde possivelmente havia uma fogueira. José e Maria, procurando pousada, são retratados exatamente como todos os demais. José puxa o burrico sobre o qual se encontra a grávida Maria. Ocupados nas suas fainas, ninguém se dá conta da chegada do santo casal.

Na época da elaboração do quadro, os Países Baixos estavam sob o domínio do rei espanhol Filipe II. Além de forte taxação, os espanhóis impuseram o catolicismo aos povos dominados. Estes, em sua maioria, eram protestantes. A arte de Bruegel tinha o propósito de denunciar: ele comparava o rei espanhol aos imperadores romanos, com suas leis injustas e cruéis, como aquele decreto a que Maria e José foram submetidos. Criticava também a sociedade em que vivia, preocupada demais com os temas do dia a dia, sem atentar ao que era realmente relevante, como a chegada de Nossa Senhora – de azul – na sua Flandres do século XVI.

O teatro era possivelmente a mais popular das diversões na Inglaterra elisabetana, no final do século XVI. As pessoas compareciam todos os dias, exceto aos domingos, às muitas casas de espetáculo estabelecidas em Londres. O maior dramaturgo desse período glorioso do teatro foi William Shakespeare (1564-1616), natural de uma cidade do interior da Inglaterra, mas que ganhou fama na capital inglesa pelo seu talento.

No começo da sua carreira, entre 1592 e 1599, antes de se aventurar em suas peças mais profundas, como *Hamlet*, *Otelo*, *Rei Lear* e *Macbeth*, Shakespeare se dedicou a produzir as chamadas "peças históricas". Nelas falava da história, não tão antiga, da Inglaterra. Foram (tirando duas exceções) obras que tratavam de um período conturbado da nação, no qual famílias nobres lutavam pelo trono e que culminou na chamada Guerra das Rosas, em que os clãs dos Yorks disputavam o poder com os Lancasters. Foram escritas duas tetralogias: primeiro, as três partes de *Henrique VI* e *Ricardo III*. Depois, Shakespeare escreveu *Ricardo II*, as duas partes de *Henrique IV* e, por fim, *Henrique V*.

Em todas essas peças discute-se o adequado exercício do poder. Em *Ricardo III*, mostra-se um rei ardiloso e amoral, que tudo faz para chegar ao trono. Trata-se de um psicopata. O resultado é, naturalmente, o caos – e um rei morto em batalha. Afinal, um Estado não prospera sem cultuar valores éticos.

Em *Ricardo II*, Shakespeare se dedica ao tema de um rei legítimo, porém incompetente, que é desafiado por seu primo. Embora este não fosse o herdeiro do trono, era o mais vocacionado para a liderança. Trata-se um conflito real numa sociedade, como a Inglaterra de então, na qual o soberano era escolhido pelo berço, e não por seus méritos. Mais um assunto espinhoso.

O genial dramaturgo encerrou sua série de dramas históricos em 1599, com *Henrique V*. Nessa peça encontra-se talvez o único herói de todo o cânone shakespeariano, pois Henrique V busca, mesmo com as suas limitações, ser um soberano justo, atento às responsabilidades decorrentes de sua função de líder. Numa de suas passagens mais marcantes, o rei faz um discurso para sua tropa pouco antes do início da batalha de Agincourt, na qual enfrentarão os franceses. Os ingleses estavam em menor número e lutavam em território

MINERVA PROTEGE PAX DE MARTE, DE PETER PAUL RUBENS (1630)

inimigo. O rei Henrique lembra, na sua emocionante fala, que as pessoas valem mais pelo que fazem do que pelos títulos que ostentam:

> Nós, estes poucos; nós, um punhado de sortudos; nós, um bando de irmãos. Pois quem hoje derrama o seu sangue junto comigo passa a ser meu irmão. Pode ser homem de condição humilde; o dia de hoje fará dele um nobre.[38]

A verdadeira nobreza não se herdava. Cada um construía sua própria história. Shakespeare, de forma inteligente, dava lições de como se deveria comportar o soberano.

Filipe IV, rei da Espanha, deu ao pintor e humanista Peter Paul Rubens um título nobiliário em 1624. Quatro anos depois, enviou-o numa missão diplomática especial. Caberia ao artista, que dominava vários idiomas, como

---

38 No original: *We few, we happy few, we band of brothers;*
For he to-day that sheds his blood with me
Shall be my brother; be he ne'er so vile,
This day shall gentle his condition; (Henrique V, Ato IV, Cena 3).

AS CONSEQUÊNCIAS DA GUERRA, DE PETER PAUL RUBENS (1638)

o francês, o holandês, o italiano e o latim, visitar oficialmente o rei inglês Carlos I, a fim de negociar a paz entre as nações.

Rubens era recebido pelos principais soberanos de seu tempo. Mantivera contatos com o rei francês Luís XIII – fora próximo da mãe dele, Maria de Médici –, com o rei espanhol Filipe III e com o próprio Carlos I da Inglaterra. Este soberano, aliás, fez de Rubens cavaleiro do reino inglês em 1630. Pela arte, Rubens se transformara em um importante diplomata.

Em Londres, e mesmo atribulado, Rubens conseguiu encontrar tempo para realizar o que fazia de melhor: pintar. Produziu um quadro e o presenteou ao monarca inglês. A obra, de 1630, chamada *Minerva protege Pax de Marte*, mas também conhecida como *Paz e guerra*, é bem eloquente da intenção espanhola em relação à Inglaterra: terminar o conflito. Minerva, a deusa associada à sabedoria, procura afastar Marte, o deus da guerra, de perto da Paz. Esta, retratada como uma bela mulher desnuda, aparece no meio de crianças felizes – a personificação da Paz chega até a amamentar um menino.

Em 1638, Rubens finalizou *As consequências da guerra*. Tratava-se de uma tela muito mais sombria do que o presente dado, anos antes, ao rei inglês. No centro do quadro, vê-se Marte, deus romano da guerra. Vênus, sua amante, busca contê-lo. A Fúria, carregando uma tocha, puxa Marte. No canto inferior, veem-se a arquitetura, as artes e a maternidade, motores da civilização: todas abatidas pela guerra.

No período em que Rubens pintou esse quadro, durante a Guerra dos Trinta Anos, a Europa encontrava-se exaurida com as disputas religiosas, o que apenas se atenuaria com os tratados de paz entre os litigantes, consolidados na Paz de Vestfália, em 1648, quando se reconheceu, entre outros direitos, a liberdade de culto, ao menos entre os cristãos europeus.

Manet, precursor do movimento impressionista, chamava Diego Velázquez (1599-1660) de "o pintor dos pintores". Por conta de seu talento, o artista gozava de enorme prestígio na corte espanhola, a ponto de o rei Filipe IV o comissionar para ir à Itália, entre 1649 e 1650, a fim de adquirir quadros para a coleção real. O pintor demorou mais do que o esperado, e o monarca chegou a supor que ele havia ficado pela Itália com o dinheiro entregue para as compras. Velázquez, que na sua temporada romana teve tempo de pintar o retrato do papa Inocêncio X, retornou com lindas obras. Boa parte do acervo de artistas italianos do Museu do Prado foi comprada nessa missão.

Provavelmente, no entanto, o maior tesouro do Museu do Prado tenha saído das mãos do próprio Velázquez. Em 1656, ele pinta *As meninas*. Nesse famoso quadro – por muitos considerado o mais importante da história da arte, ou ainda a "teologia da pintura" –, Velázquez se coloca no lugar dos monarcas. Muito mais: ele nos convida a explorar uma série de possibilidades visuais e psicológicas.

Os reis espanhóis Filipe IV e Mariana observam o instante em que a única filha do casal, a infanta Margarida Teresa, então com 5 anos, é mimada pelas damas de companhia, Isabel de Velasco e Agustina Sarmiento, as quais que acabam por justificar o nome do quadro: *As meninas*. Há ainda dois anões e um cachorro. Consegue-se ver os reis por seu reflexo no espelho. Portanto, os monarcas estão assistindo à cena. Além disso, o próprio artista se retrata, o que era excepcionalíssimo.

Os monarcas não são apresentados de forma nítida. Percebe-se, neles, um ar melancólico. Depois da filha Margarida Teresa, retratada no conhecido quadro, Filipe IV (1605-1665) teve três filhos mortos ainda crianças e

AS MENINAS, DE DIEGO VELÁZQUEZ (1656)

um quarto de pouquíssimas luzes, o futuro Carlos II (1661-1700) – apelidado de "enfeitiçado", pois era física e mentalmente incapacitado –, que o sucedeu para pôr fim à dinastia dos Habsburgo na Espanha.

A arte serve a vários propósitos nessa icônica pintura. Notadamente, busca-se registrar a importância do artista mesmo. Afinal, quando o quadro foi executado, Velázquez não integrava a Ordem de Santiago, possivelmente a mais prestigiada das ordens instituídas pela monarquia espanhola. Mais tarde, receberia esse galardão, e com a morte do pintor o rei Filipe IV ordenou que a cruz vermelha, brasão da Ordem, fosse acrescida ao seu peito na pintura.

Esse não foi o único acréscimo na tela. Em 1734, por um milagre, o quadro *As meninas* sobreviveu a um incêndio no palácio. Algumas partes tiveram de ser repintadas – entre elas o próprio rosto da infanta. Além disso, as bordas da tela foram cortadas.

No quadro, Velázquez, o pintor, olha diretamente para nós, como se nos convidasse a interagir. Não sabemos o que ele planeja pintar. Talvez os reis. A sua tela deve estar vazia, e o artista prepara seu pincel para iniciar o trabalho. Como se diz, a tela branca vê todas as coisas em potência.

As Meninas, um quadro sobre um quadro, coloca o espectador no lugar dos próprios reis. Aquela era uma forma de dizer: todos nós, independentemente de nossa origem, vemos as coisas da mesma forma.

Em um dos episódios mais dramáticos da Revolução Francesa, o líder revolucionário jacobino Jean-Paul Marat foi assassinado, em sua casa, por Marie-Anne Charlotte Corday, enquanto estava deitado em uma banheira cheia d'água. Marat sofria de sérios problemas de pele, que se manifestavam por meio de erupções epidérmicas pustulentas. Por esse motivo, saía pouco de casa e passava boa parte do seu tempo imerso na banheira, em banhos medicinais.

Sua morte decorreu de um movimento político e foi fruto de uma conspiração integrada pela assassina. Em 13 de julho de 1793, Charlotte, moça de família relativamente abastada e criada em um rico convento, ingressou no aposento de Marat alegando ter um documento a entregar. Ela era refratária ao regime do terror implantado pelos jacobinos. Uma vez perto do revolucionário, Charlotte o apunhalou – cravou uma faca em seu peito enquanto ele se banhava.

A assassina foi rapidamente julgada. Não negou a autoria do crime; tampouco revelou qualquer arrependimento. Ao contrário, disse que desejava lutar contra "os falsos demagogos, que se vestem com a toga de advogados do povo". Quatro dias depois de ter tirado a vida de Marat, Charlotte subiu ao cadafalso para morrer.

O pintor Jacques-Louis David, amigo de Marat, retratou a cena de forma dramática. Na realidade, David não era somente um artista. Ele assumira diversos cargos políticos durante a Revolução. O mais importante era o de dirigir as *fêtes révolutionnaires*, festividades públicas, endereçadas ao povo, com propósitos de propaganda política e doutrinária.

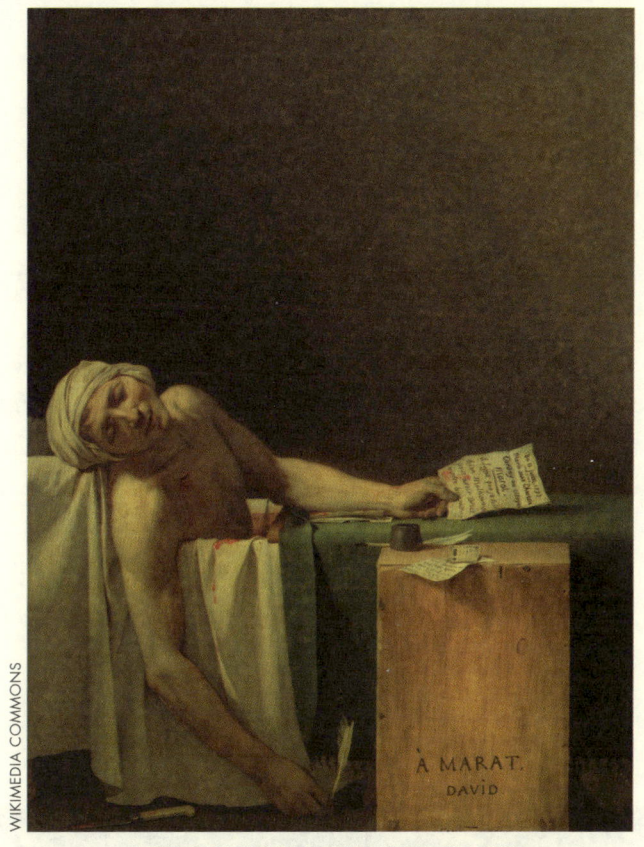

A MORTE DE MARAT, DE JACQUES-LOUIS DAVID (1793)

    A pintura da morte de Marat se insere nesse modelo de arte destinada a divulgar temas políticos. Tratava-se de uma forma de catequese.

    A tela registra o momento imediatamente posterior àquele em que o herói revolucionário Marat recebe a estocada fatal. Embora David tenha restringido a cena à sua essência, tudo está lá: a ferida no peito e a faca já no chão. Marat, morto, ainda segura um pedaço de papel: uma carta, suja de sangue, da própria assassina. David não quis incluir, propositalmente, os problemas de pele do falecido. Ao contrário, deu ao seu modelo morto uma pose que remetia ao de Cristo sendo baixado da cruz.

    A improvisada mesa de trabalho do falecido, colocada ao lado de sua banheira, revela que o herói revolucionário foi abatido enquanto dedicava sua energia à causa da Revolução. Na carta, que era preparada por Marat quando ele foi apunhalado, se lê: "Entregue este bilhete [uma nota promissória] à mãe de cinco filhos cujo marido foi morto por defender a pátria." O resto é escuridão.

A morte de Marat causou uma comoção pública. O quadro o transformava em mártir. A arte ganhava o propósito de canalizar uma reação política. Na verdade, não havia nenhuma nota promissória a ser entregue à tal mãe dos cinco filhos. David, pela sua arte, buscava criar um mito.

De fato, na Revolução a Igreja fora "nacionalizada". O povo precisava de mitos, e a pintura de David atingia em cheio esse propósito.

No ano seguinte, 1794, David apresentou *O juramento dos Horácios*. Outro grande sucesso. A tela foi, então, descrita como "a mais bela pintura do século". O quadro retrata o momento, na história romana, no qual três irmãos fazem um juramento de lutar pela república. Eles não são nobres, porém cidadãos que decidem influir diretamente no destino da nação. Segundo a lenda, nos primórdios da história de Roma, a guerra desta cidade contra Alba, sua vizinha, foi decidida por uma luta entre duas famílias: os Horários, de Roma, e os Curiáceos, de Alba. Os irmãos lutariam até a morte. O drama também residia no fato de que ambas as famílias eram unidas por laços de matrimônio. O dever cívico, contudo, falou mais alto.

O JURAMENTO DOS HORÁCIOS, DE JACQUES-LOUIS DAVID (1784)

Era fácil perceber a analogia de David com a situação pela qual passava a França. A obra tanto evocava valores como o patriotismo e o espírito público quanto concitava o cidadão a lutar pelo país.

Finda a fase do "Terror" na Revolução Francesa, com a queda de Robespierre, o quadro da morte de Marat tornou-se embaraçoso para o regime que se estabeleceu a partir de 1794. A pintura foi devolvida ao artista. O pintor, ligado aos revolucionários radicais, chegou a ser preso.

Com a ascensão de Napoleão, contudo, David voltou à proeminência. Passou a ser o primeiro pintor do Império. Deposto o ditador, fugiu para Bruxelas. Os Bourbons e os defensores da monarquia jamais o perdoaram. O artista carregara consigo *A morte de Marat* – eis a razão pela qual o quadro se encontra hoje na Bélgica. A obra só voltou a ser exposta na França em 1846. David falecera em Bruxelas 21 anos antes.

Por ordem do imperador espanhol Carlos IV (1748-1819), Francesco José de Goya y Lucientes fora alçado ao cargo de pintor real em 1800. O artista, desde 1792, em consequência de uma doença desconhecida, tornara-se surdo. Restava-lhe, contudo, o enorme talento com o pincel.

O rei, segundo cronistas da época, não era um homem politicamente atuante – gostava mais de passar o tempo caçando do que sentado no trono. A rainha, Maria Luísa de Parma (1751-1819), por sua vez, gozava de outra reputação. Ninguém duvidava de sua astúcia. Tinha diversos amantes, sendo o principal deles Manuel de Godoy, o primeiro-ministro. Na prática, a rainha e seu mais notório amante detinham o poder na Espanha. Maria Luísa era conhecidamente feia, dona de um ventre deformado pelas inúmeras gestações. Também era afamada pela sua sagacidade. O embaixador francês a definiu: "A necessidade de esconder do rei, durante trinta anos, o desregramento de sua vida deu-lhe o hábito de uma dissimulação profunda. Mulher alguma consegue mentir mais à vontade e com segurança."

Na época, a realeza espanhola atravessava um momento delicado. Não apenas em função dessa situação interna peculiar – um país com um rei tolo e alienado, comandado pelo amante da rainha –, mas principalmente pelo que acontecia na vizinha França. Em 1789, eclodira a Revolução. Pouco de-

A FAMÍLIA DE CARLOS IV, DE FRANCISCO DE GOYA (1800-1801)

pois, o rei francês, maior símbolo da monarquia na Europa, fora deposto e levado à guilhotina. Eram novos tempos[39].

Em 1800, Goya começa a pintar a família real. São 14 figuras, expostas como se estivessem em um tabuleiro de xadrez, com o rei e a rainha no centro. Todos se apresentam vestidos com roupas suntuosas, cheias de bordados e condecorações.

---

39 Consta que Goya, além de hábil, era muito rápido. Em duas horas conseguia produzir um retrato. Essa destreza foi fundamental para que o pintor, segundo a lenda, escapasse da fúria do duque de Alba. Isso porque Goya pintara a mulher do nobre, a bela duquesa de Alba, totalmente desnuda. Uma precursora das *pin-ups*. Na época, isso era um escândalo. Quando soube do fato, o duque correu para o ateliê do pintor para tomar satisfações – prometeu vingar sua honra imediatamente. Graças, entretanto, à extrema competência do pintor, ele rapidamente tratou de "colocar" uma roupa na pintura. Assim, quando o nobre chegou ao ateliê, sua mulher já se encontrava decentemente vestida.

Há um realismo chocante na representação dos reis. Eles não estão retratados como pessoas belíssimas e elegantes. Ao contrário. Carlos IV, abobado, encontra-se claramente fora de peso. Sua feição revela sua falta de foco. A rainha, então com 48 anos, ocupa o centro da tela e mira diretamente o espectador. Trata-se de uma mulher feia, dona de uma papada protuberante. Na época, a rainha já havia perdido os dentes. Apesar do esforço de vários especialistas para elaborar uma dentadura, nada funcionou. A rainha não podia sorrir e era forçada a fazer sozinha suas refeições. As crianças, perceptivelmente, olham para a tela com olhar assustado, com clara desconfiança.

Um crítico francês, ao ver o quadro, disse, em tom de galhofa, que a cena parecia a de um padeiro e sua mulher que haviam acabado de ganhar na loteria. Sente-se a decadência no ar. Ao mesmo tempo, o quadro transmite uma atmosfera predatória. Goya tinha motivos para denunciar a decadência. Naquele momento, apesar das dificuldades de caixa do governo, o *staff* da família real contava com aproximadamente vinte mil pessoas. Um acabado exagero.

Três curiosidades: Goya, possivelmente em uma referência a *As Meninas* de Velázquez, se coloca no quadro, no canto esquerdo, na penumbra. Há, ademais, uma personagem olhando para trás. A quarta moça, da esquerda para a direita, parece mirar a rainha, sua mãe, e por isso não conseguimos ver seu rosto, que se perde na sombra. Era a princesa Maria Amália, falecida em 1798, dois anos antes da execução da tela. Por fim, espremida, a quarta figura da direita para a esquerda apenas mostra seu rosto. Tratava-se de Carlota Joaquina (1775-1830), que viria a ser rainha de Portugal pelo casamento com Dom João VI. Ela passou um bom tempo no Brasil. Dizem que Goya escondeu a princesa em virtude de sua extrema feiura – ele a teria pintado de perfil para não revelar sua vesguice, entre outras deformidades. A verdade, porém, é que Carlota Joaquina não estava presente no momento em que os nobres pousaram para o retrato. Já havia deixado a corte espanhola em 1785, e por isso Goya se valera de outras fontes para retratar a feiosa princesa.

Carlos IV era um Bourbon, linhagem nobre francesa. Tivera por primo Luís XVI, o rei francês guilhotinado em 1793. Com a morte deste, Carlos declarou guerra à França revolucionária. Contudo, pouco tempo depois, em 1806, a Espanha se curvou ao poder dos franceses. Em 1807, Napoleão convidou o incompetente Carlos IV para visitar Paris e aproveitou a situação para invadir a Espanha. O rei espanhol acabou abdicando em março de 1808, e diz-se que a sua maior preocupação naquele momento teria sido saber se seu lugar de exílio continha florestas com caça suficiente. A coroa foi transferida para seu filho Fernando, que também se encontra retratado no quadro de Goya. Carlos IV morreu exilado, em Nápoles.

Estaria Goya, com sua tela, criticando a monarquia? Ou apenas pintava de forma realista, tal como pedia o seu tempo? A família real não teria compreendido a crítica? Os membros da realeza ficaram deslumbrados com as roupas com as quais foram retratados? Não perceberam que o quadro carregava uma opinião?

O fato era: não havia mais espaço para tratar os reis como deuses.

Em 1822, Goya cruzou os Pirineus e deixou para sempre seu país natal. Foi morar em Bordeaux. Esse acabou por ser o destino de muitos outros espanhóis descontentes com a restauração da monarquia despótica. Com a queda de Napoleão, a Espanha recuperara sua liberdade. Era desejo de muitos que, na onda liberal que varreu a França e a América do Norte, a Espanha se modernizasse, com um governo esclarecido. Como isso não ocorreu, o artista se autoexilou. Era sua forma de protestar. Ele morreu na França mesmo, em 1828.

Ludwig van Beethoven (1770-1827) tinha 34 anos quando compôs sua terceira sinfonia. A obra era inovadora, e Beethoven sabia que seu novo trabalho chocaria o público da conservadora Viena. Rompia-se com o modelo da sonata clássica, com movimentos mais repetidos, para um desenvolvimento infindável, dotado de mais de uma centena de compassos. Além disso, eram exploradas notas fora da escala. Abandonavam-se padrões. Havia mais metais do que o usual, numa melodia cheia de tensões harmônicas. À sua maneira, o compositor promovia uma revolução, do mesmo modo como, na França, na mesma época, promoveu-se uma radical mudança política.

Em 1802, quando começou a idealizar sua nova sinfonia, Beethoven nutria enorme admiração por Napoleão. O jovem general corso liderava, depois de grandes abalos políticos, o que restara da Revolução Francesa. Napoleão Bonaparte simbolizava, naquele momento, a liberdade preconizada pelo movimento francês.

Era desejo de Beethoven dedicar sua nova sinfonia a ele. A obra musical se chamaria *Bonaparte*. A sinfonia representava uma nova etapa não apenas na carreira de Beethoven, mas também de toda a música ocidental. Até então, os trabalhos do compositor pagavam um claro tributo às fases maduras de Haydn e Mozart. A terceira sinfonia, porém, era diferente. Beethoven desafiou, com esse trabalho, os conceitos de harmonia e forma, cruzando o modelo clássico para chegar à era do romantismo musical.

Napoleão, em maio de 1804, abandonou o título de primeiro cônsul e se declarou imperador da França. O fato revoltou Beethoven, que teria dito:

> Então ele não é mais do que um mortal comum! Agora, também, pisará no pé de todos os direitos do homem, saciando somente sua vontade; agora se achará superior a todos os homens, tornando-se um tirano!

Segundo a lenda, o compositor riscou, vigorosamente e com uma faca, nas suas minutas, o título da obra, a ponto de deixar um buraco no papel. A peça musical não se chamaria mais *Bonaparte*. Ganhou novo nome: *Eroica*. Não havia mais qualquer referência ao general. Além disso, acabou dedicada a José Francisco Maximiliano, príncipe de Lobkowicz – que, em contraprestação, ofereceu uma vantagem econômica ao músico.

Beethoven já era um compositor famoso. Ao retirar a homenagem, deixou clara sua posição política.

Em 1821, quando chegou ao compositor a notícia da morte de Napoleão, ele mencionou a marcha fúnebre da *Eroica*. "Há uns vinte anos", disse, "escrevia a música para esta ocasião."

Quando Napoleão invadiu a Espanha, em 1808, muitos espanhóis acreditaram que os ideais revolucionários, que haviam varrido a França, fariam bem ao seu país. Imaginava-se que os invasores trariam reformas liberais. Não foi isso, contudo, o que se deu.

A invasão napoleônica não foi assimilada pela população. A luta entre os invadidos e invasores foi terrível. O exército de ocupação francês recebera a seguinte ordem: "Quem quer que seja apanhado com armas na mão será enforcado sem qualquer outra formalidade." Em contrapartida, a Junta Nacionalista determinara aos revoltosos, que queriam recuperar a independência espanhola: "Todos os habitantes são autorizados a se armarem para atacar e despojar soldados franceses." O resultado foram confrontos sanguinolentos e cruéis. Havia cadáveres espalhados pelos campos e pelas cidades. Goya registrou essas cenas macabras em uma série de desenhos intitulada *Os desastres da guerra*.

OS DESASTRES DA GUERRA, DE FRANCISCO DE GOYA (1810)

TRÊS DE MAIO DE 1808 EM MADRID, DE FRANCISCO DE GOYA (1814)

Em 2 de maio de 1808, cidadãos de Madri, a capital espanhola, se insurgiram contra as tropas de Napoleão. O exército francês conseguiu controlar a rebelião. Tratava-se de uma revolta sem líder, um ato genuinamente popular. No dia seguinte, muitos dos insurgentes foram executados, além de outros inocentes. Alguns anos depois, em 1814, logo após a derrota de Napoleão e a recondução do rei espanhol Fernando VII ao trono, Francisco de Goya retratou também o triste episódio, em um quadro, hoje no Museu do Prado, que se tornou icônico.

Em *Três de maio de 1808 em Madrid*, só se veem os rostos de quem reage. Os guardas são desumanizados. Os soldados, com seus longos sabres, têm uma postura covarde, brutal. O homem de branco, no centro, abre os braços como um Cristo. Desafia seus algozes com a sua postura, que expressa a convicção de sua luta pela liberdade. Ele parece uma tocha viva. De fato, toda a luz do quadro parece emanar desse homem prestes a morrer pela causa da liberdade. Goya, para realçar o martírio, pinta sutis marcas das chagas de Cristo nas mãos desse homem prestes a morrer. Era um sacrifício.

Trata-se de uma aberta crítica à violência dos governos autoritários.

⁂

Para comemorar a queda do rei francês Carlos X, em 1830, Delacroix pintou uma mulher simbolizando a liberdade. No quadro, vibrante de energia, ela empunha a bandeira da França e caminha sobre os escombros de uma batalha travada no centro da cidade. A obra ganha um nome: *A Liberdade guiando o povo*.

O próprio artista se colocou na cena. Ele participa da luta, liderado pela Liberdade. Desse modo, ali também oferece sua opinião. A rebelião registrada é a ocorrida em Paris em 28 de julho de 1830. Não havia um líder específi-

A LIBERDADE GUIANDO O POVO, DE EUGÈNE DELACROIX (1830)

co à frente do movimento, que contou com provavelmente oito mil insurgentes. Eles construíram barricadas pelas ruas da capital e conseguiram, pela luta armada, atingir seu objetivo, derrubando o monarca até então no poder.

O quadro ainda registra um estudante, identificado pelo bicorne, chapéu usado pelos frequentadores da tradicional Escola Politécnica. Há também pessoas simples, bem como um garoto que empunha uma pistola. Diz-se que esse menino inspirou o personagem Gavroche, de *Os miseráveis* (1862), escrito por Victor Hugo.

A Liberdade está na rua, lutando ao lado do povo, caminhando entre corpos caídos. Ela não se encontra sentada em um trono, acomodada no luxo de um palácio. Sua personificação, ademais, comanda o povo com um chapéu vermelho, cor dos jacobinos. Seria uma remissão a esses revolucionários, que, como se sabe, acabaram por implantar um regime autoritário, numa época conhecida como "Terror"? Teria Delacroix escolhido essa cor propositalmente?

O governo da França adquiriu a tela em 1831, com a intenção de expô-la na sala do trono. Serviria de advertência ao novo rei, Luís Filipe, do que poderia ocorrer se a liberdade fosse suprimida. Depois, entretanto, percebendo que a obra possuía um potencial provocador, o quadro foi guardado durante anos. Hoje, encontra-se no Museu do Louvre. Parte dessa famosa pintura, ademais, obra-prima da era romântica, foi estampada na extinta nota francesa de cem francos.

O arquiduque Maximiliano (1832-1867) era o irmão mais novo do poderoso imperador austríaco Francisco José I (1830-1916). Em abril de 1864, ele, então aos 31 anos, aceitou uma ousada oferta de Napoleão III, imperador francês: o trono do México. O México, até ali, nunca tivera um rei próprio – a não ser o rei espanhol durante o período em que fora colônia, o qual se encerrara em 1821.

No final de 1861, tropas francesas, inglesas e espanholas invadiram o México. Buscavam, como pretexto, forçar o governo republicano a pagar dívidas vencidas, cujo pagamento fora sustado por uma moratória de dois anos. Elas foram bem recebidas por uma elite conservadora, que se opunha ao modelo liberal em implementação. Tomado o controle da nação, decidiram colocar no poder um rei fantoche, filho de uma das mais renomadas famílias reais europeias, os Habsburgos. Essa realeza gozou do apoio de alas tradicionais da sociedade mexicana. O imperador Maximiliano, pois, assumiu a coroa com pompa e circunstância.

Na época, os Estados Unidos travavam sua Guerra Civil (1860-1865). Não houve como reagir à intervenção europeia em terras americanas. Contudo, com o término do conflito interno nos Estados Unidos, as forças rebeldes mexicanas receberam apoio do país vizinho do norte. Para piorar, os franceses decidiram retirar suas tropas no início de 1867. Sem esse apoio, a improvável monarquia mexicana estava condenada. De fato, em maio de 1867, o imperador Maximiliano foi preso. Em junho, acabou executado a tiros. A causa republicana prevalecera.

O advogado Benito Juárez, líder republicano, não cedeu aos pedidos de clemência pela vida do nobre Maximiliano. Afinal, uma fácil solução seria simplesmente expulsá-lo do México. Juárez, entretanto, queria dar um sinal à Europa e aos impulsos imperialistas: quem pretendesse colonizar a América encontraria a morte.

A execução do imperador Maximiliano teve enorme repercussão. Na França, a oposição acusava o governo de ter incensado o falecido monarca a uma irresponsável aventura na América, para depois abandoná-lo a um terrível destino.

Édouard Manet transpôs para uma tela como teria sido a execução do nobre. Não há dúvida de que o artista desejava denunciar a situação. Propositalmente, colocou um sombreiro que se assemelha a uma auréola no nobre fuzilado.

A pintura claramente presta um tributo ao Goya de *Três de maio de 1808 em Madrid*. Ambas eram execuções de conhecimento público. Entretanto, enquanto o pelotão de fuzilamento de Goya se revelava compenetrado em seu dever, os soldados retratados por Manet tinham um ar amadorístico, de displicência.

A tela de Manet, finalizada em 1868, teve sua exposição censurada pelo governo de Napoleão III, que considerava o episódio constrangedor. Afinal,

A EXECUÇÃO DE MAXIMILIANO, DE ÉDOUARD MANET (1868)

fora a França quem convidara o arquiduque austríaco para assumir o trono mexicano, o que acabou se revelando desastroso.

Ademais, a interpretação da pintura mostrava ambiguidades: por um lado, denunciava a execução, sempre algo repugnante. Por outro, os uniformes dos soldados atirando no nobre em muito se assemelhavam aos uniformes do exército francês, uma possível sugestão de que o governo fora responsável por aquele desfecho. Além disso, a tela retratava, de fato, o fim da desastrada política expansionista francesa.

Não se consegue, na tela, identificar nenhuma expressão no rosto dos soldados retratados no pelotão de fuzilamento, quase todos de costas. Nota-se a indiferença de um deles, que carrega, tranquilamente, sua arma enquanto os demais atiram à queima-roupa no nobre. Para alguns, ademais, esse suboficial teria uma semelhança física com Napoleão III, Charles-Louis

Napoleão Bonaparte (1808-1873) – ou "Napoleão, o Pequeno", como a oposição se referia ao sobrinho do grande Bonaparte.

Ao fim, os mexicanos voltaram a comandar seu país, Napoleão III manteve-se no trono francês e apenas Maximiliano foi executado. Restava cada vez mais clara a intenção do pintor de criticar o governo francês: era como se a França mesma houvesse fuzilado Maximiliano.

Manet seguiu tentando exibir *A execução de Maximiliano*, mas apenas ouvia recusas. Sua obra recebera uma censura velada. Em 1879, mais de dez anos depois da conclusão da tela, ela foi enviada para os Estados Unidos, onde, finalmente, foi apresentada ao público.

Gustave Courbet (1819-1877) compõe a vasta galeria de artistas com formação jurídica. Apesar de seus estudos da ciência legal, sua devoção sempre foi a pintura, que tomou por completo sua dedicação.

Integrado ao movimento realista, Courbet apresentou, em 1855, *O estúdio do artista: uma alegoria real resumindo sete anos de minha vida artística e moral*. Trata-se de um longo título para uma obra. Nela, o artista fala dele próprio e de seu tempo.

No centro, o artista fez um autorretrato. Ele aparece pintando uma paisagem. Ao seu lado, vemos uma mulher desnuda, um garoto e um cão.

Do lado esquerdo, retratam-se as pessoas que ele via na França de seu tempo, entre elas um judeu, um padre, um operário e um menino mendicante. Há também, nas sombras, um homem flagelado. Era um mundo de símbolos.

Por fim, do lado direito, Courbet colocou seus amigos, entre eles o poeta Charles Baudelaire (1821-1867) e o filósofo Pierre-Joseph Proudhon (1809-1865). Veem-se ainda colecionadores de arte, todos identificados. O artista pintava a realidade.

Evidentemente, a tela vem carregada de significados. A começar pelo quadro que ele pinta (afinal, trata-se de um quadro dentro de outro). Ali está retratado o vale do rio Loue, que banha a cidade de Ornans, berço do pintor. Situada no leste da França, trata-se de uma referência à sua origem humilde, que carregava valores distintos daqueles praticados na capital, Paris. A mu-

O ESTÚDIO DO ARTISTA, DE GUSTAVE COURBET (1855)

lher desnuda pode simbolizar a própria arte, ao passo que o garoto representa a pureza e a inocência no trabalho de Courbet. O homem flagelado do lado esquerdo faz uma crítica à Academia Real de Pintura e Escultura, na época muito apegada ao romantismo, que o artista considerava decadente. Tratava-se, também, de uma denúncia ao governo de Napoleão III, que protegia a Academia.

Em 1870, Courbet foi agraciado com a Cruz da Legião de Honra, altíssima condecoração francesa. Entretanto, o pintor recusou a honraria, o que se transformou num escândalo. Em sua carta ao ministro, que se tornou pública, o artista alfinetava o governo:

> Minha consciência de artista não podia deixar de repelir o galardão com que a mão do governo procura pressionar-me. O Estado não é competente em matéria artística.

Courbet ainda diz ser fatal para a arte ver-se "forçada a entrar na respeitabilidade oficial e condenada à mediocridade estéril".

Em 1965, no auge da beatlemania, quando o grupo havia chegado ao topo das paradas em todo o mundo, a Inglaterra concedeu ao quarteto de Liverpool uma enorme honraria: John, Paul, George e Ringo foram agraciados com o título de Membros do Império Britânico – *Member of the British Empire* (MBE).

Em 25 de novembro de 1969, contudo, John Lennon devolveu a medalha, acompanhada da seguinte carta:

> Vossa majestade,
> Estou devolvendo minha MBE em protesto contra o envolvimento da Grã-Bretanha no lance Nigéria-Biafra, contra nosso apoio à guerra do Vietnã e contra a queda nas paradas de "Cold Turkey".
> Com amor, John Lennon do Saco[40]

"Cold Turkey" era a música que John acabara de lançar.

As autoridades inglesas emitiram um curto pronunciamento acerca do incidente. Registraram apenas ser curioso o fato de que a primeira vez em que alguém devolvera essa medalha ocorrera exatamente em protesto pela entrega do MBE aos Beatles.

A recusa ou devolução de uma honraria do Estado por um artista é um ato político. A concessão dessas distinções pelo governo de um Estado a um artista tem a mesma natureza.

A Exposição Internacional de Arte Decorativa Moderna de Turim de 1902 apresentou ao público um quadro denominado *O quarto Estado,* de Giuseppe Pellizza da Volpedo (1868-1907). A obra, concluída no ano anterior, mostrava o protesto de um grupo de trabalhadores. À frente da multidão, viam-se

---

40 No original: *Your Majesty,*
I am returning my MBE as a protest against Britain's involvement in the Nigeria-Biafra thing, against our support of America in Vietnam and against 'Cold Turkey' slipping down the charts.
With love. John Lennon of Bag

O QUARTO ESTADO, DE GIUSEPPE PELLIZZA DA VOLPEDO (1868-1907)

dois homens e uma mulher, esta com uma criança no colo. O homem que se encontra no centro da composição caminha para a frente, seguro, em direção ao espectador da obra.

Representavam o quarto Estado – o povo, os trabalhadores –, que se une para reivindicar algo.

A imprensa socialista logo tomou a obra como símbolo, reproduzindo o quadro em panfletos e encontros. A tela virou objeto de culto. Até hoje serve como referência quando se trata de movimentos operários.

Otto Abetz, embaixador da Alemanha nazista na França, ao ver uma foto do quadro *Guernica* no ateliê do artista, teria perguntado a Picasso: "Então foi você quem fez isso?" O pintor catalão teria respondido: "Não. Foi você."

As forças nacionalistas de Francisco Franco (1892-1975) avançavam em direção a Bilbao. Pretendiam controlar o país basco. Para baixar o moral da resistência, decidiram demonstrar força – pior, crueldade. A partir das quatro horas da manhã do dia 26 de abril de 1937, sessenta aviões italianos e alemães despejaram bombas incendiárias na cidade de Guernica – um conhecido centro de resistência da cultura basca. O bombardeio durou longas três horas. A cidade ficou em chamas. As bombas foram lançadas contra civis indefesos.

Pablo Picasso, simpatizante dos republicanos, vivia, na época, em Paris. Logo após o incidente, produziu o seu *Guernica* em apenas 35 dias.[41] Era um desafio para Picasso abordar um tema tão real. Afinal, ele definira a arte como "uma mentira que nos leva a encontrar a verdade". Em *Guernica*, contudo, nada havia de mentira.

A grandiosa obra – o mural possui 6,5 metros de largura por 2,8 de altura – foi exposta no mesmo ano de 1937. A tela é tomada de símbolos: o guerreiro morto com a espada quebrada; a mãe com o filho morto no colo (em clara referência a *Pietà*); uma mulher com a lâmpada na mão remetendo à estátua da liberdade; uma pequena e singela flor que resiste apesar da selvageria causada pelo homem... O próprio Picasso explicou: "O touro não é o fascismo, mas a brutalidade e a escuridão... O cavalo representa o povo." O touro e o minotauro eram temas comuns na obra de Picasso, que via neles um símbolo do confronto do homem com a barbárie.

Guernica foi um grito contra a violência. Como pontuou Picasso, "a pintura não está feita para decorar apartamentos. Ela é uma arma de ataque e defesa contra o inimigo".

Guernica rodou pelo mundo. Visitou todos os países escandinavos, foi a Londres e à América – onde foi exibida em diversas cidades. Chegou também a ser mostrada no Brasil. Acabou pousando no Museum of Modern Art – MoMA, de Nova York.

Era desejo de Picasso que *Guernica* jamais voltasse à Espanha enquanto o ditador Franco estivesse vivo. O pintor quis ser ainda mais específico e, em fevereiro de 1970, encaminhou a seguinte carta ao MoMA:

---

41 Sobre a obra, ver Gijs van Hensbergen, *Guernica: A tela de Picasso*, Rio de Janeiro, José Olympio Editora, 2009.

GUERNICA, DE PABLO PICASSO (1937)

Em 1939, confiei a vosso museu o quadro conhecido como *Guernica*, bem como os estudos ou desenhos correspondentes ao mesmo, que não podem ser separados da obra principal. Os senhores concordaram em entregar a tela, os estudos e desenhos aos representantes qualificados do governo espanhol quando as liberdades públicas fossem restabelecidas na Espanha [...]. A única condição imposta por mim para esse retorno refere-se ao parecer de um jurista. O museu deverá, portanto, antes de qualquer iniciativa, solicitar o parecer de mestre Roland Dumas, e terá de acatá-lo [...]. Caberá a ele, ou a seus sucessores, avaliar se as liberdades públicas foram restabelecidas na Espanha.

Picasso faleceu em 1973. Dois anos depois, foi a vez de Franco. Sobreveio um período de transição. Já no final dos anos 1970, o governo da Espanha acreditava que em seu país estavam asseguradas as "liberdades públicas". Com o propósito de reaver o famoso quadro, o governo procurou o MoMA.

Era fundamental, para seguir a orientação do artista, convencer o advogado francês Roland Dumas de que a Espanha respeitava as liberdades públicas.

O tema, é claro, paralisou o país. O próprio rei Juan Carlos se envolveu pessoalmente no episódio. Felizmente, em 1981, *Guernica* retornou à Espanha, onde se encontra até hoje. Entretanto, até mesmo seu local de exibição foi motivo de discussão. Os bascos queriam que a enorme tela ficasse em Bilbao. Ela, porém, acabou indo para Madri, onde esteve protegida por um vidro blindado e policiais, para evitar algum atentado. Apenas em 1995 o vidro blindado foi removido.

O quadro de Picasso ganhou fama transcendental. Transformou-se em um ícone. Fez que aquela covardia jamais fosse esquecida. Tomara que nunca se olhe para *Guernica* apenas como um quadro.

Em 1940, os Estados Unidos ainda não haviam tomado uma posição sobre o grande conflito que, desde o ano anterior, paralisava a Europa. A verdade é que, naquele momento, nazistas e fascistas atraíam a admiração de muitos norte-americanos.

Naquele ano, Charles Chaplin lança *O grande ditador*. Uma comédia com enorme força crítica. O filme, em preto e branco (e o primeiro falado pelo comediante), conta a história de um barbeiro judeu que vive na fictícia Tomânia. Esse país é dominado por um líder, Adenoid Hynkel, com ideias preconceituosas e apetite para dominar o mundo. Tratava-se, por óbvio, de uma referência a Hitler. Chaplin faz o papel do barbeiro e do ditador Hynkel (a cena dele dançando com o globo inflável é uma das mais icônicas da história do cinema).

O barbeiro, preso por ser judeu, consegue fugir fantasiado de guarda. Em seguida, como o barbeiro e o ditador são extremamente parecidos, ambos acabam confundidos. Hynkel é levado para a prisão enquanto o barbeiro é tido como o líder. Cabe ao barbeiro (que todos tomavam como Hynkel) fazer um discurso ao povo. Eis o que ele diz:

> Me desculpem, mas eu não quero ser imperador. Não é esse o meu ofício. Não quero governar ou conquistar ninguém. Gos-

taria de ajudar a todos — se possível —, judeus, não judeus, negros e brancos.

Todos nós queremos ajudar uns aos outros. O ser humano é assim. Desejamos viver para a felicidade do próximo — não para seu sofrimento. Não queremos odiar e desprezar uns aos outros. Neste mundo, há lugar para todos. A terra, que é boa e rica, pode prover todas as nossas necessidades.

O estilo de vida poderia ser livre e belo, mas nós perdemos o caminho. A ganância envenenou a alma do homem, criou uma barreira de ódio e nos guiou no caminho de assassinato e sofrimento. Desenvolvemos a velocidade, mas nos fechamos em nós mesmos. A máquina, que produz abundância, nos deixou em necessidade. Nosso conhecimento nos fez cínicos; nossa inteligência nos fez cruéis e severos.

Pensamos demais e sentimos muito pouco. Mais do que máquinas, precisamos de humanidade. Mais do que de inteligência, precisamos de gentileza e bondade. Sem essas virtudes, a vida será violenta e tudo será perdido.

A aviação e o rádio nos aproximaram. A natureza dessas invenções grita desesperada pela bondade do homem, um apelo à irmandade universal e à união de todos nós.

Mesmo agora que a minha voz chega a milhões de pessoas pelo mundo afora, milhões de desesperados, homens, mulheres, crianças, vítimas de um sistema que faz o homem torturar e prender pessoas inocentes.

Aos que me podem ouvir eu digo: "Não se desesperem!" O sofrimento que está entre nós agora é apenas a passagem da ganância, a amargura de homens que temem o progresso humano.

O ódio do homem vai passar e os ditadores morrerão. E o poder que eles tomaram das pessoas vai retornar para as pessoas. Enquanto os homens morrerem, a liberdade nunca se acabará.

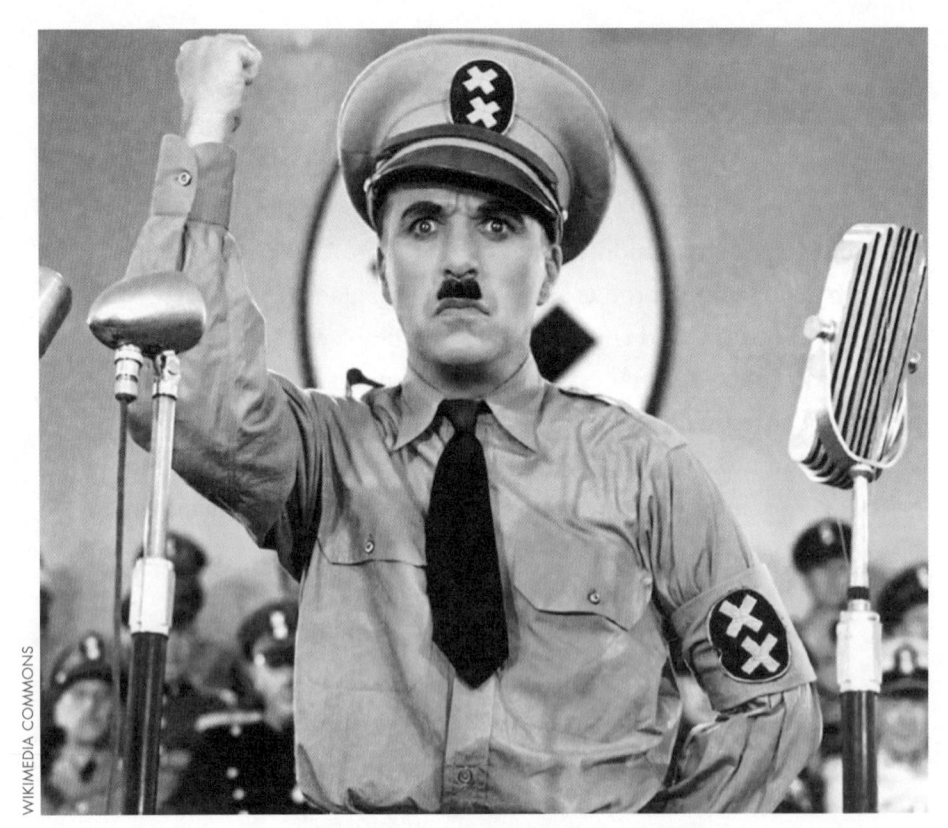

CHARLIE CHAPLIN EM *O GRANDE DITADOR* (1940)

Soldados! Não se entreguem a esses homens cruéis. Homens que lhes desprezam e escravizam, que querem reger suas vidas e dizer o que pensar, o que falar e o que sentir, que treinam vocês e tratam com desprezo para que depois vocês sejam sacrificados na guerra.

Não se entreguem a esses homens artificiais. Homens-máquina, com mente e coração de máquina. Vocês não são máquinas, não são desprezíveis! Vocês são homens! Vocês têm o amor da humanidade nos seus corações. Vocês não odeiam, só os que não são amados odeiam.

Soldados! Não lutem pela escravidão! Lutem pela liberdade! No décimo sétimo capítulo de Lucas é escrito: "o Reino de

Deus está dentro do homem" — não de um só homem ou de um grupo de homens, mas de todos os homens, em vocês!

Vocês, o povo, têm o poder — o poder de criar máquinas, o poder de criar felicidade! Vocês, o povo, têm o poder de fazer esta vida livre e bela, de fazer desta vida uma aventura maravilhosa.

Portanto — em nome da democracia — vamos usar esse poder, vamos todos nos unir! Vamos lutar por um mundo novo, um mundo decente, que dê ao homem uma chance de trabalhar, que dê um futuro à juventude e segurança aos idosos.

Foi prometendo essas coisas que cruéis chegaram ao poder. Mas eles mentiram! Não cumpriram a promessa e nunca cumprirão! Os ditadores libertam a si mesmos, mas escravizam as pessoas. Agora, vamos lutar para que essa promessa seja cumprida, vamos lutar para libertar o mundo, acabar com as fronteiras nacionais, dar fim à ganância, ao ódio e à intolerância.

Vamos lutar por um mundo de razão, um mundo em que a ciência e o progresso vão levar à felicidade de todos.

Soldados, em nome da democracia, vamos todos nos unir!

O barbeiro fala exatamente o oposto do que diria o ditador. São palavras de amor, de liberdade, de esperança na humanidade. Naquele momento, em 1940, Chaplin denunciava, antecipadamente, o resultado do fascismo e do nazismo. O artista viu, como se fosse um profeta, o destino do discurso do ódio. Os americanos ainda não haviam ingressado na Segunda Grande Guerra, mas a força daquele filme seguramente permitiu que muitos vissem o futuro com mais clareza.

O grande ditador de Chaplin foi censurado em diversos países – inclusive no Brasil, durante o governo de Getúlio Vargas.

Na película, ademais, logo após proferir seu discurso, mas ainda falando para o povo, o barbeiro manda uma mensagem diretamente para a sua namorada, Hanna (interpretada por Paulette Goddard, então mulher, na vida real, de Chaplin – e Hanna, ainda, era o nome da mãe do comediante, falecida em 1926). O barbeiro indaga:

> Hannah, você está me ouvindo? Onde quer que esteja, olhe para cima! Olhe para cima, Hannah! As nuvens estão se elevando! O Sol abre caminho! Estamos saindo das trevas, indo em direção à luz! Estamos indo para um novo mundo; um mundo mais feliz, onde os homens vencerão a ganância, o ódio e a brutalidade. Olhe, Hannah!

Hanna, que ouvia o discurso pelo rádio, assim como toda a nação, fica, é claro, surpresa ao perceber que o discurso se dirige para ela. Na cena final do filme, ela olha para cima com um sorriso.

Em maio de 1967, os Beatles lançaram um dos mais famosos e influentes álbuns de rock da história: *Sgt. Pepper's Lonely Hearts Club Band*. Na icônica capa desse disco, os quatro rapazes de Liverpool aparecem vestidos num colorido uniforme de banda e cercados de diversas personalidades. A montagem fotográfica coloca – ficticiamente – o quarteto ao lado de Marlon Brando, Marilyn Monroe, Edgar Allan Poe, Karl Marx, entre muitos outros. Inicialmente, pensou-se em inserir Hitler e Gandhi entre as personalidades que apareceriam na capa do disco. Chegaram a preparar a figura dos dois para a foto. Foi então que os advogados da gravadora EMI precisaram intervir.

Hitler não deveria aparecer na capa por motivos evidentes. Ele era alvo de uma enorme rejeição. Gandhi, por sua vez, chegou a aparecer em uma das versões da célebre capa, mas não a utilizada por fim. Isso porque os advogados lembraram que haveria muitas reclamações dos seguidores de Gandhi e que, se mantido o líder na foto, a Índia certamente censuraria o disco.

O boxeador peso-médio americano Rubin Carter (1937-2014), conhecido como Hurricane – "Furacão", em português –, caiu no gosto do público porque buscava o nocaute logo no início da luta. Sua carreira promissora,

"DESIRE", DE BOB DYLAN (1976)

entretanto, foi interrompida com sua prisão, em 1966. Ele teria assassinado três pessoas em um bar de Nova Jersey. Seu julgamento foi cercado de controvérsias. A condenação do pugilista possivelmente decorreu de um ato de racismo, pois as testemunhas apenas registraram que os assassinos eram negros, sem oferecer maiores detalhes.

Hurricane ficou preso por quase vinte anos, mas jamais desistiu de provar sua inocência. Na cadeia, escreveu um livro contando sua história. Um exemplar dessa obra chegou até o trovador contemporâneo Bob Dylan.

Em 1975, Bob Dylan lançou a canção "Hurricane", no disco *Desire*. No estilo que o caracteriza, a canção narra o julgamento injusto de Rubin Carter.

O destino de Rubin era jogo de cartas marcadas.
O julgamento foi um circo, ele nunca teve chance.
O juiz fez as testemunhas de Rubin
Parecerem bêbados da favela.
Para os brancos que assistiram,
Ele era um vagabundo revolucionário.
E para os negros, ele era só um preto louco.
Ninguém duvidou de que ele puxou o gatilho.
E, apesar de não terem achado a arma,
O promotor disse que foi ele quem atirou,
E o júri de homens brancos concordou.
Rubin Carter foi falsamente julgado.[42]

A longa letra, com 99 versos, funciona como poderosa denúncia. O julgamento fora um engodo. Um circo. Na música, são mencionados até os nomes das testemunhas. Originalmente, Dylan colocava palavras nas bocas dessas testemunhas, fugindo da literalidade dos arquivos judiciais. Os advogados da gravadora CBS, que lançaria o disco, insistiram que o cantor e compositor alterasse a letra a fim de evitar problemas judiciais. Bob Dylan aceitou as sugestões dos advogados, sem, porém, perder a força do protesto de sua música.

---

42 All of Rubin's cards were marked in advance.
The trial was a pig-circus, he never had a chance.
The judge made Rubin's witnesses
Drunkards from the slums.
To the white folks who watched
He was a revolutionary bum.
And to the black folks he was just a crazy nigger.
No one doubted that he pulled the trigger.
And though they could not produce the gun,
The D.A. said he was the one who did the deed,
And the all-white jury agreed.
Rubin Carter was falsely tried.

Dylan desnuda o racismo que toma conta da justiça.

Essa é a história do Hurricane,
Mas não acabará até que limpem seu nome
E lhe devolvam o tempo perdido.
Colocado em uma cela, mas outrora poderia ter sido
O campeão do mundo.[43]

---

[43] *That's the story of the Hurricane,*
But it won't be over till they clear his name
And give him back the time he's done.
Put in a prison cell, but one time he could-a been
The champion of the world.

A ARBITRAGEM E A MEDIAÇÃO NA ARTE E PELA ARTE

A guerra mais famosa da antiguidade nasceu em decorrência de uma arbitragem malfeita. Segundo a lenda, Éris, a deusa da discórdia, jogou, no meio de uma celebração entre os deuses gregos, um pomo de ouro na qual se lia a seguinte inscrição: "À mais bela". Logo, as três mais poderosas deusas do Olimpo – Afrodite, Hera e Atenas – disputavam o pomo de ouro.

O JULGAMENTO DE PÁRIS, DE PETER PAUL RUBENS (1636)

Não foi fácil encontrar alguém que se dispusesse a atuar como árbitro. Afinal, ao julgar a disputa, o juiz poderia receber a ira das deusas que preterisse. Páris, um príncipe troiano exilado no Peloponeso, aceitou o encargo: caberia a ele decidir qual das deusas ficaria com o pomo. De forma sub-reptícia, as três buscaram cooptá-lo. Cada uma ofereceu-lhe uma vantagem. Hera, a mulher de Zeus, prometeu-lhe a riqueza. Atenas, a deusa da sabedoria e da estratégia militar, o poder. Finalmente, Afrodite, a deusa da beleza e do amor, ofereceu-lhe, como se poderia supor, o amor. O príncipe troiano se viu obrigado a escolher: dinheiro, poder ou amor. Páris acabou aceitando a última oferta e elegeu Afrodite como vencedora da arbitragem. As duas deusas derrotadas não o perdoaram. Logo após o concurso, Páris conheceu e seduziu a lindíssima Helena, então casada com Menelau, soberano de uma cidade grega. Páris e Helena fogem para Troia. Os gregos se unem para resgatar Helena, ajudados pelas deusas derrotadas na disputa arbitral. Assim começou a guerra de Troia.

O JULGAMENTO DE PÁRIS, DE PETER PAUL RUBENS (1639)

Como se vê, o mais célebre conflito da mitologia grega decorre de uma arbitragem malfeita, na qual o árbitro permitiu que sua decisão fosse comprometida por uma oculta oferta das partes interessadas...

Peter Paul Rubens pintou o episódio mitológico em algumas ocasiões, sendo as mais famosas as telas de 1636 e 1639, que se encontram, respectivamente, na National Gallery, em Londres, e no Museu do Prado, em Madri.

Em ambas, vê-se o deus Mercúrio ao lado do príncipe e árbitro Páris. Nas duas versões, fica fácil distinguir Hera, pois a deusa tem adereços mais opulentos – afinal, é exatamente isso, a riqueza, o que ela oferece ao árbitro se este a escolher.

Rubens desfrutou de enorme sucesso em vida. Era chamado de "príncipe dos pintores e o pintor dos príncipes". Dono de um enorme ateliê, atendia, com a ajuda de muitos assistentes, a inúmeros pedidos. Pelo que se sabe, Rubens, que trabalhava com extrema rapidez, se encarregava de fazer apenas as mãos e o rosto das figuras que pintava, bem como os retoques finais da tela inteira; o restante, como a paisagem e outros detalhes, ficava a cargo de seus ajudantes. Embora haja grande discussão acerca da autenticidade das obras, sua produção foi abundante: há 2.719 peças catalogadas de Rubens, das quais 2.235 são quadros e 484, desenhos. Apenas na Inglaterra, onde se tornou cavaleiro do reino, há cerca de duzentos quadros; em Munique, 93; no Louvre, 54; no Prado, 66; e no Hermitage, em São Petersburgo, 63.[44]

Deméter era a deusa grega responsável pela colheita, pela fertilidade do solo. Ela tinha uma filha chamada Coré, fruto de uma relação com seu irmão, o líder das divindades, Zeus.

Coré, assim que se tornou adolescente, chamou a atenção de seu tio Hades, deus do mundo dos mortos, que a pediu em casamento. Deméter se opôs. Não queria que nenhum deus se aproximasse de sua filha. Hades, entretanto, não aceitou a negativa e sequestrou Coré quando esta colhia flores.

Deméter, sem saber o paradeiro da filha desaparecida, se desesperou. Deprimida, deixou de cuidar de seus afazeres. A terra ficou estéril. Não havia colheitas. Uma desgraça. Zeus, então, ordenou que Hades devolvesse Coré para sua mãe. Ocorre que Coré, enquanto no reino dos mortos, havia ingerido seis sementes de romã. Em função disso, não poderia deixar o submundo. A bela jovem estava condenada a ficar para sempre ao lado de Hades. Havia até recebido um novo nome: Perséfone.

Deméter seguia sem encontrar consolo. Prometeu vingança. Deixou de frequentar o Olimpo, morada dos deuses gregos. Prometeu um inverno interminável. Não haveria mais colheitas enquanto sua filha raptada não lhe fosse restituída. Mais ainda, pediu a Zeus que lançasse seu poderoso raio em Hades, como forma de punição.

Evidentemente, a situação não poderia permanecer daquela forma.

Zeus foi chamado para encontrar uma solução. Mediar o conflito entre Hades e Deméter. Com o auxílio de Zeus, o senhor do submundo e a deusa da fertilidade chegaram a um acordo: Coré ficaria três meses do ano com seu marido e passaria os outros nove com a mãe. Enquanto estivesse com Hades, nos meses de inverno, não haveria colheita.

Segundo a lenda, a mediação de Zeus salvou a humanidade.

O pintor francês Antoine-François Callet (1741-1823) se especializou em pintar a nobreza de seu tempo – de fato, seus mais conhecidos trabalhos fo-

---

44 José Flexa Ribeiro, *Rubens e os flamengos*, São Paulo, Grua, 2017, p. 124.

REPRESENTAÇÃO DE ZEUS E DEMÉTER, POR ANTOINE-FRANÇOIS CALLET (1777)

ram retratos do rei Luís XVI. Em 1777, ele pintou um quadro, hoje no Museu de Belas-Artes de Boston, registrando o momento em que Deméter cobra de Zeus uma providência. A deusa exige que algo seja feito em decorrência do sequestro de sua filha. Zeus, de forma inteligente, percebe que, entre os deuses, uma decisão sua, dando razão para um ou para o outro lado, não traria a paz duradoura. Restava a ele procurar uma mediação.

Olavo Brás Martins dos Guimarães Bilac (1865-1918) nasceu predestinado. Seu nome forma um perfeito verso alexandrino, selando a sua vocação. Embora tenha frequentado os cursos de medicina e de direito – este, na prestigiosa faculdade do Largo de São Francisco, em São Paulo –, não concluiu nenhum deles. Sua paixão sempre foram as letras. Assim, abandonou os estudos para se dedicar ao jornalismo... e às rodas boêmias do Rio de Janeiro de seu tempo.

Estrábico e feioso, Olavo Bilac era dono de uma memória prodigiosa. Seus contemporâneos reconheciam nele o dom da sedução. Além de um exímio contador de histórias, sabia declamar um sem-fim de poemas de cor. Ainda jovem, lançou seu primeiro livro de poesia em 1888, pelo qual recebeu pronto reconhecimento. Nele, qualificava a língua portuguesa de "Última flor do Lácio, inculta e bela". Naquele mesmo ano, ademais, apresentou sua "Via láctea":

"Ora (direis) ouvir estrelas! Certo
Perdeste o senso!" E eu vos direi, no entanto,
Que, para ouvi-las, muita vez desperto
E abro as janelas, pálido de espanto...
E conversamos toda a noite, enquanto
A via-láctea, como um pálio aberto,
Cintila. E, ao vir do sol, saudoso e em pranto,
Inda as procuro pelo céu deserto.
Direis agora: "Tresloucado amigo!
Que conversas com elas? Que sentido
Tem o que dizem, quando estão contigo?"
E eu vos direi: "Amai para entendê-las!
Pois só quem ama pode ter ouvido
Capaz de ouvir e de entender estrelas."

Logo em seguida, partiu para a Europa, onde conviveu, em Paris, com Eça de Queirós. Ao retornar ao Brasil, engajou-se em atividades políticas. No ano de 1891, o marechal Floriano Peixoto assumiu o poder graças à renúncia do também militar Deodoro da Fonseca, primeiro presidente da nascente república brasileira. Bilac, com outros antiflorianistas, fundou então o jornal *O Combate*, a fim de fazer oposição ao novo governo.

Em 9 de março de 1892, no auge desse embate político, Bilac, por meio de seu periódico, criticou asperamente o escritor Raul Pompeia (1863-1895), que aceitara o cargo de professor de mitologia na Escola de Belas-Artes sob o comando do governo de Floriano Peixoto. Depois, Pompeia chegaria a ser empossado como diretor da Biblioteca Nacional.

Floriano Peixoto, militar e herói da Guerra do Paraguai, foi eleito, em 1891, vice-presidente de Deodoro da Fonseca, o primeiro presidente da República brasileira, que acabara de nascer. Deodoro, por sua vez, também militar, recebeu a patente de marechal. No fim do Império, era a maior liderança no exército. Na época, a eleição no Brasil se dava de forma indireta. Votavam apenas os congressistas, e poderia haver presidente e vice-presidente de chapas diferentes. Foi o que ocorreu com Deodoro e Floriano, rivais que pertenciam a grupos políticos distintos.

Pouco tempo depois de assumirem seus cargos, em um período também economicamente conturbado, mas ainda naquele mesmo ano de 1891, Deodoro foi pressionado a renunciar, em conspiração da qual participara o vice Floriano. Em 23 de novembro de 1891, Deodoro cai e Floriano – que viria a ser alcunhado de "O Marechal de Ferro", pela forma como reagiu às rebeliões que enfrentara em seu governo – assume o poder.

Naquele momento, poucos poderiam ficar indiferentes aos temas políticos. Com o fim do Império, o sentimento cívico aflorara. A República, por sua vez, chegara com intrigas e traições, num Estado frágil, nas quais pululavam paixões violentas e posições radicais. Como torcedores de agremiações de futebol, apoiadores de Deodoro, de um lado, e de Floriano, de outro, se atacavam asperamente.

Em 1888, pouco antes da acusação de Bilac, Pompeia apresentara *O ateneu*, sua mais importante obra. Trata-se de um romance psicológico que narra, em primeira pessoa, as experiências do protagonista, ainda criança, nos seus anos de colégio interno. O livro possui um subtítulo: "Crônicas de uma saudade". É um romance de reminiscências, profundo, de enorme densidade psicológica. Um menino, no livro de Pompeia, é "entregue" por seu pai a um internato, rompendo sua vida familiar de forma abrupta e violenta. "Vais encontrar o mundo, disse-me meu pai, à porta do Ateneu. Coragem para a luta."

O livro também funciona como uma crítica às instituições do decadente Império brasileiro. O autor as apresenta na forma de uma escola tradicional e ultrapassada – ao fim, consumida pelo fogo. A obra termina carregada de melancolia: "Aqui suspendo a crônica das saudades. Saudades verdadeiramente? Puras recordações, saudades talvez se ponderarmos que o tempo é a ocasião passageira dos fatos, mas sobretudo – o funeral para sempre das horas."

Na sua denúncia a Raul Pompeia, Bilac, o mesmo homem capaz de ouvir e entender estrelas, acusou o literato de servilismo e bajulação. Afirmava que a defesa de Floriano Peixoto pelo autor de *O ateneu* apenas se poderia explicar por alguma espécie de "amolecimento cerebral, pois que Raul Pompeia masturba-se e gosta de, altas horas da noite, numa cama fresca, à meia-luz de *veilleuse* mortiça, recordar, amoroso e sensual, todas as beldades que viu durante o dia". A imputação caiu como uma bomba na cabeça complexa de Pompeia, que, sabidamente, tinha dificuldades em relacionar-se com mulheres.

Pompeia revidou, publicando uma resposta no *Jornal do Commercio*: "O ataque foi bem digno de uns tipos, alheados do respeito humano, licenciados, marcados, sagrados – para tudo – pelo estigma preliminar do incesto." Pompeia chegou a sugerir que o solteirão Bilac tinha um caso amoroso com um sobrinho. Quanto talento desperdiçado em baixarias!

Dias depois, Bilac e Pompeia se encontraram casualmente na rua do Ouvidor, no centro do Rio de Janeiro. Ali, chegaram às vias de fato: socos e pontapés, insultos de parte a parte... Foram apartados. A troca de tapas não se mostrou suficiente para acalmar os ânimos. "Só a sangue isso pode acabar", teria ameaçado Pompeia, que então desafiou Bilac a participar de um duelo de espadas, a ocorrer no ateliê do escultor Rodolpho Bernardelli.

Dois anos antes desse episódio, no governo provisório, Deodoro havia, por meio do Decreto nº 847, de 11 de outubro de 1890, alterado o Código Penal, para nele incluir como crime participar – e até mesmo desafiar alguém – para um duelo, que fora outrora considerado a forma mais elegante de proteger e lavar a honra. Apesar da proscrição do duelo, os dois literatos compareceram no dia marcado para o embate.

Cada um deles levou sua testemunha. Bilac foi acompanhado do deputado cearense e segundo-tenente Jesuíno de Albuquerque, enquanto Pompeia chegou com o comandante do exército Francisco de Matos.

Já com as espadas nas mãos – embora nenhum deles soubesse bem manejá-las –, estavam prontos para iniciar a luta. As testemunhas escolhidas nesse momento concitaram os dois talentosos homens de letras a desistir da contenda. Argumentaram que ambos já haviam provado sua coragem e resguardado sua honra pelo simples fato de terem comparecido ao duelo. Nada mais era necessário.

Felizmente, as razões dos mediadores convenceram Bilac e Pompeia. Talvez aqueles argumentos racionais, mesmo num momento tenso, tenham feito sentido para dois homens sensíveis e inteligentes, que, ademais, haviam estudado direito. Bilac, que iniciara o conflito, apresentou um tímido pedido de retratação (tudo leva a crer que encaminhou seu pleito com a sutileza de um poeta). Seguiu-se um constrangido aperto de mãos. Salvaram-se os dois.

No ano seguinte, 1893, Olavo Bilac foi perseguido pelo governo de Floriano e fugiu. Viveu um breve período na clandestinidade. Depois, entregou-se e, por um curto tempo, permaneceu preso na Fortaleza da Laje, no Rio de Janeiro.

Por outro lado, com a morte de Floriano, em 1895, Pompeia foi demitido da Biblioteca Nacional. Proferiu, entretanto, um discurso elogioso no enterro do ex-chefe de Estado, no qual atacava Prudente de Moraes, presidente em exercício. Isso o colocou novamente no alvo de ofensas inflamadas. Luís Murat, poeta muito ligado a Bilac, publicou, no fim de outubro daquele ano, no jornal *O Commércio de São Paulo*, artigo intitulado "Um louco no cemitério". Segundo o texto: "Ora, já vê o Sr. Dr. Raul Pompeia, que essas bravatas demagógicas não lhe ficam bem."

Raul Pompeia não suportava críticas. No dia de Natal de 1895, suicidou-se com um tiro no coração. Deixou uma nota: "Ao jornal *A Notícia*, e ao Brasil, declaro que sou um homem de honra." Faltara-lhe seguir a recomendação do pai em *O ateneu*: "Coragem para a luta."

Bilac, por sua vez, viveu por muitos anos após o duelo com Pompeia. Escreveu, depois do incidente, crônicas e poemas, entre eles o famoso "Caçador de esmeraldas", de 1902, em versos alexandrinos clássicos, joia do movimento literário parnasiano. Muito popular, Bilac, ainda em vida, foi alcunhado de "príncipe dos poetas brasileiros". Teve tempo, também, de se dedicar à campanha do serviço militar obrigatório.

O episódio de Bilac e Pompeia permite algumas reflexões. A primeira é a de que, assim como os brutos também amam, os poetas podem odiar. A profunda sensibilidade por vezes convive, no mesmo ser humano, com a intransigência.

Depois, somos obrigados a reconhecer que os conhecimentos jurídicos – de que dispunham tanto Bilac como Pompeia – não os impediram de cometer uma ilegalidade nem os levaram a decidir suas diferenças de forma civilizada, num debate franco, em vez da violência.

Por fim, há no caso uma atuação peculiar dos militares (as duas testemunhas). Por um lado, participaram de um ato ilegal, pois o duelo se tornara crime. Por outro, contudo, foram esses "homens das armas" que convenceram os "homens das letras" a desistir do combate físico. Bem vistas as coisas, não fosse a mediação do segundo-tenente e do comandante, o Brasil poderia ter perdido, de forma prematura, um ou mesmo dois de seus maiores talentos literários, que, exaltados, viveram, como no verso de Bilac, "na extrema curva do caminho extremo".

A ARTE COMO METÁFORA DO DIREITO

Imagine, por um momento, que não houvesse obrigatoriedade no cumprimento das normas jurídicas. Que as leis fossem estabelecidas, mas não existisse sanção para sua violação. Se alguém matasse ou roubasse outra pessoa, não seria preso: apenas estaria contrariando a regra, como quem não segue o conselho de um amigo.

Ainda assim, possivelmente, a maior parte das pessoas seguiria respeitando a lei. Isso se dá, também, com as regras de cortesia – como, por exemplo, cumprimentar os outros –, que são respeitadas independentemente de sanções. A lei é respeitada porque reflete algo considerado positivo pela sociedade. Nisso reside sua verdadeira força.

E qual é a força da arte?

O Evangelho de Lucas é cheio de parábolas. Acredita-se que o evangelista não tenha conhecido Jesus, embora seja um dos seus "biógrafos". Entende-se que tomou por principal base, para elaborar seu testamento, o Evangelho de Marcos. Dos três evangelhos sinóticos (Marcos, Mateus e Lucas), todos escritos em grego, Lucas revela mais sofisticação literária e um vocabulário mais extenso e erudito. Nele veem-se, inclusive, referências a termos em hebraico e em aramaico. Lucas, segundo a iconografia, era médico, companheiro de São Paulo.

O Evangelho de Lucas se dirigia ao gentio, isto é, ao não judeu. Tinha o propósito de catequisar o maior número de pessoas, chamando-as para a religião que então nascia. Seu culto autor, em uma boa estratégia de propaganda, cuidava especialmente da narração das parábolas, cheias de significados, a fim de cativar novos adeptos. Nesse Evangelho, demonstra-se a preocupação de Jesus com os marginalizados (social e espiritualmente) por meio de belas histórias, como a do filho pródigo, a do amigo inoportuno, da viúva e do juiz, além da conhecida parábola do bom samaritano.

O Evangelho de Lucas é arte.

Jesus ensina que se deve amar o próximo como a si mesmo. Em seguida, pergunta: quem é o meu próximo? Para responder, Jesus, segundo o Evangelho de Lucas (10:25-37), conta uma história.

Na perigosa estrada entre Jerusalém e Jericó, um homem foi roubado, espancado e deixado quase morto, despido, na beira da estrada. Passa um sacerdote que, quando vê o coitado, cruza a estrada para não socorrê-lo e segue seu caminho. Em seguida, passa o levita, membro da elite judaica. Este, da mesma forma, muda de lado e passa sem socorrer o homem caído. Tanto o sacerdote quanto o levita são, por definição, seguidores das leis religiosas. Em seguida, um samaritano, que passava pela via, se apieda do pobre desfalecido. Coloca o homem sobre seu animal. Cuida de suas feridas. Leva-o a uma estalagem e arca com todas as despesas para salvá-lo.

Havia uma antiga rixa entre judeus e samaritanos. Os judeus se consideravam uma linhagem pura, enquanto os samaritanos, originais de Samaria, mais ao norte, seriam miscigenados com outros povos, estabelecendo uma cultura própria.

A forte mensagem contida nessa parábola é a de que não importam a origem, os galardões e os títulos. O importante é como as pessoas se comportam diante das situações. O sacerdote e o nobre não tiveram compaixão, enquanto o samaritano – supostamente impuro, desprezado pelo simples fato de sua origem – revelou grandeza em sua conduta.

O Evangelho de Lucas visava a exatamente arrebanhar os gentios. Imagine como ecoou essa parábola na comunidade dos samaritanos e em todas as demais que se sentiam de alguma forma excluídas. A salvação estava próxima, na medida em que dependia dos próprios atos.

O BOM SAMARITANO, DE EUGÈNE DELACROIX (1849)

Ao fim, Lucas conta que Jesus pergunta: "Qual, pois, desses três [o sacerdote, o levita e o samaritano] te parece que foi o próximo daquele que caiu nas mãos dos salteadores?" Com essa indagação, altera-se a perspectiva da pergunta inicial. A busca não deve ser a de identificar o próximo, porém a de como se fazer próximo do outro.

No direito contemporâneo, há uma enorme preocupação com o comportamento leal, honesto e transparente. O ordenamento jurídico – espelhando os valores sociais – não tolera a deslealdade e a atitude maliciosa. Tal como no Evangelho, busca-se, sem a análise de quem seja o autor, apreciar sua conduta objetivamente.

A parábola do Bom Samaritano, uma das mais populares das Escrituras, foi objeto de uma linda interpretação de Delacroix, de 1849.

Van Gogh, certamente a partir da tela de Delacroix, tratou do mesmo tema em 1890.

O BOM SAMARITANO, DE VICENT VAN GOGH (1890)

Apenas dez anos após a realização de *As meninas*, o holandês Johannes Vermeer executou *A arte da pintura* (1666). Nela também celebram-se o poder e a força do artista. Entretanto, Veermer inverteu ali o conceito de Velázquez, pois o artista se encontra de costas. Ele não revela diretamente sua identidade, ao contrário do espanhol.

Vermeer manteve consigo esse quadro até o fim da vida. A família do pintor, da mesma forma, se recusou a se desfazer da tela, mesmo forçada a pagar as muitas dívidas deixadas pelo artista ao morrer. A obra, assim como o quadro de Velázquez, demonstrava o amor à pintura.

É sabido que Vermeer, assim como muitos outros gênios, sofreu a sina de não ver seu talento reconhecido em vida. Depois de sua morte, há registros de que sua família teve de lutar na Justiça para que os credores não tomassem o ateliê do pintor.

A ARTE DA PINTURA, DE JOHANNES VERMEER (1666)

Hoje, entretanto, Vermeer é considerado a quintessência da genialidade na pintura. E, entre seus poucos – e sempre venerandos – quadros está a *Mulher segurando uma balança*, de 1665.

Durante algum tempo, acreditou-se que a mulher cuidadosamente pesava pérolas. Isso porque de fato há pérolas na mesa. A balança que a mulher delicadamente segura reluz, dando a ideia de que estaria pesando as joias. Mais recentemente, porém, verificou-se que o brilho dos pratos era apenas um efeito da luz. A balança estava vazia. Ademais, não há pérolas soltas na mesa.

O que, então, a mulher pesa?

Atrás dela vemos uma pintura do Juízo Final. Jesus julga a humanidade.

A mulher, atenta à sua atividade, está grávida. Alguns especulam que se trata do retrato da mulher do pintor, com quem Vermeer teve quinze filhos.

MULHER SEGURANDO UMA BALANÇA, DE JOHANNES VERMEER (1665)

Podem-se ver objetos valiosos na mesa, mas a mulher não parece prestar atenção neles. Ela pesa algo imaterial.

A luz irradia de uma janela semifechada como um raio divino. Estaria Vermeer apresentando sua leitura da anunciação para Maria?

A balança significa, na iconografia clássica, um julgamento. Talvez o artista queira dizer que, ao julgar, o homem não deve atentar para os valores materiais envolvidos – embora eles existam, como se demonstra com as aparentes pérolas sobre a mesa. Também ao julgar, deve-se ter a serenidade com que a mulher se porta. Deve-se decidir sempre com a certeza de que haverá amanhã. Daí Vermeer colocar a julgadora grávida – ela não daria uma decisão que prejudicasse o futuro, onde viverá seu filho. A referência a Jesus simboliza a humildade que o julgador deve cultivar. Afinal, há sempre algo superior à nossa passagem terrena.

A DANÇA, DE HENRI MATISSE (1909-1910)

Henri Matisse (1869-1954) recebeu uma encomenda de seu patrono, o magnata russo Sergei Shchukin, para que representasse a dança, em conjunto com outra obra dedicada à música. As telas seriam destinadas ao palácio Trubetskoy, mansão de Shchukin em Moscou. Inicialmente, o patrono russo não gostou da ideia de as dançarinas estarem despidas. Entretanto, vendo o esboço, concordou com a finalização do quadro.

Quando a obra foi exposta em Paris, em 1910, ainda inacabada, recebeu muitas críticas, notadamente pelo fato de as bailarinas estarem nuas. Shchukin cancelou, assim, a encomenda. Não obstante, Matisse concluiu a obra, de grandes proporções.

As cinco dançarinas têm seus corpos desenhados de forma simplificada. O artista valeu-se de apenas três cores: azul para o céu, verde para as colinas e um laranja-rosado para as bailarinas.

Percebe-se uma plena harmonia entre as bailarinas. Se qualquer uma delas faltasse na obra, não haveria mais movimento e coerência. *A dança*, portanto, serve de metáfora para as relações humanas, que, preferencialmente, devem ser alegres e harmônicas.

O quadro de Matisse, hoje no Museu Hermitage, em São Petersburgo, pode ser visto como uma alusão à relação entre as partes em um contrato. Modernamente, as partes de uma relação contratual devem interagir em harmonia, atuando de forma colaborativa em vistas de um fim comum: a satisfação de ambas. As relações contratuais não devem ser apreciadas como um antagonismo entre credor e devedor, mas como uma dança na qual todos seguem o mesmo ritmo. Além disso, há uma interdependência. Se alguém falha, a dança perde seu vigor, sua essência.

A dança pode, também, ser compreendida como o reflexo da experiência profissional do artista mesmo. Matisse atuara anos como advogado. Na convalescença de uma apendicite, decidiu abandonar a advocacia para seguir sua vocação artística. A dedicação total à arte iniciou-se quando ele já estava mais maduro. Felizmente, Matisse viveu 84 anos.

Poucas semanas após a morte de Marilyn Monroe, em 1962, o artista americano Andy Warhol apresentou um díptico com reproduções do retrato da então recém-falecida estrela do cinema. Inicialmente, tratava-se de uma fotografia publicitária do filme *Niagara* (lançado no Brasil como *Torrentes de paixão*), de 1953. O retrato de Marilyn é sempre o mesmo, reproduzido cinquenta vezes. Porém, do lado esquerdo do díptico, os 25 retratos apresentam um colorido berrante, enquanto no lado direito vemos um desgastado e monocromático preto e branco.

Em um canto, há uma Marilyn viva, sempre cheia de cores. No outro, a mesma Marilyn encontra-se deteriorada. Qual seria a real?

Andy Warhol, um dos líderes da *pop art*, cuida, nessa obra, de temas relevantes no mundo contemporâneo. Aborda a obsessão pela celebridade, a glamorização da vida em contraposição ao ocaso amargo da velhice e da morte em um mundo massificado.

A imagem jamais envelhece. Contudo, é estática. Marilyn era um produto. Sua reprodução, maquinal. Sua imagem seria mais importante do que sua essência. De que é feita a celebridade? Seria uma ilusão representada em uma imagem?

DÍPTICO MARILYN, DE ANDY WARHOL (1962)

Warhol com frequência ironizava a exposição pessoal. Chegou a dizer que, no futuro, todas as pessoas teriam direito a 15 minutos de fama. Em certa ocasião, convidado a proferir uma palestra, enviou um sósia. Denunciava, dessa forma, a força indevida das aparências.

O quadro, exibido na Tate Modern, em Londres, serve de valiosa metáfora para o direito dos nossos dias. Em um mundo massificado, conseguirá o Estado examinar e julgar todos os casos a ele submetidos de forma atenta às peculiaridades de cada um? E se, como se diz, "o diabo mora nos detalhes", como se desviar do mal quando os detalhes são desprezados?

Um pouco antes, ainda no mesmo ano de 1962, Warhol apresentara ao público outra obra icônica: *Latas de sopa Campbell*.

Trata-se de 32 ilustrações de latas de sopa Campbell, uma marca muito popular, enfileiradas. Em um primeiro momento, as latas parecem idênticas. Contudo, ao observar mais atentamente, vê-se que cada uma tem suas peculiaridades. Não há, depois de melhor examinar a obra, duas latas iguais. Warhol havia reproduzido as 32 variedades de sopa em lata comercializadas pela Campbell, indicando os diferentes sabores.

LATAS DE SOPA CAMPBELL, DE ANDY WHAROL (1962)

Somos vítimas dessas primeiras impressões, que nos fazem iguais (ou diferentes); porém, elas jamais chegam à altura do que realmente somos. As análises apressadas são as mais perigosas.

OS "ISMOS" E A MODERNIDADE: A DESCONSTRUÇÃO DA ARTE E DO DIREITO

Para muitos houve, na modernidade, um divórcio entre a massa e as artes. Tanto o movimento romântico como o realismo ofereciam representações diretas, cuja compreensão se dava facilmente: falava-se de sentimentos ou de problemas sociais. A arte estava ao alcance de todos.

MAÇÃS, DE PAUL CÉZANNE (1878-1879)

    Na modernidade, contudo, a arte não buscava mais apenas representar a vida, porém criar uma vida nova, diferente. Pintavam-se ideias. Isso exigia do público um esforço intelectual grande: compreender a arte não era mais uma tarefa óbvia. Isso, em um primeiro momento, afastou a arte do grande público.

    Depois dos realistas, foi a vez, nas artes, do advento dos impressionistas. Buscava-se, tal como se fizera muitas vezes antes, inovar, explorando outras formas de expressão. Tudo começou com Édouard Manet (1832-1883), que cruzara o realismo para chegar ao novo movimento mediante a escolha de temas que provocavam desconforto social.

    Há uma data marcada da eclosão do impressionismo: 15 de abril de 1874. Foi nesse dia que um grupo de artistas – Claude Monet, Paul Cézanne, Pierre-Auguste Renoir, Edgar Degas, Camille Pissarro, Alfred Sisley e Berthe Morisot – decidiu apresentar seus trabalhos, que até então vinham sendo recusados nas grandes galerias. A despeito de já ter havido uma exposição de impressionistas em Londres no ano de 1872, era Paris que ditava a moda. Cézanne, profeticamente, teria dito: "Com uma maçã, surpreenderei Paris."

A exposição de 1874, feita no segundo andar do número 35 do Boulevard des Capucines, antigo ateliê do fotógrafo Gaspard-Félix Tournachon, o Félix Nadar (1820-1910), durou quatro semanas. Cerca de 3.500 a 4.000 pessoas foram visitá-la – muito pouco se comparado ao salão oficial, no qual prevaleciam os cânones tradicionais e que recebeu cerca de 400 mil espectadores em período semelhante.

Um jornal francês, de grande circulação, registrou o evento da segunda exposição feita pelo grupo:

> Acaba de ser inaugurada, na galeria Durand-Ruel, uma exposição que alega conter quadros. Ao visitá-la, deparei estarrecido com algo terrível. Cinco ou seis loucos, entre os quais uma mulher, juntaram-se para expor suas obras. Vi pessoas rolando de rir diante dos quadros. Fiquei condoído diante da cena. Tais artistas proclamam-se revolucionários e "impressionistas". Tomam um pedaço de tela, tintas e pincéis, fazem alguns borrões aleatoriamente e assinam seu nome embaixo. É uma cegueira tal qual a de internos de um manicômio que apanham pedregulhos e acreditam ter encontrado diamantes.

A força do novo movimento, contudo, superou esse início desalentador. A apresentação de 1874 foi um marco na história artística. Aqueles artistas mudaram a percepção da arte na civilização ocidental. Adotando o nome de uma das pinturas de Monet, *Impression, soleil levant*, o grupo ficou conhecido como "impressionistas". Com efeito, um quadro exposto por Monet se chamava inicialmente *Vista de Le Havre*, mas o artista, ao indicar o título da obra, optou por chamá-la apenas *Impressão*.

Em 1886, os impressionistas foram apresentados à plateia norte-americana, com grande sucesso. O principal agente comercial deles teria comentado, comparando a reação dos americanos à dos franceses diante das obras: "O público americano não ri. Ele compra."

IMPRESSÃO, NASCER DO SOL, DE CLAUDE MONET (1872)

Os impressionistas seguiram seu caminho, dando ênfase às cores e às sensações, como se nota a partir da pintura de Vincent van Gogh, Paul Gauguin e Paul Cézanne.

Em termos artísticos, a evolução caminhou em direção aos expressionistas, abandonada a preocupação de retratar as coisas com exatidão. Buscava-se permitir a livre expressão dos sentimentos e sensações, tal como ocorre em um sonho – tudo em sintonia com a seminal obra de Freud, *A interpretação dos sonhos*, lançada em 1900. A pintura de Marc Chagall (1887-1985) dá boa mostra disso.

O ingresso da chamada "modernidade" no mundo da arquitetura tampouco se deu docemente. Quando Gustave Eiffel propôs, ainda como uma obra temporária, edificar a gigantesca torre de ferro, em Paris, para a Exposição Universal que ocorreria naquela cidade em 1889, recebeu acirrada resistência. Um grupo de conhecidos artistas e intelectuais, entre os quais se encontrava o escritor Guy de Maupassant, manifestou-se, publicando o seguinte:

> Nós, escritores, pintores, escultores, arquitetos e apaixonados devotos da beleza até então intocada de Paris, protestamos com todas as nossas forças, com toda nossa indignação, em nome do desprezado gosto francês, contra a ereção, em pleno coração da nossa capital, da inútil e monstruosa Torre Eiffel.

Como se sabe, a torre foi construída. O que deveria ser temporário acabou por torna-se perene. A Torre Eiffel, que recebe mais de cinco milhões de turistas por ano, tornou-se o símbolo da cidade.

Entre 1905 e 1913, brotaram, na Europa, diversos movimentos de arte moderna, não mais restritos ao campo da pintura. Todos se proclamavam vanguarda. Da Alemanha, vieram *Der Blaue Reiter* [O cavaleiro azul] e *Die Brücke* [A ponte]. Na França, nasceram o cubismo, o fauvismo e o surrealismo. A Suíça apresenta o dadaísmo e a Rússia, o construtivismo. Mas havia muitos outros. Movimentos modernistas ganharam diversos nomes, como *art noveau*, *Jugendstil*, *Liberty*. Todos buscavam novidades.

Na Itália, um grupo de artistas assinou, em 1910, um manifesto da pintura futurista, nos seguintes termos:

> 1. Destruir o culto ao passado, a obsessão pelo antigo e o formalismo acadêmico.
> 2. Desprezar profundamente qualquer forma de imitação.
> 3. Exaltar qualquer forma de originalidade, ainda que temerária, ainda que violentíssima.
> 4. Obter coragem e orgulho do rosto fácil da loucura com que se açoitam e se amordaçam os inovadores.
> 5. Considerar os críticos de arte como inúteis e daninhos.

PINTURA COM UM CÍRCULO, DE KANDINSKI (1911)

6. Rebelar-se contra a tirania das palavras: harmonia e bom gosto, expressões demasiado elásticas, com as quais se pode demolir a obra de Rembrandt, a de Goya e a de Rodin.

7. Varrer para longe do campo ideal da arte todos os temas, todos os assuntos já explorados.

8. Resgatar e exaltar a vida cotidiana incessantemente e tumultuosamente transformada pela ciência vitoriosa. Sejam sepultados os mortos nas mais profundas vísceras da terra! Seja liberada das múmias a soleira do futuro! Espaço para os jovens, os violentos, os temerários![45]

As artes plásticas caminharam para o abstrato. Usavam-se cores primitivas. Desenhos simples, ou puramente modelos geométricos. Wassily Kandinsky (1866-1944) serve de perfeito exemplo. Em 1911, trouxe a público o *Pintura com um círculo* – uma completa abstração.

Com a contemporaneidade, surgiu o cubismo, que teve por adeptos Francis Picabia (1879-1953), Georges Braque (1882-1963) e, por um tempo, Pablo Picasso.

A psicologia, ao mesmo tempo, se desenvolvia. O subconsciente era enaltecido. O físico Albert Einstein, por sua vez, apresentou sua Teoria da Relatividade. Os conceitos estavam abertos para discussão e questionamento, e a resposta das artes foi o surrealismo. A arte deveria significar algo fora do padrão e alheio à realidade, servir de canal para que o sentimento oculto pudesse extravasar. O mais famoso dos surrealistas foi Salvador Dalí

---

45   Assinado por Giacomo Balla, Umberto Boccioni, Carlo Dalmazzo Carrà, Luigi Russolo e Gino Severini. Eis o original:

Con questa entusiastica adesione al futurismo, noi vogliamo:

1) Distruggere il culto del passato, l'ossessione dell'antico, il pedantismo e il formalismo accademico.

2) Disprezzare profondamente ogni forma d'imitazione.

3) Esaltare ogni forma di originalità, anche se temeraria, anche se violentissima.

4) Trarre coraggio ed orgoglio dalla facile faccia di pazzia con cui si sferzano e s'imbavagliano gl'innovatori.

5) Considerare i critici d'arte come inutili e dannosi.

6) Ribellarci contro la tirannia delle parole: armonia e di buon gusto, espressioni troppo elastiche, con le quali si potranno facilmente demolire l'opera di Rembrandt, quella di Goya e quella di Rodin.

7) Spazzar via dal campo ideale dell'arte tutti i motivi, tutti i soggetti già sfruttati.

8) Rendere e magnificare la vita odierna, incessantemente e tumultuosamente trasformata dalla scienza vittoriosa. Siano sepolti i morti nelle più profonde viscere della terra! Sia sgombra di mummie la soglia del futuro! Largo ai giovani, ai violenti, ai temerari!

TELEFONE-LAGOSTA, DE SALVADOR DALÍ (1936)

(1904-1989), com obras como *A persistência da memória*, de 1931, e o *Telefone lagosta*, de 1936. Ambos trocadilhos visuais.

Curiosamente, Dalí acabou expulso do grupo que se denominava "surrealista" depois que ele e sua mulher Gala compareceram, em 1934, a uma festa em Nova York fantasiados de "Bebê Lindbergh e seu sequestrador". A história do sequestro do primeiro filho do herói americano Charles Lindbergh chocara a sociedade americana. A criança de dois anos, filho mais velho de um herói americano, foi encontrada morta em 1932. (Lindbergh fora o primeiro homem a cruzar sozinho o oceano Atlântico num voo sem escalas.) Fazer humor com um tema dessa natureza era inaceitável. Dalí acabou fazendo um pedido de desculpas público. Esse pedido não foi tolerado pelos surrealistas, que acabaram o expulsando.

Muito se falou da obsessão de Dalí por dinheiro. Chegava, com efeito, a vender sua obra sem muito critério, inclusive assinando reproduções malfeitas. Ficou conhecido o chiste de André Breton, outro surrealista, ao dizer que Salvador Dalí não passava de um anagrama de "Avida Dollars" – alguém ávido por dinheiro.

O século XIX começara ainda sob a influência do classicismo, que nascera no século anterior. Depois, viu nascer o romantismo. Substituíram-no o realismo (também chamado de naturalismo) e, depois, o impressionismo. Razão, emoção, razão, emoção.

No correr do século XX, contudo, o mundo da arte teve seu eixo geográfico alterado: Nova York, no Novo Mundo, desbancou Paris na posição de vanguarda. Além disso, a velocidade aumentou consideravelmente. O tempo passou a andar mais rápido. Deixou de haver um *mainstream*, uma avenida principal por onde desfilavam as tendências. Alguns movimentos eram passageiros e ocorriam em apenas um lugar. Outros duraram algumas décadas. Encontram-se, na atualidade, infindáveis arenas experimentais, muitas com grande repercussão – cubismo, fauvismo, construtivismo, expressionismo, surrealismo, dadaísmo, futurismo, entre outros "ismos". Nenhuma dessas correntes poderia ser considerada preponderante. Ao revés, todos esses movimentos contemporâneos se influenciavam reciprocamente.

O direito, a partir de meados do século XIX, trilhou um caminho conservador. Liderado pelos alemães, floresceu a escola juspositivista, que pretendia oferecer um sistema preciso do direito. Concebeu-se um direito romano "atual", com rigorosos conceitos científicos.

Entretanto, o sistema "perfeito" alemão não impediu que a Alemanha se dobrasse ao nazismo. Ao contrário, a ideia positivista chancelou um modelo jurídico que se afastava de temas morais e éticos; o direito se justificava simplesmente por ser o direito. Terminada a Segunda Grande Guerra, foi necessário buscar outros modelos jurídicos.

O século XX, portanto, foi um tempo de desconstrução. Até a Segunda Grande Guerra, predominava a ideia de que o direito existia para garantir, acima de tudo, a segurança jurídica. As leis eram cultuadas como divindades e valiam pelo simples fato de serem leis. Com os horrores do nazismo, fundamentado em um sistema jurídico coeso e técnico, percebeu-se que a segurança jurídica não protegia a humanidade adequadamente. Fazia-se necessário edificar um sistema jurídico que, embora reconhecendo a importância da segurança, levasse em consideração outros valores, notadamente a justiça e a importância da dignidade humana.

No propósito de proteger as garantias fundamentais do ser humano, alguns juristas, no final do século XX, chegaram ao ponto de propor a criação de um "direito alternativo". Nele se pregava uma atuação profundamente proativa dos tribunais, a fim promover mudanças sociais. Criticava-se fortemente o capitalismo e o liberalismo, na crença de que o direito se justifica pelo seu fim. A segurança jurídica, incensada pelo juspositivismo, cedia lugar a outros valores, como o interesse pela dignidade do ser humano e a igualdade de oportunidades para todos.

A imprensa, ademais, perdeu a corrida para as redes sociais. As certezas se dissolveram diante de tanta informação. Tudo passou a ficar obsoleto em pouco tempo. A novidade mostrou-se efêmera. No mundo líquido, nós, a arte e o direito enfrentamos o mesmo desafio: manter-se conectado com o que interessa.

> Manter-se
> Manter-se conectado
> Manter-se conectado com o que interessa

O direito contemporâneo enfrenta outros desafios. Seu objeto é uma sociedade muito desigual, e a individualidade perde espaço para um mundo massificado.

ARTE E DIREITO EM NOSSOS DIAS

O profissional do direito deve ser curioso. Afinal, o primeiro papel do juiz, do advogado, do homem, é investigar os fatos, as circunstâncias, o contexto. Apenas depois se fala em direito. O médico atua da mesma forma. Primeiro, identifica o mal. Somente após o diagnóstico, parte para a cura. Indicar o remédio errado pode ser fatal. Com o engenheiro, o mesmo: um prédio, muito antes de se colocar o primeiro tijolo, demanda enorme estudo.

A medicina e a biologia têm avançado extraordinariamente. Já conseguimos mapear nosso corpo em detalhes. Porém, para identificar a "verdadeira" natureza humana, a pesquisa se revela mais complexa. Feliz ou infelizmente, ela não veio com um manual de instrução. Para melhor compreendê-la, contemplamos as manifestações do homem.

E, nessa busca da essência humana, a arte serve de grande guia.

Desde sempre, o homem sentiu necessidade de extravasar seus sentimentos, de registrar algum acontecimento, de representar algo em que acredita ou que pretende expor. Essas manifestações, na maior parte das vezes, se apresentam como expressão artística.

Ao longo da história, a arte se associou ao poder, ao belo, à crítica, à religião, à propaganda, à vaidade, às paixões, ao direito – em suma, a todas as manifestações humanas. Esteve algumas vezes na vanguarda e, outras, na retaguarda.

Comumente, a arte e o direito seguem alguma ideia, algum valor, predominante, insurgente ou mesmo proibido. Eis por que se pode dizer que tanto o direito como a arte não surgem do nada. Ao contrário, são representações. Sempre expressam algum fato, fenômeno ou movimento intelectual. Como muitas vezes partem da mesma fonte, seja para apoiar ou para criticar, a arte e o direito se tangenciam, interagem e complementam.

Wassily Kandinsky (1866-1944) nasceu em Moscou. Estudou direito e chegou a lecionar jurisprudência na universidade de sua cidade natal. Diz-se que teve um momento de epifania ao assistir a uma apresentação da ópera *Lohengrin*, de Wagner, no Teatro Bolshoi. Graças àquela música, disse ter visto as cores no ar. Aos 30 anos, pois, largou a academia jurídica, renunciando ao cargo de professor de direito da faculdade de Moscou para se dedicar à sua verdadeira paixão: a pintura. Mudou-se para Munique, onde passou a se relacionar com outros artistas de vanguarda.

Havia, então, alguma censura às obras artísticas mais ousadas, que se afastavam do modelo clássico. Kandinsky, nesse contexto, liderou uma revolta contra a academia conservadora e fundou a Neue Künstlervereinigung (NKV), isto é, a Nova Associação dos Artistas. Seu objetivo era abrir portas a fim de que mais artistas tivessem a oportunidade de expor suas obras.

O ANJO DO JULGAMENTO FINAL, DE KANDINSKY (1911)

No bojo da NKV, Kandinsky e outros criaram um movimento alcunhado *Der Blauer Reiter*, isto é, "O Cavaleiro Azul" (seu nome deriva de um quadro de Kandinsky de 1903, no qual se vê um cavaleiro azul sobre um cavalo igualmente azul). Esse movimento professava que o artista deveria expressar seus sentimentos íntimos, deixando de lado qualquer estilo. O movimento influenciou praticamente tudo o que veio pela frente.

Em 1911, Kandinsky traz a público seu *O anjo do julgamento final*. Uma explosão de cores. Tratava-se de uma resposta emotiva, com claro desprezo às regras fixas. Não existia mais a proporção áurea. A perspectiva deixava de ter relevância. A arte havia mudado.

Ao admirar a obra de Kandinsky, pode-se compreender sua opinião de que a música, de todas as manifestações artísticas, era a superior. Isso porque, ao contrário das demais, tinha a sua própria natureza abstrata. A obra de Kandinsky assemelha-se a um som, a uma manifestação sonora. Consistia numa jornada rumo à abstração. Alguém vê o juízo final?

Kandinsky voltou para a Rússia. Estava lá quando eclodiu a Revolução Bolchevique em 1917. Permaneceu em sua terra natal entre 1914 e 1921, encarregado de organizar as artes e os museus de Moscou. Depois, voltou para a Alemanha a fim de lecionar na Bauhaus, famosa escola de arte e arquitetura. Lá ficou até a escola ser fechada pelos nazistas, em 1933. Mudou-se então para Neuilly-sur-Seine, comuna próxima de Paris, onde morreu em 1944.

Segundo Kandinsky, "cada época cria uma arte que lhe é própria e nunca renascerá". O artista compreende o seu tempo.

Tolstói, em seu rabugento trabalho *O que é arte?*, registra, ao falar da relação entre os críticos e os artistas, que "críticos são os burros que discutem os inteligentes". Embora o próprio Tolstói reconheça que se trata de uma definição imprecisa e grosseira, o russo entende que há pouco o que o crítico de arte possa acrescentar:

> "Os críticos explicam." Mas o que explicam eles?
> Um artista, se for um artista verdadeiro, transmitirá a outros, em sua obra, o sentimento que vivenciou: o que há para explicar

aí? Se a obra é boa como arte, o sentimento expresso pelo artista é transmitido a outros, seja a obra moral ou imoral. Se ele é transmitido a outros, estes o experimentam. E o experimentam, além disso, cada um à sua própria maneira, e toda interpretação é supérflua. Se a obra não contagia os outros, nenhuma interpretação vai torná-la contagiante. Obras artísticas não podem ser interpretadas. Se fosse possível para o artista explicar em palavras o que ele quis dizer, ele o teria dito em palavras. Mas ele o disse com sua arte porque era impossível transmitir o sentimento que experimentou de qualquer outra maneira. A interpretação de um trabalho artístico em palavras somente prova que o intérprete é incapaz de ser contagiado pela arte.[46]

A experiência mostra que algumas pessoas têm uma sensibilidade maior, mas a mesma experiência revela que essa sensibilidade pode ser desenvolvida. Ao se ter contato com obras de arte, comumente a sensibilidade se aguça. Até mesmo o gosto se apura e aprendemos a distinguir o refinado, o belo, o sofisticado, daquilo que é tosco, cafona, fake. A nossa exposição à arte desenvolve nosso senso estético e crítico. Ela encontra uma reação.

Qualquer pessoa, portanto, pode interpretar uma obra de arte. Não é necessário, para se emocionar diante de uma peça artística, que se tenha alguma formação especial. Basta ser humano.

Situação semelhante ocorre com a injustiça. O sentimento de injustiça não requer estudo. Ele aflora, naturalmente, quando o homem encontra a iniquidade. Somos impelidos a reagir, ao menos em nossa consciência. Tal como na arte, essa sensibilidade pode ser expandida, aperfeiçoada.

Cósimo de Médici, um dos maiores mecenas da história, grande amante das artes, teria dito: "O pintor pinta a si mesmo." Em outras palavras, a arte encontra-se sujeita a uma interpretação subjetiva. Mais ainda, o artista oferece a sua leitura da realidade ao tornar concreta uma ideia.

---

46   Leon Tolstói, *O que é arte?*, Rio de Janeiro, Ediouro, 2002, p. 160.

No mundo de hoje, tudo parece relativo. Além do poder emanado pelo Estado, convivemos com o *soft power*, forças não institucionais que influenciam fortemente o comportamento das pessoas. Assim com todas as correntes que circulam pelas vias das redes sociais. Elas representam uma substancial força, formadora de opiniões e direcionadora de condutas.

Esse fenômeno da relatividade também se encontra na arte. Tudo – um objeto simples, uma manifestação corriqueira, um mero olhar – pode ser visto como arte.

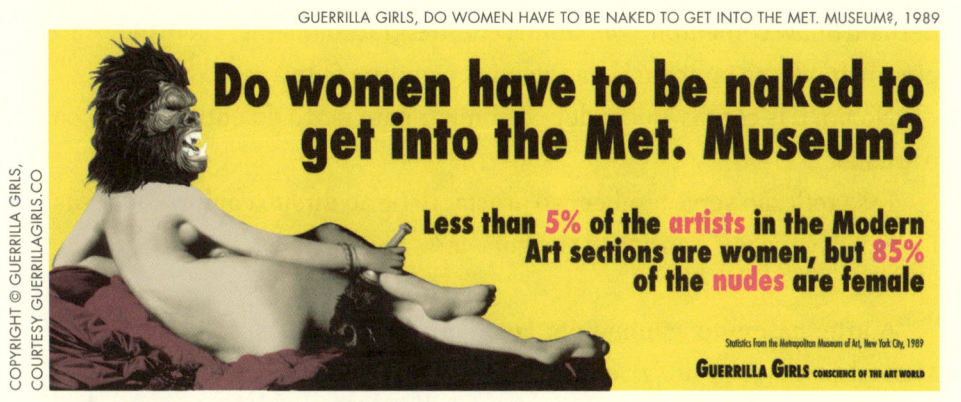

GUERRILLA GIRLS, DO WOMEN HAVE TO BE NAKED TO GET INTO THE MET. MUSEUM?, 1989

AS MULHERES PRECISAM ESTAR NUAS PARA ENTRAR NO METROPOLITAN MUSEUM?, DE GUERRILLA GIRLS (1989)

Em 1989, um grupo feminino de ativistas, autodenominado "Guerrilla Girls", lançou o seguinte questionamento: "Será que as mulheres têm de se despir para entrar no museu Metropolitan?" Faziam nisso uma referência crítica ao importante museu de Nova York: queixavam-se de que menos de 5% dos artistas com trabalhos expostos naquele museu eram mulheres. Mais ainda, dos nus representados nos quadros, 85% eram femininos.

As integrantes do grupo feminista se apresentavam em protesto vestidas de gorila. Pela arte, buscavam garantir o acesso de mais mulheres ao mercado, no que combateriam o machismo. Como elas revelam, a arte, hoje, é um poder que canaliza e endereça temas relevantes para a sociedade.

Por outro lado, muitos questionam a arte contemporânea. Ela não se comunica necessariamente de forma simples e imediata como em outras épocas. Atualmente, muitos explicam a arte como tudo aquilo que o artista define como tal. Ao mesmo tempo, certos críticos também reconhecem que não existe uma verdade absoluta nessa concepção. Mesmo as transgressões devem respeitar certas regras. Isso difere o sublime do irrelevante.

Os críticos de arte marxistas reclamavam da distância que o capitalismo gerara entre o artista e o povo. Segundo essa linha de pensamento, o artista, desvinculado do mecenato, gozou de uma liberdade absoluta para a criação que acabou por isolá-lo. Com isso, passava a criar para si mesmo (ou para um grupo muito restrito; não raro, para outros artistas). De fato, a arte contemporânea não oferece, na maior parte das vezes, uma leitura simples. Bernard Shaw comentou, com ironia, que, desgraçadamente, quem detesta a pintura moderna também já não aguenta a pintura feita à moda antiga.

No fim das contas, quem deve caminhar para perto do outro: o povo ou o artista?

Essa reflexão serve também ao jurista. Cabe ao direito compreender sua função: deve seguir a sociedade ou guiá-la?

A arte, há muito, ganhou um lado comercial. O virtuoso músico Felix Mendelssohn (1809-1847), embora judeu, ganhou fama quando, aos 20 anos, regeu *A Paixão segundo São Mateus*, obra do barroco J.S. Bach. O saxofonista americano Kenny G (1956-) – o "G" vem de seu sobrenome: Gorelick –, também de origem judaica, teve seu maior sucesso comercial quando gravou, em 1994, o álbum *Miracles*, com canções relacionadas ao Natal, data sagrada para o cristianismo. Inicialmente, Kenny G não gostara da ideia de gravar músicas cristãs, porque poderia soar falso diante de sua identidade israelita. Coube ao advogado e megaprodutor Clive Davis (1932-), igualmente judeu, convencer o saxofonista, argumentando que o maior hit natalino americano, a canção "White Christmas", fora composta pelo judeu Irving Berlin (1888-1989). A arte permitia isso.

A arte, hoje, é um negócio – um *business* – estruturado. Andy Warhol registrou:

> Para ter sucesso como artista, é preciso que sua obra seja exposta em uma boa galeria, pela mesma razão por que, digamos,

Dior nunca vendeu seus originais em um balcão da Woolworths [uma grande cadeia de lojas populares]. [...] Não importa o quanto você seja bom; se não for promovido de forma correta, não será um daqueles nomes lembrados.

A força da arte como comércio nos faz refletir: para que ela serve? A mesma resposta pode ser cruel ou generosa: a arte vale o que dela podemos colher.

"A poesia é indispensável. Se ao menos eu soubesse para quê..." Assim, com essa deliciosa provocação, Jean Cocteau (1889-1963) endereçava o tema da necessidade da arte. Há várias formas de responder a essa indagação, mas, embora se possa discutir a finalidade da arte, não há dúvidas de que ela é fundamental.

Tanto a arte como o direito nos educam. A primeira possibilita à nossa alma experimentar diversos sentimentos. Segundo Hegel, o fim último da arte consiste em representar "aquilo que agita a alma humana".[47] Uma ideia se torna acessível à contemplação, pois, na arte, o pensamento ganha forma. Platão, por sua vez, dizia que a arte apresenta dons terapêuticos, enquanto Tolstói reconhecia nela o dom de expurgar sentimentos menores, substituindo-os por outros, mais elevados.

O direito, no entanto, nos leva a refletir sobre o papel da sociedade e o nosso comportamento nela inserido. Também um conceito de justiça acaba por concretizar-se, pois o Estado cria comandos que visam a regular a vida em grupo.

Arte e direito atuam como poderosos canais de civilização. Não por acaso, grandes artistas – e não apenas Kandinsky – migraram do direito. Cézanne, antes de se dedicar à pintura, estudara e praticara a disciplina, embora tenha declarado publicamente seu ódio pelo curso. Goethe, Kafka e Anna Akhmátova também se formaram em direito. Matisse advogou por anos. Handel, da mesma forma, graduou-se nessa habilitação.

---

47 G.W.F. Hegel, *O belo na arte*, São Paulo, Martins Fontes, 2009, p. 71.

Arte e direito, ademais, dividem o mesmo destino, desde o tempo em que o homem habitava cavernas até a nossa febricitante, global e multifacetada sociedade contemporânea. Do relacionamento estreito entre direito e arte na Idade Média, passando pelo neoclássico, com seus códigos civis, e pelas denúncias sociais do realismo, os mundos jurídico e artístico orbitam o mesmo sol.

Sempre haverá mudanças. Na maior parte das vezes, são aquelas como a referida pelo escritor italiano Giuseppe Tomasi di Lampedusa (1896-1957) ao tratar da decadência da aristocracia siciliana no seu clássico *O leopardo*. São sintetizadas pelo príncipe de Falconeri: "Tudo deve mudar para que fique como está." Outras, entretanto, consistem em modificações radicais, que chocam a grande parte dos contemporâneos. Isso obteve Picasso com as suas moças de Avignon – com o resultado de maravilhar as gerações seguintes.

Não se troca de modelo jurídico com a mesma facilidade com a qual se substitui um quadro em uma parede. Ironicamente, porém, as leis se tornam obsoletas com muito maior rapidez do que as obras-primas penduradas... Somos uma sociedade em construção. O tijolo de cima se assenta no de baixo. O direito, como a arte, se faz com estudo, reflexão e sensibilidade, mas, principalmente, conhecendo a base na qual se apoia.

Arte e direito funcionam como o mais preciso testemunho do espírito de um tempo, da sensibilidade humana e dos motivos pelos quais a humanidade não se desintegra e dissolve. A história desses fenômenos nos interessa pelas mesmas razões que nos interessamos pela ciência, filosofia ou religião. Trata-se de manifestações de nossa vida – não somente da vida individual, mas da vida de todos nós, no passado e no futuro, daqueles que já se foram e dos que virão. Afinal, daqui a mil anos, se ainda houver vida humana sobre a Terra, a capela Sistina seguirá despertando emoções e as pessoas precisarão de regras jurídicas para orientar seus comportamentos. Portanto, temos algo muito maior do que apenas a busca pelo belo ou a regulação de certa atividade: trata-se do reconhecimento do nosso valor como espécie.

Compreendendo melhor a humanidade em suas manifestações, percebemos sua essência. Experimentamos o que é universal. Nessas humanidades, todos nos encontramos e fortalecemos os nossos laços.

Arte e direito são, portanto, um espelho em que assistimos à sociedade. Não são uma janela por onde vemos algo diferente de nós, mas um espelho mesmo, pois arte e direito refletem uma cena da qual tomamos parte. Ao mesmo tempo, somos atores e espectadores. Entretanto, tampouco se trata de um espelho servil. Arte e direito refletem também nossos sonhos, nossas lutas, nossos desejos, nossas aspirações. Um espelho infiel – condenado, mesmo contra a sua vontade, a dizer a verdade.

A CONCLUSÃO DA CONCLUSÃO

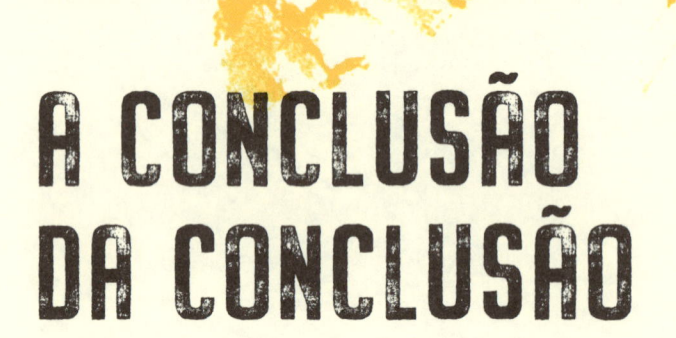

De pronto, no preâmbulo, ofereceu-se uma conclusão: é melhor saber. Agora, ao fim, chega-se a uma nova conclusão, construída em cima da primeira. Um olhar romântico.

A importância do saber não está ultrapassada. Segue fundamental. Todavia, não é tudo, nem mesmo o suficiente.

O grande poeta alemão Johann Wolfgang von Goethe se formou em direito. Iniciou sua atividade profissional jurídica em 1772, quando foi arrebatado de amores por Charlotte Buff, noiva de um grande amigo. O relacionamento com Charlotte não prosperou, mas a paixão deu frutos: Goethe colocaria sua frustração em um livro, *Os sofrimentos do jovem Werther*, de 1774, que o faz imediatamente famoso. O livro foi um fenômeno. Tornou-se um best-seller entre os jovens. Muitos, influenciados pelo romance, passaram a imitar a indumentária do protagonista: casaca azulada, colete amarelo, chapéu de feltro e o cabelo desarrumado, mas sem o talco comum na época.

A história do romance é semelhante à de seu autor: a paixão do protagonista por Charlotte – Goethe adotou, na obra, o mesmo nome do real objeto de seu amor –, uma mulher compromissada. Sem suportar a dor da frustração amorosa, Werther se suicida. Diversos jovens na Europa seguiram o exemplo do personagem, matando-se pela desilusão no amor. Foi possivelmente a mais eloquente expressão do movimento romântico conhecido como *Sturm und Drang*, ou seja, "Tempestade e Ímpeto", ocorrido entre 1760 e 1780.

Anos depois, em 1808, Goethe, mais maduro, tendo abandonado por completo a carreira jurídica, lançou o *Fausto*. O poeta gastara muito tempo na elaboração dessa obra. Chegara a fazer um esboço, conhecido como *Fausto Zero*.

Goethe parte de uma famosa história na vida de um alquimista, Fausto, que vivera na Alemanha em fins do século XV. Diz a lenda que ele teria celebrado um pacto com o diabo a fim de obter conhecimento. Pela entrega de sua alma no próximo mundo, Fausto garantiria uma vida de sucesso na Terra. A famosa história fora tema de uma peça – *A trágica história do doutor Fausto* – do dramaturgo inglês Christopher Marlowe (1564-1593), escrita provavelmente em 1588.

Com efeito, os acordos com o Maligno sempre surpreenderam e fascinaram. Depois e a partir da versão de Goethe, vários compositores românticos, como Charles Gounod, Schumann, Wagner e Liszt, se valeram do tema. Fausto magnetizou essa geração de músicos.

Na versão do escritor alemão, a narrativa começa com uma aposta feita por Mefistófeles, o diabo, e o Altíssimo. Ambos admiram Fausto pelo seu enorme conhecimento e retidão. O Senhor se refere a ele como "minha ovelha", e Mefistófeles garante que consegue seduzi-lo. O Altíssimo duvida. Aposta feita, Mefistófeles procura Fausto.

Heinrich (ou Henrique) Fausto é um homem muito culto, curioso de todas as formas de saber. É doutor em direito, filosofia e medicina. Deseja conhecer o mistério das coisas, sua essência, e para tanto passa a praticar a magia. A ele, Mefistófeles oferece tudo. Poderia ter o que quisesse na Terra. Em troca, quando morresse, o demônio ficaria com a alma de Fausto. Todavia, há uma importante condição para que Mefistófeles possa tomar a alma do protagonista: a alma apenas seria do diabo se este criasse para Fausto uma situação de tamanha felicidade que ele desejasse conservar aquele momento para sempre. Ou seja, para que a alma fosse entregue, deveria haver a plena satisfação de Fausto.

O acordo é firmado com sangue, e uma das primeiras medidas de Mefistófeles é levar Fausto a uma bruxa que lhe dá um aspecto mais jovial e belo. O diabo compreende bem a importância da aparência.

Fausto se depara com Gretchen (ou Margarida), uma jovem de apenas 14 anos. Deseja a menina, ingênua e pura. Mefistófeles o ajuda a seduzi-la: suborna a vizinha da jovem, que alcovita um encontro entre Fausto e a moça. O diabo, então, dá uma poção para a mãe de Margarida, para que esta não veja o ingresso de Fausto no quarto da sua filha. O estratagema de Mefistófeles funciona. Fausto possui a donzela. Mefistófeles, porém, errara – ou não – a dose da poção dada à mãe de Margarida, que morre por conta disso.

Margarida engravida. Isso a torna uma pária, pois um filho fora do casamento é uma desonra. Sem a mãe, a única pessoa que resta a Margarida é seu irmão Valentim, que, ciente de que Fausto desonrara sua irmã, o desafia a um duelo. Com a ajuda de Mefistófeles, Fausto vence Valentim. Mais uma morte.

Margarida, desesperada, mata seu filho recém-nascido, afogando-o. Isso a faz ser condenada à morte. Fausto, ciente do fato, se apieda e se arrepende. Acusa Mefistófeles de ser a causa da desgraça, mas o diabo replica que todas as escolhas foram feitas por Fausto. Ele apenas o ajudara a concretizar suas intenções.

Fausto procura Margarida na prisão. Mefistófeles consegue obter as chaves da cadeia. O protagonista aconselha Margarida a fugir, mas esta resiste. Ela já perdera a razão. Margarida morre se entregando a Deus. Uma voz do alto revela a salvação da jovem. A mesma voz do céu termina o longo poema dizendo: "Henrique! Henrique!", isto é, chamando Fausto pelo seu primeiro nome.

Há uma segunda parte de *Fausto*, escrita em 1832, pouco antes da morte do autor. Nela, vê-se um tom bem distinto da primeira parte. Fausto, ao fim, consegue ir para o céu porque não experimentara a satisfação plena na Terra, que seria a condição da vitória de Mefistófeles. A segunda parte de *Fausto*, entretanto, não goza, para muitos, da mesma verve da primeira.

Em *Fausto*, Goethe fez muito mais do que apenas captar o ideal romântico de uma era. Antes, tratou de um tema comum ao homem de todos os tempos: do desejo de saber. Ou, mais ainda, do desejo.

Se temos um aliado como o diabo, um poder desprovido de valor ético, ao nosso lado, pode-se qualquer coisa. Todos os desejos estão ao alcance. Tudo, porém, tem um preço. Sem avaliar as consequências de seu desejo, Fausto arruína a vida de uma jovem inocente – e a sua própria. Em seguida, sofre com o juízo interno. Como disse Nietzsche, outro alemão genial, "é mais fácil enfrentar a má reputação do que a má consciência".

O conhecimento vale muito. Mas, isolado, fora de um contexto humanizado, pode ser perigoso. O que salvou Fausto não foi o conhecimento; foi a sua humanidade.

BIBLIOGRAFIA

David ABULAFIA et al, *The Mediterranean in History*, London, Thames & Hudson, 2003.
Theodor W. ADORNO, *A Arte e as artes*, Rio de Janeiro, Bazar do Tempo, 2017.
Rafael AGULLOL, *História geral da arte: A beleza e suas formas*, Rio de Janeiro, Ediciones del Prado, 1996.
– *História Geral da Arte: A figura do artista*, Rio de Janeiro, Ediciones del Prado, 1996.
Henrique AHRENS, *Historia del derecho*, Buenos Aires, Impulso, 1945.
Dante ALIGHIERI, *A divina comédia*, Rio de Janeiro, Editora Nova Fronteira, 12ª ed., 2019.
Chantal ALLÈS, *Crazy Art*, London, Vivays, 2011.
Jayme de ALTAVILA, *Origem do direito dos povos*, 5ª ed., São Paulo, Ícone, 1989.
Francisco AMARAL, "Dom Quixote", em *O que os Grandes Livros ensinam sobre Justiça*, Rio de Janeiro, Nova Fronteira, 2020.
Anthony AMORE et al, *Stealing Rembrandts*, New York, St. Martin Griffin, 2012.
André Gustavo Corrêa de ANDRADE, *Liberdade de expressão em tempos de cólera*, Rio de Janeiro, GZ, 2020.
Alberto ANGELA, *Le Regard de La Joconde*, Paris, Payot, 2018.
Daniel ARASSE, *Nada se vê – seis ensaios sobre pintura*, São Paulo, Editora 34, 2019.
Hannah ARENDT, *A condição humana*, 11ª ed., Rio de Janeiro, Forense Universitária, 2010.
Giulio Carlo ARGAN, *História da arte como história da cidade*, São Paulo, Martins Fontes, 2014.
– *História da arte italiana: Da Antiguidade a Duccio*, São Paulo, Cosac Naify, 2003.
– *História da arte italiana: De Giotto a Leonardo*, São Paulo, Cosac Naify, 2003.
– *História da arte italiana: De Michelangelo ao Futurismo*, São Paulo, Cosac Naify, 2003.
– *Imagem e persuasão*, São Paulo, Companhia das Letras, 2004.
Ilias ARNAUOTOGLOU, *Leis da Grécia Antiga*, São Paulo, Odysseus, 2003.
Ana Luisa ASTIZ et al, *Enciclopédia do Estudante: Literatura em Língua Portuguesa*, São Paulo, Moderna, 2008.
Julian BAGGINI, *How the World Thinks*, London, Granta, 2018.
Benjamin BALINT, *Kafka's Last Trial*, New York, W.W. Norton & Company, 2018.
Larry BALL et al, *10.000 Years of Art*, London, Phaidon, 2009.
Manuel BANDEIRA, *Apresentação da poesia brasileira*, São Paulo, Cosac Naify, 2009.
Joaquín BARAÑAO, *História Universal Freak*, São Paulo, Planeta, 2019.
Ronaldo Leite BARBOSA, *Direito em história*, Rio de Janeiro, Lumen Juris, 2008.
John BARELLI, *Stealing the Show*, Lanham, Lyons Press, 2019.
Gilson BARRETO et al, *A arte secreta de Michelangelo*, São Paulo, Arx, 2004.
Élea BAUCHERON et al, *The Museum of Scandals*, London, Prestel, 2013.
Zygmund BAUMAN et al, *O elogio da literatura*, Rio de Janeiro, Zahar, 2020.
Fritz BAUMGART, *Breve história da arte*, São Paulo, Martins Fontes, 1999.
Germain BAZIN, *Historia del Arte*, Barcelona, Omega, 1972.
– *Barroco e rococó*, São Paulo, Martins Fontes, 2010.
Mary BEARD, *How Do We Look*, New York, Norton, 2018.
Bruce BERNARD, *Vincent by Himself*, London, Tome Warner, 2004.
Alain BESANÇON, *A imagem proibida: Uma história intelectual da iconoclastia*, Rio de Janeiro, Bertrand, 1997.

Achum BEDNORZ et al, *Scultura*, Berlin, Gribaudo, 2004.
Julien BELL, *Uma nova história da arte*, São Paulo, Martins Fontes, 2008.
Manuel BENDALA, *Saber ver a arte grega*, São Paulo, Martins Fontes, 1991.
Janetta Rebold BENTON, *Art of the Middle Ages*, Nova York, Thames &Hudson, 2002.
Bernhard BERENSON, *I Pittori Italiani del Rinascimento*, Milano, Ultico Hoepli, 1935.
Francisco BETHENCOURT, *Racismos*, São Paulo, Companhia das Letras, 2018.
Harold BLOOM, *Gênio*, Rio de Janeiro, Objetiva, 2003.
Piero BOILTANI, *A New Sublime: Ten Timeless Lessons on the Classics*, New York, Europa Editions, 2017.
Roy BOLTON, *Painting*, New York, Carrol & Graf, 2004.
Jorge Luis BORGES, "La Sfera di Pascal", em *Tutte le Opere*, Milano, Mondadori, 1984.
Alain de BOTTON e John ARMSTRONG, *A arte como terapia*, Rio de Janeiro, Intrínseca, 2014.
Emanuel BOUZON, *O Código de Hammurabi*, 5ª ed., Petrópolis, Vozes, 1992.
Alfredo BOSI, *História concisa da literatura brasileira*, 38ª ed., São Paulo, Cultrix, 1994.
César BRAGA-PINTO, *A violência das letras*, Rio de Janeiro, Ed. UERJ, 2018.
Bertolt BRECHT. *Teatro Dialético*. Rio de Janeiro, Civilização Brasileira, 1967.
Beth Archer BROMBERT, *Edouard Manet: Rebelde de Casaca*, Rio de Janeiro, Record, 1998.
Elke BUCHHOLZ et al, *Art: A World History*, New York, Abrams, 2007.
Caroline BUGLER et al, *The Art Book*, New York, 2017.
Adam BUTLER et al, *The Art Book*, London, Phaidon, 1999.
Pierre CABANNE, *A arte clássica e o barroco*, Lisboa, Edições 70, 1999.
Joseph CAMPBELL, *Thou Art That: Transforming Religious Metaphor*, Novato, New World Library, 2001.
– *O poder do mito*, São Paulo, Palas Athena, 2004.
Katia CANTON, *O trem da história*, São Paulo, Companhia das Letrinhas, 2003.
Otto Maria CARPEAUX, *O Livro de Ouro da História da Música*, 2ª ed., Rio de Janeiro, Ediouro, 2001.
– *História da Literatura Ocidental*, Vol. II, São Paulo, Leya, 2011.
– *História da Literatura Ocidental*, Vol. IV, São Paulo, Leya, 2011.
Sarah CARR-GOMM, *A linguagem secreta da arte*, Lisboa, Estampa, 2003.
José Roberto de CASTRO NEVES, *Como os advogados salvaram o mundo*, Rio de Janeiro, Nova Fronteira, 2018.
– *A invenção do direito*, 2ª ed., Rio de Janeiro, Edições de Janeiro, 2018.
– *Medida por medida: O direito em Shakespeare*, 6ª ed., Rio de Janeiro, Nova Fronteira, 2019.
Carlos CAVALCANTI, *História das artes*, Vol. 2, 2ªd., Rio de Janeiro, Civilização Brasileira, 1970.
Miguel de CERVANTES, *O Engenhoso Fidalgo Dom Quixote de La Mancha*, vol. II, Belo Horizonte, Itatiaia, 1984.
J.F. CHABRUM, *Goya*, Cacém, Verbo, 1974.
Gerri CHANEL, *Salvando a Mona Lisa*, São Paulo, Vestígio, 2019.
Noah CHARNEY, *Art and Crime: Exploring the Dark Side of the Art World*, Santa Barbara, ABC, 2009.
– *The Art of Forgery*, London, Phaidon, 2015.
Ian CHILVERS, *História ilustrada da arte*, São Paulo, Publifolha, 2014.
Scott CHRISTIANSON et al, *100 Books that Changed the World*, New York, Universe, 2018.
Kenneth CLARK, *Civilização*, São Paulo, Martins Fontes, 1995.
Collen Margaret CLARKE et al, *Stealing History*, Lanham, Rowman & Littlefield, 2017.
Nicola COLDSTREAM, *Medieval Architecture*, Oxford, Oxford University Press, 2002.

Steve COLLISON et al, *O livro da música clássica*, Rio de Janeiro, Globo Livros, 2019.
Pierre du COLOMBIER, *Histoire de L'Art*, Paris, Librairie Arthème Fayard, 1942.
Flavio CONTI et al, *Como reconhecer a arte*, Lisboa, Edições 70, 1998.
James CRAWFORD, *Fallen Glory*, London, Old Street, 2015.
Pedro Paulo Salles CRISTÓFARO, "Flaubert", em *Os grandes julgamentos da história*, Rio de Janeiro, Nova Fronteira, 2018.
Laura CUMMING, *A Face to the World on Self-Portraits*, London, Harper, 2010.
Robert CUMMING, *Para entender os grandes pintores*, São Paulo, Ática, 1998.
– *Para entender a arte*, São Paulo, Ática, 1996.
José Celso de CUNHA, *A história das construções: Da Pedra Lascada às Pirâmides de Dahchur*, Belo Horizonte, Autêntica, 2009.
– *A história das construções: Das Grandes Pirâmides de Gisé ao Templo de Medinet Habu*, Belo Horizonte, Autêntica, 2009.
– *A história das construções: Das Construções Olmecas, no México, às Revelações de Pompeia*, Belo Horizonte, Autêntica, 2009.
– *A história das construções: Do Penteão de Roma ao Panteão de Paris*, Belo Horizonte, Autêntica, 2009.
Martim Vasques da CUNHA, *A poeira da glória*, Rio de Janeiro, Record, 2015.
Robert C. DAVIS et al, *Renaissance People*, London, Thames & Hudson, 2011.
Peter d'EPIRO et al, *Sprezzatura*, New York, Anchor Books, 2001.
Barbaralee DIAMONSTEIN, *The Art World*, New York, Rizzoli, 1977.
Denis DIDEROT, *Encyclopédie*, Lausanne, Chez les Sociétés Typographiques, 1781.
Jean-Philipe DOMECQ, *Uma nova introdução à arte do século XX*, São Paulo, SESC, 2017.
John DONNE, *The Complete English Poems*, Middlesex, Penguin, 1975.
Marcel DOISY, *Jacques Copeau ou Labsolu dans L'Art*, Paris, Le Cercle du Livre, 1954.
Georges DUBY et al, *História artística da Europa: A Idade Média*, Tomo I, São Paulo, Editora Paz e Terra, 1997.
– *História artística da Europa: A Idade Média*, Tomo II, Rio de Janeiro, Editora Paz e Terra, 1998.
Louise DUDLEY et al, *The Humanities*, New York, McGraw-Hill Book Company, 1940.
Will DURANT, *O Livro de Ouro dos Heróis da História*, Rio de Janeiro, Ediouro, 2002.
Umberto ECO, *Nos ombros de gigantes*, Rio de Janeiro, Record, 2018
– *O nome da Rosa*, Rio de Janeiro, Nova Fronteira, 1983.
Umberto ECO (org.) – *História da feiúra*, Rio de Janeiro, Record, 2007.
Umberto ECO e Mario Sabino, *Arte e beleza na estética medieval*, 4ª ed., Rio de Janeiro, Record, 2018.
Robert M. EDSEL, *Caçadores de obras-primas*, Rio de Janeiro, Rocco, 2011.
Lucilia Catramby ESPÍNOLA, *O Renascimento nos seus vários aspectos*, Rio de Janeiro, Borsoi, 1956.
Roland e Françoise ETIENNE, *The Search for Ancient Greece*, London, Thames & Hudson, 1990.
Gentil de FARIA, "Kafka e o direito", em *Direito e Literatura*, São Paulo, Cultura Acadêmica, 2015.
Stephen FARTHING et al, *Tudo sobre arte*, Rio de Janeiro, Sextante, 2010.
Dorothy Schefer FAUX et al, *Beleza do século*, São Paulo, Cosac Naify, 2000.
Michael FINDLAY, *The Value of Art*, London, Prestel, 2014.
Ernst FISHER, *A necessidade da arte*, Rio de Janeiro, Zahar, 1966.
David E. FISHMAN, *Os homens que salvaram os livros*, São Paulo, Vestígio, 2018.
Audrey FLACK, *Breaking the Rules*, New York, Abrams, 1992.

Alan FLETCHER et al, *The Art Book for Children*, New York, Phaidon, 2005.
Joann FLETCHER, *The Search for Nefertiti*, New York, Harper Collins, 2004.
FLEXA RIBEIRO, *História crítica da arte*, Rio de Janeiro, Editora Fundo de Cultura, 1962.
Carlos FLEXA RIBEIRO, *Velázquez e o realismo*, São Paulo, Grua, 2017.
José FLEXA RIBEIRO, *Rubens e os flamengos*, São Paulo, Grua, 2017.
Gloria FOSSI et al, *L'Arte italiana*, Firenze, Giunti, 2000.
Robert FOSSIER, *As pessoas da Idade Média*, Petrópolis, Vozes, 2018.
– *O trabalho da Idade Média*, Petrópolis, Vozes, 2018.
Flavia FRIGERI, *Woman Artists*, London, Thames & Hudson, 2019.
Carlos FUENTES, *O espelho enterrado*, Rio de Janeiro, Rocco, 2001.
Francis FUKUYAMA, *Identity*, New York, FSG, 2018.
Mark D. FULLERTON, *Arte grega*, São Paulo, Odysseus, 2002.
Peter FURTADO et al, *Histories of Nations*, London, Thames & Hudson, 2017.
Francesco GALGANO, Il Diritto e le altre Arti, Bolonha, Editrice Compositori, 2009.
Martin GAYFORD, *Michelangelo: Uma vida épica*, São Paulo, Cosac Naify, 2015.
John GILISSEN, *Introdução Histórica do Direito*, Lisboa, Fundação Calouste Gulbenkian, 1988.
Carlo GINZBURG, *Mitos, emblemas, sinais*, 2ª ed., São Paulo, Companhia das Letras, 2009.
Rosa GIORGI, *Saints in Art*, Los Angeles, Getty Publications, 2003.
Jonathan GLANCEY, *A história da arquitetura*, São Paulo, Edições Loyola, 2001.
J. W. GOETHE, *Fausto Zero*, São Paulo, Cosac Naify, 2001.
Fausto, trad. Jenny Klabin Segall, Belo Horizonte, Itatiaia, 1981.
Fausto, trad. Silvio Meira, Rio de Janeiro, Agir, 1968.
E. H. GOMBRICH, The Story of Art, 15ª ed., London, Phaidon, 1989.
Will GOMPERTZ, *What Are You Looking At*, New York, Penguin, 2013.
– *Isso é arte?* Rio de Janeiro, Zahar, 2013.
Newton de Salles GONÇALVES, *Enciclopédia do Estudante: Música*, São Paulo, Moderna, 2008.
Lawrence GOWING et al, *A History of Art*, New York, Barnes & Nobles Book, 1995.
Andrew GRAHAM-DIXON et al, *Arte: O guia visual definitivo*, São Paulo, Publifolha, 2002.
Jacob e Wilhelm GRIMM, *Contos de fadas*, Belo Horizonte, Villa Rica, 1994.
Karim H. GRIMME, "Pinturas feitas de cor e luz", em *Arte Moderna*, Kohl, Taschen, 2016.
The GUERRILLA GIRLS, *The Guerrilla Girls' Bedside Companion to the History of Western Art*, New York, Penguin, 1998.
Jan GYMPEL, *História da arquitetura: Da Antiguidade aos nossos dias*, Colônia, Könemam, 1996.
Rose-Marie e Rainer HAGEN, *What Great Paiting Say*, Colônia, Taschen, 2005.
Christopher de HAMEL, *Meetings with Remarkable Manuscripts*, London, Penguin, 2018.
Frederick HARTT, *Art: A history of painting, sculpture, architecture*, 3ª ed., New York, Harry Abraham, 1989.
Arnold HAUSNER, *História social da arte e da literatura*, São Paulo, Martins Fontes, 1998.
Georg Wilhelm Friedrich HEGEL, *Filosofia da história*, 2ª ed., Brasília, UNB, 2018.
– *O Belo na Arte*, São Paulo, Martins Fontes, 2009.
Sandra HEMPEL, *O pó do herdeiro: Uma história sobre envenenamento, assassinato e o início da ciência forense moderna*, Rio de Janeiro, Record, 2019.
Stéphane HÉNAULT et al, *A Bite-Sized History of France*, New York, The New Press, 2018.
Gijs van HENSBERGEN, *Guernica: A tela de Picasso*, Rio de Janeiro, José Olympio Editora, 2009.

Juliet HESLEWOOD, *História da pintura ocidental*, Rio de Janeiro, Salamandra, 1994.
Helge HESSE, *A história do mundo em 50 frases*, Rio de Janeiro, Casa da Palavra, 2012.
Susie HODGE, *The Short Story of Art*, London, Laurence King, 2017.
– *50 Art Ideas*, London, Quercus, 2011.
– *The Short Story of Modern Art*, London, Laurence King, 2019.
Mary HOLLINGSWORTH, *Art in World History*, Firenze, Giunti, 2009.
Michael Ann HOLLY, *The Melancholy Art*, New Jersey, Princeton University Press, 2013.
H. HONOUR et al, Historia del Arte, Barcelona, Editorial Reverté, 1986.
Thomas HOVING, *Arte para Dummies*, Rio de Janeiro, Campus, 2000.
– *Greatest Works of Art of Western Civilization*, New York, Artisa, 1997.
Walter ISAACSON, *Leonardo Da Vinci*, Rio de Janeiro, Intrínseca, 2017.
Erik JAYME, Narrative Norms in Private International Law – The Example of Art Law (Volume 375)", in: Collected Courses of the Hague Academy of International Law <http://dx.doi.org/10.1163/1875-8096_pplrdc_A9789004297661_01>
H. W. JANSON et al, *History of Art for Young People*, London, Thames & Hudson, 1988.
– *História geral da arte: O Mundo Antigo e a Idade Média*, São Paulo, Martins Fontes, 1993.
– *História geral da arte: Renascimento e Barroco*, São Paulo, Martins Fontes, 1993.
– *História geral da arte: O Mundo Moderno*, São Paulo, Martins Fontes, 1993.
Georges JEAN, *Sign, Symbols, and Ciphers*, New York, Discoveries, 1998.
Rudolf Von JHERING, *A luta pelo direito*, 12ª ed., Rio de Janeiro, Forense, 1992.
Stephen JONES, *A arte do século XVIII*, São Paulo, Círculo do Livro, 1983.
James JOYCE, *Ulisses*, Rio de Janeiro, Editora Civilização Brasileira, 1966.
Ruth JUDICE, *Um Passeio pela História da Poesia*, Rio de Janeiro, Crayon, 2008.
Carl. G. JUNG, *O homem e seus símbolos*, 14ª ed., Rio de Janeiro, Nova Fronteira, 1996.
Wassily KANDINSKY, *Concerning the Spiritual Art*, New York, Dover Publications, 2013.
Martin KEMP, *Art in History*, London, Profile, 2014.
Frank KERMODE, *John Donne*, Londres, Longmans, 1957.
Ross KING, *O domo de Brunelleschi*, Rio de Janeiro, Record, 2013.
Sidney D. KIRKPATRICK, *As relíquias sagradas de Hitler*, Rio de Janeiro, Sextante, 2010.
Jacky KLEIN et al, *O que é Arte Contemporânea?*, São Paulo, Claro Enigma, 2012.
Austin KLEON, *Roube como um artista*, Rio de Janeiro, Rocco, 2013.
Thomas KÖSTER e Lars ROEPER, *50 Artists You Should Know*, München, Prestel, 2006.
Anna-Carola KRAUSSE, *História da Pintura*, Colônia, Konemann, 2001.
Isabel KUHL et al, *50 Architects You Should Know*, München, Prestel, 2009.
– *50 Buildings You Should Know*, München, Prestel, 2007.
Milan KUNDERA, *A arte do romance*, Rio de Janeiro, Nova Fronteira, 1988.
Marisa LAJOLO, *O romance brasileiro*, Rio de Janeiro, Objetiva, 2004.
Rosemary LAMBERT, *A arte do século XX*, São Paulo, Círculo do Livro, 1983.
Alexander LANGLANDS, *Craeft*, New York, Norton, 2017.
Erika LANGMUIR, *A Closer Look: Allegory*, London, National Gallery, 2010.
Mike LANKFORD, *Becoming Leonardo*, Brooklyn, Melville House, 2017.
Jacques LE GOFF, *A Idade Média e o dinheiro*, Rio de Janeiro, Civilização Brasileira, 2014.
Alexander LEE, *The Ugly Renaissance*, New York, Anchor Books, 2013.

Hanss-Thies LEHMANN, *Escritura Política no Teatro Liberal*, São Paulo, Perspectiva, 2009.
Danny LEIGH et al, *O livro do cinema*, São Paulo, Globo Livros, 2016.
Jean-Yves LELOUP, *O Ícone: uma escolha do olhar*, São Paulo, Unesp, 2006.
Selma Ferreira LEMES, "A dama dourada", em *Os advogados vão ao cinema*, Rio de Janeiro, Nova Fronteira, 2019.
Gotthold Ephraim LESSING, Laocoonte *ou sobre as fronteiras da pintura e da poesia*, São Paulo, Iluminuras, 2011.
Rosa Maria LETTS, *O Renascimento*, São Paulo, Círculo do Livro, 1983.
C.S. LEWIS, *The Discared Image*, Cambridge, Cambridge University Press, 1964.
Luiz Carlos LISBOA, *Pequeno guia da literatura universal*, Rio de Janeiro, Forense Universitária, 1986.
Stephen LITTLE, *...isms*, New York, Universe, 2004.
Kristina LOWIS et al, *50 Paintings You Should Know*, München, Prestel, 2009.
Emil LUDWIG, *Beethoven*, 2ª ed., São Paulo, Companhia Editora Nacional, 1960.
– *Goethe*, Porto Alegre, Livraria do Globo, 1940.
Georg LUKÁCS, *Ensaios sobre literatura*, 2ª ed., Rio de Janeiro, Civilização Brasileira, 1968.
Neil MACGREGOR, *Germany: Memories of a Nation*, London, Penguin, 2016.
– *Living With the Gods*, New York, Alfred A. Knopf, 2018.
Roberto de Carvalho MAGALHÃES, *O grande livro da arte*, Rio de Janeiro, Ediouro, 2005.
Kenan MALIK, *The Quest for a Moral Compass*, Brooklyn, Melville, 2014.
Debra N. MANCOFF, *The Face: Our Human History*, London, Thames & Hudson, 2018.
Alberto MANGUEL, *Lendo imagens*, São Paulo, Companhia das Letras, 2001.
Maureen MAROZEAU, *Um Van Gogh no galinheiro*, Rio Janeiro, Edições de Janeiro, 2015.
Arthur MARWICK, *Uma história da beleza humana*, São Paulo, Senac, 2009.
Melania G. MAZZUCCO, *Il Museo del Mondo*, Verona, Einaudi, 2019.
Heather Thorthon McRAE, *Making Sense of Christian Art & Architecture*, London, Thames & Hudson, 2013.
Pam MEECHAM et al, *Modern Art: A Critical Introduction*, London, Routledge, 2000.
Silvio MEIRA, *A Lei das XII Tábuas: Fonte do direito público e privado*, 5ª ed., Belém, Edições Cejup, 1989.
Bernard S. MEYERS, *Art and Civilization*, New York, McGraw-Hill Book Company, 1957.
– *How to Look at Art*, New York, Grolier, 1969.
Jules MICHELET, *A Bíblia da Humanidade*, Rio de Janeiro, Ediouro, 2001.
Theodore MOMMSEN, *Le Droit Public Romain, Tome Premier*, Paris, Librairie du Collège de France, 1893.
Desmond MORRIS, *The Lifes of The Surrealists*, London, Thames & Hudson, 2018.
Hugh MOSS, *The Art of Understanding*, London, Profile, 2015.
Steven NAIFETH et al, *Van Gogh*, New York, Random House, 2011.
Leonardo dos Passos Miranda NAME, *Enciclopédia do Estudante: História da Arte*, São Paulo, Moderna, 2008.
Christine NELSON, *A magia do manuscrito*, Colônia, Taschen, 2019.
Anne-Marie O'CONNOR, *A Dama Dourada*, 2ª ed., Rio de Janeiro, José Olympio Editora, 2015.
Regis Fernandes de OLIVEIRA, *Direito e arte*, São Paulo, Malheiros, 2017.
Mary-Jane OPIE, *Sculpture*, New York, Dorling Kindersley, 1994.
Fernando OROZCO, *Historia de México*, México, Panorama Editorial, 1990.
Cláudio dell'ORTO, "Fahrenheit 451", em *O que os Grandes Livros ensinam sobre Justiça*, Rio de Janeiro, Nova Fronteira, 2020.

Andy PANKHURST et al, *Quando a arte é genial*, São Paulo, Gustavo Gili, 2015.
Rodolfo PAPA, *Caravaggio*, Firenze, Giunti, 2010.
Jean PARIS, *L'Espace et le Regard*, Paris, Éditions du Seuil, 1965.
Laura PAYNE, *Essential History of Art*, Bath, Parragon, 2002.
Afrânio PEIXOTO, *Noções de história da literatura portuguesa*, Rio de Janeiro, Livraria Francisco Alves, 1931.
Jed PERL, *New Art City: Nova York, Capital da Arte Moderna*, São Paulo, Companhia das Letras, 2008.
San PERSAND, *Discover Law Through Art*, Montreal, Legal Art Media, 2012.
Luciana Stegagno PICCHIO, *História da literatura brasileira*, Rio de Janeiro, Nova Aguilar, 1997.
Gaétan PICON, *1863: Naissance de la peinture moderne*, Paris, Gallimard, 1998.
Steven PINKER, *The Sense of Style*, New York, Penguin, 2014.
G. PLEKHANOV, *A arte e a vida social*, Rio de Janeiro, Lux, 1955.
Karen Swallow PRIOR, *On Reading Well*, Grand Rapids, Brazos, 2018.
Raul POMPEIA, *O ateneu*, Rio de Janeiro, BestBolso, 2010.
Richard A. POSNER, *Law & Literature*, 3ª ed., Cambridge, Harvard University Press, 2009.
Martin PUCHNER, *O mundo da escrita*, São Paulo, Companhia das Letras, 2019.
Klaus REICHOLD et al, *Paintings that Changed the World*, London, Prestel, 2003.
Donald REYNOLDS, *A arte do século XIX*, São Paulo, Círculo do Livro, 1983.
David Talbot RICE, *Art of the Byzantine Era*, London, Thames & Hudson, 1997.
Pierce RICE, *Man as Hero: The Human Figure in Western Art*, New York, Norton, 1987.
Thomas E. RICKS, *Churchill & Orwell*, Rio de Janeiro, Zahar, 2019.
Patrick de RYNK, *How to Read a Painting*, New York, Abrams, 2004.
Sara ROBBINS et al, *Law: A Treasure of Art and Literature*, New York, Beaux Arts Edition, 1990.
Marta ROBLES, *Mulheres, mitos e deusas*, São Paulo, Aleph, 2019.
Susan ROLAND, *Hitler's Art Thief*, New York, St. Martin Griffin, 2015.
Ami RONNBERG el al, *O livro dos símbolos*, Colônia, Taschen, 2012.
Alex ROSS, *Escuta Só: Do Clássico ao Pop*, São Paulo, Companhia das Letras, 2011.
Ingrid ROWLAND, *The Collector of Lives: Giorgio Vasari and the Invention of Art*, New York, Norton, 2017.
Cyma RUBIN et al, *The Pullitzer Prize Photographs: Capture the Moment*, Arlington, Newmuseum, 2000.
Ernesto SÁBATO, *O escritor e seus fantasmas*, Rio de Janeiro, Francisco Alves, 1982.
Gérard-Julien SALVY, *Cent énigmes de la peinture*, Paris, Hazan, 2009.
Arturo Enrique SAMPAY, *La Crisis del Estado de Derecho Liberal-Burgués*, Buenos Aires, Editorial Losada, 1942.
Anderson SCHEIBER, *Direitos da personalidade*, São Paulo, Atlas, 2011.
Antonio Padoa SCHIOPPA, *História do Direito na Europa*, São Paulo, Martins Fontes, 2014.
Robert SCHNAKENBERG, *A vida secreta dos grandes autores*, São Paulo, Ediouro, 2008.
Norbert SCHNEIDER, *Veermer*, Colônia, Taschen, 2007.
Dietrich SCHWANITZ, *Cultura geral*, São Paulo, Martins Fontes, 2007.
Antônio Carlos SECCHIN, *Percursos da poesia brasileira*, Belo Horizonte, Autêntica, 2018.
Philippe SÉGALOT et al, *The Impossible Collection*, New York, Assouline, 2009.
Abeer el-SHAHAWY, *Le Livre de Poche du Musée Égyptien du Caire*, Gizé, Farid Atya Press, 2005.
Anne SHAVER-CRANDELL, *A Idade Média*, São Paulo, Círculo do Livro, 1983.
Robert SHORE, *Beg, Steal & Borrow – Artists Against Originality*, London, Elephant Book, 2017.
Sebastian SMEE, *A arte da rivalidade*, Rio de Janeiro, Zahar, 2016.

Ian Haydin SMITH, *The Story of Photography*, London, Laurene King, 2018.
Claudia STÄUBLE et al, *50 Photos you Should Know*, München, Prestel, 2012.
Richard STEMP, *The Secret Language of the Renaissance*, London, Watkins, 2018.
Peter STEPAN et al, *Photos that Changed the World*, München, Prestel, 2006.
Neil STEVENSON, *Para entender a arquitetura*, São Paulo, Ática, 1998.
Dorit STRAUS, Implication of Art Theft in the Fine Art Insurance Industry, em Noah CHARNEY et al, *Art and Crime: Exploring the Dark Side of the Art World*, Santa Barbara, ABC, 2009.
Carol STRICKLAND, *Arte comentada*, Rio de Janeiro, Ediouro, 1999.
John SUMMERSON, *A linguagem clássica da arquitetura*, São Paulo, Martins Fontes, 1997.
John SUTHERLAND et al, *Literary Landscapes: Charting the World of Classic Literature*, New York, Black Dog, 2018.
H.A. TAINE, *History of English Literature*, Edimburgo, Edmonston and Douglas, 1871.
Victor L. TAPIÉ, *Baroque et Classicisme*, Paris, Librairie Plon, 1957.
José Alexandre TAVARES GUERREIRO, "Charlotte Corday", em *Os Grandes Julgamentos da História*, Rio de Janeiro, Nova Fronteira, 2019.
Leon TOLSTÓI, *O que é Arte?*, Rio de Janeiro, Ediouro, 2002.
David TRIGG, *Reading Art*, London, Phaidon, 2018.
Luciano TRIGO, *A grande feira*, Rio de Janeiro, Civilização Brasileira, 2009.
Barbara TUCHMAN, *A prática da história*, Rio de Janeiro, José Olympio Editora, 1991.
Alexander TULLOCH, *It's All Greek*, Oxford, Bodleian Library, 2019.
Kia VAHLAND, *Leonardo da Vinci e o feminino*, São Paulo, Novo Século Editora, 2019.
Hendrik Willem VAN LOON, *As artes*, Rio de Janeiro, Editora Globo, 1958.
Mario VARGAS LLOSA, *O chamado da tribo*, Rio de Janeiro, Objetiva, 2019.
Giorgio VASARI, *Vidas dos artistas*, São Paulo, Martins Fontes, 2011.
Joseph VEBRET, *Le Procès d'Oscar Wilde*, Paris, Librio, 2010.
Leonardo DA VINCI, *Traité de la Peinture*, Paris, Librarie Ch. Delagrave, 1910.
Salomon VOLKOV, *São Petersburgo: Uma História Cultural*, Rio de Janeiro, Record, 1997.
VOLTAIRE, *Dicionário filosófico*, Rio de Janeiro, Ridendo Castigat Mores, 2001.
Richard WAGNER, *Beethoven*, Rio de Janeiro, Zahar, 2010.
Ingo WALTHERS et al, *Vincent Van Gogh*, Colônia, Taschen, 2015.
Angela WENZEL, *13 Art Mysteries*, Müchen, Prestel, 2012.
Nelson WERNECK SODRÉ, *História da literatura brasileira*, 5ª ed., Rio de Janeiro, Editora Civilização Brasileira, 1969.
Franz WIEAKER, *História do Direito Privado Moderno*, 2ª ed., Lisboa, Fundação Calouste Gulbenkian, 1993.
Oscar WILDE, *O Retrato de Dorian Gray*, 2ª ed., Rio de Janeiro, Ediouro, 2001.
Willian K. WIMSATT et al, *Crítica literária*, Lisboa, Calouste Gulbenkian, 1971.
Heinrich WÖLFFLIN, *Principles of Art History*, London, Dover, 2013.
Susan WOODFORD, *A arte de ver a arte*, Rio de Janeiro, Zahar, 1983.
– *Grécia e Roma*, São Paulo, Cículo do Livro, 1983.
Frank WYNNE, *I Was Weermer*, London, Bloomsbury, 2007.
Stefano ZUFFI, *Giotto: La Capella Degli Scrovegni*, Milano, Skira, 2012.
– *Gospel Figures in Art*, Los Angeles, Getty Publishers, 2003.
– *Gods and Heroes in Art*, Los Angeles, Getty Publishers, 2002.

Direção editorial
Daniele Cajueiro

Editor responsável
Hugo Langone

Produção editorial
Adriana Torres
Mariana Bard
Júlia Ribeiro

Copidesque
Alvanísio Damasceno

Pesquisa Iconográfica
Priscila Serejo

Revisão
Daniel Austie

Projeto gráfico e diagramação
Sérgio Campante

Este livro foi impresso em 2020
para a Nova Fronteira.